죄수와 검사

죄수들이

쓴

공소장

죄수와 검사

심인보

김경래

뉴스타파

서문

검찰의 수사 과정은 블랙박스와 같다. 특히 구속 수사의 경우에는 더욱 그렇다.

검찰이 사람을 잡아 가두고 수사를 시작하면 갇힌 사람은 재판에서 유죄를 받든 말든 일단 푸른 수의를 입은 '죄수' 신분이 된다. 죄수는 구치소와 검찰청 사이를 오가면서 조사를 받는다. 검사와 수사관, 동료 재소자, 교도관을 제외하면 누구도 만날 수 없도록 외부와 철저히 차단된다. 때로 가족 면회나 변호사 접견까지 막는 경우도 있다. 따라서 수사 과정에서 피의자와 검사, 수사관 사이에 오가는 얘기는 밖으로 새어나갈 일이 없다. 검사들은 이를 수사의 '기밀성'이라고 부르는 모양이다.

대체 그 블랙박스 안에서 무슨 작업을 어떻게 하는지 알 수 없지만 상당한 시간이 지나면 기소와 함께 수사 결과가 발표된다. 마치 숫자를 넣으면 다른 숫자가 튀어나오는 함수 상자 같다. 함수 상자 안에서 어떤 수식으로 계산이 이루어졌는지 밖에서는 그저 미루어 짐작할 수밖에 없다. 기자들은 때로 검사들이 알려주는 사실의 부스러기들을 모아 그 수식을 유추해보려고 하지만 그런 경우 대부분 알려준 사람의 의도대로 방향이 흘러가기 마련이다. 그런 기사들이 모여 재판이 시작되기도 전에 검찰의 의도대로 유죄나 무죄의 분위기가 형성된다. 물론 재판 과정에서 검찰이 틀렸다는 게 드러날 때도 종종 있지만 이미 여론 재판은 끝난 뒤다. 지금까지 수십 년 동안 많은 사건들이, 특히 검찰의 꽃이라는 특수부나 금융조사부 등이 진행하는 인지 사건 수사들이 이런 식으로 진행되어 왔다. 없던 죄가 생기고, 있는 죄는 덮어주는 일도 종종 있었다. 이게 가능했던 건, 검찰의 수사 과정이라는 블랙박스가 철저히 어둠 속에 묻혀 있었기 때문이다.

그런데 검사 말고도 이 블랙박스 안을 들여다볼 수 있는 주체가 하나 더 있다. 바로 죄수들이다. 이들은 구속당한 채 수사를 받는 당사자로서, 혹은 가장 가까운 목격자로서 많은 것들을 보고 들을 수밖에 없다. 물론 죄수들이 보고 들은 것에 대해 그동안 미약하게나마 목소리를 내지 않은 것은 아니다. 그러나 세상은 이들의 목소리를 듣고도 모른 척했다. 죄수들의 말을 어떻게 믿느냐는 의심 때문이다. 몇몇 언론이 섣부르게 검증 없이 보도했던 죄수의 말이 나중에 거짓으로 드러나는 일이 생기면서 편견은 더욱 강해졌다.

뉴스타파는 검찰 수사라는 블랙박스를 들여다보기 위해 죄수들의 말에 귀를 기울였다. 그리고 언론사가 할 수 있는 범위 내에서 최대한 검증해 보도했다. 지난 2019년 여름부터 2021년 봄까지 세 시즌에 걸쳐 보도한 〈죄수와 검사〉 시리즈다. 비록 죄수들의 말이지만 나름의 검증을 거쳤기 때문에 말에 힘이 실렸다. 어떻게 보면 우리 사회의 담론 시장에서 처음으로 죄수들에게 발언권이 주어진 것이다.

보도는 유튜브에서만 연인원으로 천만이 넘는 조회수를 기록하며 큰 파장을 일으켰다. 협업을 통해 지상파 방송으로도 보도됐다. 그 결과 수십 년 동안 죄수들을 제 호주머니 속의 장난감처럼 가지고 놀았던 검사들과 전관 변호사들이 감찰을 받고, 구속되고, 재판을 받게 됐다. 〈죄수와 검사〉 보도 이후 이철 전 VIK 대표, 김봉현 전 스타모빌

리티 대표 등 다른 죄수들의 폭로도 봇물 터지듯 이어졌다.

"죄수와 검사 작년 보도 이후, 용기 없어 검찰의 부당함을 말 못하고 이용당하고 끌려다닌 여러 재소자들이 이제는 용기를 내고 목소리를 내고 있습니다. 이철이 그렇고 한○○(죄수 H)이 그렇습니다. 그리고 다른 재소자들도 그럴 겁니다. 뉴스타파가 재소자들의 언로가 된 것입니다. 참으로 의미 있고 장한 일입니다. 저는 무척 기쁘고 고맙습니다. 분명 진보입니다. 분명 검사의 수사 방식이 개선될 것입니다.

(중략)

뉴스타파와 심 기자의 발상 전환과 시대정신이 저 밑바닥에서 은폐되고 폐쇄된 곳에서 수용 중인 죄수를 이용한 검찰 인지 부서의 문제점을 세상으로 끄집어냈습니다. 저는 정말 가슴이 뿌듯하고 벅찹니다."

—죄수 K의 편지 중

수십 년 동안 '주체'이기만 했던 검사들도 때로 '객체'가 될 수 있다는 것, 그리고 반대로 수십 년 동안 '객체'이기만 했던 죄수들도 마침내 '주체'가 됨으로써 서로 자리를 바꿀 수 있다는 것, 이것이 어쩌면 뉴스타파 〈죄수와 검사〉 보도가 불러일으킨 가장 의미심장한 변화일지도 모른다. 그런 의미에서 〈죄수와 검사〉는 죄수들이 뉴스타파를 통해 써내려 간, 검사들에 대한 공소장이다.

우리가 〈죄수와 검사〉를 첫 번째 시즌부터 세 번째 시즌까지 보도한 그 기간은 온 나라에 '조국 대전'과 '윤석열 대전'이 벌어지던 시기와 일치한다. 우연치고는 묘하다. '조국 대전'과 '윤석열 대전'의 진짜 키워드는 물론 검찰이다. 우리의 기사는 '조국 대전'과 '윤석열 대전' 시기 검찰이라는 키워드를 중심으로 출렁이던 여론에 편승하기도 했고 때로는 여론을 출렁이게 만들었다. 그리고 그 출렁임은 결국 검찰개혁을 시대의 화두로 밀어 올렸다. 사실 그 화두는 갑자기 떠오른 것이 아니라 오래 전부터 떠오르도록 예정되어 있었다고 하는 게 맞을지도 모른다.

우리가 이 책에 기록하는 이야기는 어쩌면 몇몇 개인들의 사례에 불과하다고 할 수도 있다. 그러나 우연히 발굴된 화석 몇 개가 한 시대의 기후와 생태를 총체적으로 보여주듯 우리가 발굴한 이야기는 공룡같이 거대한 권한을 가진 검찰이 포식자로 군림하던 역사의 한 시기를 압축적으로 보여주는 이야기라고 생각한다. 그리고 우리는 공룡이 사라지고 난 머지않은 미래에, 우리의 이야기가 정말로 화석으로 취급받기를 간절히 희망한다.

이 책의 내용은 뉴스타파가 보도한 〈죄수와 검사〉 시리즈를 바탕으로 하되 기사 내용 가운데 생략할 것은 생략하고 추가할 부분은 추가했다. 기사를 쓸 때는 이야기의 흐름보다 논리적 연결과 증거 제시에 더 치중할 수밖에 없다. 반면 책을 읽는 독자들을 위해서는 서사를 원활하게 하는 데 신경을 썼다. 기사로 제시되는 것은 취재의 결과물일 뿐이지만, 책에서는 취재의 과정과 기사들이 어떤 맥락으로 연결되는지와 검찰개혁이라는 시대적 과제에 비추어 볼 때 기사가 갖는 의미가 무엇인지도 추가로 설명했다.

검사들의 이름은 가급적 실명으로 썼다. 힘 있는 취재원이라서 그런지 한국 언론의 기사에는 익명의 검찰 관계자가 너무 많이 등장한다. 그러나 검사들은 한 사람의 인생을 좌지우지할 막강한 권한을 가진 만큼 그에 상응하는 책임도 무겁게 물어야 한다고 생각했다. 검사들은 가급적 실명으로 쓴다는 원칙은 우리가 〈죄수와 검사〉 시리즈를 보도하는 동안에도 내내 지켜왔던 원칙이다.

이 글에서 인용하는 죄수들의 편지, 한만호 비망록 등의 문장은 최대한 원문을 그대로 살렸다. 내용에 영향을 주지 않는 한에서 이해를 돕기 위해 어법에 맞춰 일부 수정했다. 괄호 안의 문장은 기자가 이해를 돕기 위해 추가했다.

이 책이 나오는 데는 불이익을 무릅쓰고 자신의 경험과 목격담을 나누어준 '죄수들'의 역할이 무엇보다 컸다. 우리는 그들의 이야기가 사실인지 검증하고 서로 연결해 의미를 부여했을 뿐이다. 제보자 X와 죄수 K, 죄수 H, 그리고 여러 명의 죄수들에게 특별한 고마움을 전한다. 구영식 오마이뉴스 기자, 강기석 전 경향신문 기자에게도 도움을 많이 받았다.

전 현직 검사들의 각종 비위, 검사와 죄수가 연결된 생태계를 다룬 이 책의 1, 2, 3부는 심인보가, 한명숙 사건에서 드러난 검사들의 위증교사 의혹을 다룬 4부는 김경래가 썼다.

차례

2부 악어와 악어새

3부 검찰의 썩은 꽃, 특수부

4부 한명숙 사건은 끝나지 않았다

1부 죄수들이 쓴 공소장

1장 죄수를 활용한 불법 수사

‘제보자 X’와의 만남

2018년 12월 17일 서울 성공회 빌딩 뉴스타파 사무실. 처음 만난 그 남자는 두툼한 패딩을 입고 있었다. 실내라 춥지 않은데도 패딩을 벗지 않았다. 금융 시장에서 오랫동안 활동했던 ‘선수’라는 얘기를 듣고 상상했던 매끈한 인상은 아니었다. 50대 초 중반, 키는 보통이지만 힘은 꽤나 쓸 것 같은 체구다. 그는 조심스러운 시선으로 우리를 쳐다보며 말을 꺼냈다. 우리가 자신의 말을 이해하고 있는지, 혹은 믿고 있는지 조금은 걱정되는 얼굴로 자꾸만 표정과 눈빛을 살폈다. 중요한 대목마다 미리 준비해 온 클리어 파일 1개 분량의 서류와 두터운 노트를 펼쳐 보였다.

그로부터 8개월 뒤 우리가 〈죄수와 검사〉 보도를 통해 선사한 ‘제보자 X’라는 별칭이 지금은 더 유명해진, 지 모 씨다.

"저는 남부구치소에 수감된 죄수였는데, 남부지검의 수사도 했어요, 제가."

"본인과 연관된 사건에서 참고인 진술을 했다거나… 일부 제보를 했다거나 그랬던 것 아닌가요?"

"아니 그게 아니고, 처음에는 제가 연관된 사건 수사를 도왔지만 나중에는 저와 아무 상관없는 사건의 수사도 했다니까요."

"그럼 뭐 기술적인 분석이나 이런 전문적인 영역에서 좀 조언을 해주신 거겠죠?"

"어떤 기업을 수사해야 하는지 아이템 발굴과 선정까지 제가 다 한 적도 있다니까요."

'죄수', 즉 재소자들의 주장은 과장된 경우가 많다. 구치소 안 먼발치에서 한 번 힐끗 본 유명인을 지인이라 하고, 말이라도 한 번 섞어봤다 싶으면 절친한 친구라고 한다. 검사에게 살짝 정보를 귀띔해 준 정도면 결정적 제보를 했다 하고, 기술적인 조언을 좀 했다 싶으면 그 수사는 자신이 다 했다고 하는 식이다. 그 역시 횡령 혐의 등으로 4년 5개월 형을 살고 불과 넉 달 전에 출소한 '죄수' 출신, 그래서 그의 말도 액면 그대로 믿을 수는 없다 여겼다.

우리가 믿지 못하는 눈치를 보이자, 그는 화이트보드 앞에 서서 PT, 프레젠테이션을 하기 시작했다. 검사들에게도 했던 PT라고 했다. 주가조작과 배임·횡령 등 기업 범죄 수사에 대한 PT였다. 낯선 용어들이 튀어나왔다. 한두 시간 듣고 나자 기업 범죄 수사에 대한 그의 전문성을 인정하지 않을 수 없었다. 물론 그래도 의심은 가시지 않았다.

제보자 X가 뉴스타파에 연락을 해온 것은 그날의 첫 만남으로부터 약 두 달 전의 일이었다. 2018년 10월 25일, 뉴스타파 홈페이지에 동아일보 김재호 사장의 부당 주식거래 혐의를 다룬 기사가 나갔다. 기사를 쓴 사람은 전자신문 해직기자 출신으로 뉴스타파에 합류한 이은용 객원기자. 김재호 동아일보 사장과 방송통신위원회 서기관 한 명이 미공개정보를 이용해 올리패스라는 비상장회사의 주식을 거래해 시세차익을 봤다는 내용이었다. 김재호라는 언론계 거물이 엮여 있음에도 불구하고, 다른 어떤 언론도 이 기사를 받아쓰거나 추가 보도를 하지 않았다. 어쩌면 김재호라는 언론계 거물이 엮여 있다는 게 이유일지도 모르겠다. 김재호가 얻은 시세차익이 2천만 원 정도밖에 확인이 안 됐고, 연루된 방통위 공무원의 직급도 서기관에 불과했다는 게 다른 언론들의 핑계였을 것이다.

제보자 X는 이 기사를 눈여겨봤다. 당시 그는 출소한 지 석 달 정도밖에 되지 않은 때였다. 그는 기사를 쓴 이은용 기자에게 이메일을 보냈다. 당신이 쓴 기사가 사실에 부합한다고, 그리고 추가로 제보할 것이 있다고 말이다. 그가 이 사건을 잘 알고 있던 건 올리패스 주식거래에 깊이 개입한 인물을 수감 시절 동료 재소자로 만났기 때문이다. 그는 동료 재소자에게 받은 정보로 기사가 사실이라는 것을 알고 있었고, 기사를 내보낸 뉴스타파라는 언론사에 한 가닥 신뢰와 기대를 가졌다. 이 언론사라면 내가 경험한 얘기를 기사로 내보내줄 수 있지 않을까, 하는 기대였다.

일주일 뒤인 2018년 11월 1일, 제보자 X가 뉴스타파 이은용 객원기자에게 이메일을 보냈다. 이은용 기자는 제보 내용을 본 뒤 뉴스타파 김용진 대표와 상의했다. 자신의 전문 분야가 아니었던 데다, 혼자서 감당하기 어려울 정도로 내용이 방대하고 복잡하고 다양했기 때문이다. 김용진 대표는 당시 팀장이었던 김경래 기자를 불러 상의했고, 김경래 기자는 팀원이었던 내게 취재를 제안했다. 나와 김경래 기자, 두 사람이 내린 처음의 판단은 '제보 내용이 사실인지도 알 수 없고, 사실이라 해도 입증하기 어려워 보인다'는 것이었다. 하지만 그냥 포기할 수도 없는 내용이었다. 그래서 다른 일을 병행하면서 조금씩 취재를 진행해보기로 했다.

탐사보도를 하다 보면 이렇게 하나의 기사가 다른 기사로 이어지는 경우가 흔히 있다. 큰 파장을 일으킨 기사가 아니라도 공들여 쓴 기사는 누군가에게 신뢰를 주고, 그 누군가는 무언가 제보를 할 일이 생겼을 때 기사를 떠올리며 그 언론사를 찾아가는 것이다. 신뢰의 선순환이다. 그렇게 해서 취재를 시작한 〈죄수와 검사〉 시리즈는 훗날 다른 제보들을 불러 모아 또다른 굵직한 취재들로 이어졌다. 하나의 작은 씨앗이 큰 나무가 된 셈이다.

이렇게 나와 김경래 기자는 느슨하게나마 한시적인 취재팀을 꾸리게 되었고, 이후 본격적으로 취재를 진행하면서 김새봄 피디와 정형민 촬영기자, 박서영 편집감독이 합류해 〈죄수와 검사〉 팀이 꾸려진다. 예상치 못했지만, 이 팀은 이후 거의 2년 동안 〈죄수와 검사〉를 함께 취재하게 됐다. 김새봄 피디는 첫 번째 시즌까지 함께했다.

"나는 죄수이자 남부지검 수사관이었다"

제보자 X는 여러 가지 제보를 했는데 가장 기초가 되는 내용은 이렇다. 자신이 서울남부구치소에 수감됐던 시절 죄수의 신분으로 서울남부지방검찰청에 170번 정도 출정을 나가 검찰의 수사를 도왔다는 것이다. 그가 제보한 다른 사안들은 이렇게 죄수의 신분으로 검찰의 수사를 돕는 과정에서 보고 들은 것이다.

죄수란 갇혀 있는 사람이다. 징역형은 노역을 하고 금고형은 노역을 하지 않는 차이가 있지만, 징역형이든 금고형이든 '갇혀 있다'는 점이 죄수의 본질이다. 죄수가 밖으로 나갈 수 있는 경우는 질병으로 인한 입원이나 직계가족의 사망 등 특별한 사유에 한하기 때문에 매우 제한적이다. 갇혀 있다는 것 자체가 범죄에 대한 징벌이기 때문에 아무 때나 들락날락할 수 없도록 한 것은 당연하다.

하지만 특별한 사유 없이도 구치소나 교도소 밖에 나갈 수 있는 방법이 있다. 바로 출정이다. 출정이란 원래 구치소에 수감된 재소자가 재판을 받거나 자신의 사건과 관련한 검찰의 추가 조사를 받으러 구치소 밖으로 나가는 절차를 말한다. 재판이야 정해진 일정대로니 별다른 특혜나 조율이 있을 수 없다. 문제는 검찰의 조사를 받으러 나가는 출정이다. 검사가 클릭 몇 번으로 공문 한 장을 보내기만 하면 언제든 죄수를 자신의 검사실로 불러들일 수 있다. 공문에 구체적인 수사 내용을 적시할 필요도 없다. 수사하는 내용의 제목 정도만 적어주고 관련 수사라고만 적으면 된다. 본래 수용자에 대한 관리의 책임과 권한은 법무부 산하 교정본부, 즉 구치소나 교도소 측에 있지만 검사는 이 방법으로 죄수들을 마음대로 부를 수 있다. 똑같은 수사기관이지만 경찰은 출정을 요구할 권한이 없다. 따라서 재소자들을 조사할 필요가 있을 때는 경찰관이 직접 구치소나 교도소로 방문해 조사를 한다.

제보자 X는 바로 이 출정으로 검사실에 드나들면서 마치 수사관처럼 수사에 참여했다고 주장했다. 자신과 연관된 사건에 대한 조사 때문에 출정을 다닌 것이 아니라 자신과 전혀 관계없는 사안의 수사에 참여했으며, 심지어 수사할 사안을 자신이 발굴하거나 기획하기도 했다는 것이다.

"재소자 신분으로 어떻게 수사에 참여할 수 있는지 좀 이해가 안 되거든요"

"저도 그런 시스템이 있었는지 잘 몰랐는데… 제가 〈스포츠서울〉이라는 언론사의 주가조작을 검찰에 제보한 이후에 관련자들이 많이 구속이 됐죠. 그러고 나서 검찰에서는 아마 제가 이렇게 제보하거나 사건을 구성하는 능력이 있다고 판단해 저한테 수사를 도와달라고 요청을 해서 검찰에 거의 매일 출근하다시피 하면서 수사에 참여하게 된 거죠."

처음에는 자신이 연관된 주가조작 사건을 검찰에 제보했는데, 오랜 기간 주식시장에서 활동했던 그의 이력과 능력을 눈여겨본 검찰이 그를 따로 불러내 다른 사건의 수사를 돕게 했고, 그러다보니 나중에는 아예 자신이 사건을 발굴해주기도 했다는 것이다. 사건을 조사하고 나면 보고서를 작성해 검사들과 수사관, 금감원에서 파견 나온 직원들을 앞에 두고 PT를 했다고 한다. 우리를 처음 만났을 때 그가 했던 그런 종류의 PT 말이다.

대신 검찰은 편의를 봐주기 위해 방 하나를 따로 내주고, 외부와의 통화는 물론 가족이나 지인과의 면담도 자유롭게 하도록 해주었다는 게 그의 주장이었다. 인터넷이 연결된 PC 사용은 물론 개인 태블릿 PC의 반입도 묵인해주었다고 한다. 죄수복을 입은 죄수가 검찰청에 자신의 사무실을 두고 들락날락하며 수사를 도왔다고? 영화 같은 얘기가 아닐 수 없었다.

부인할 수 없는 물증들

보도를 하기 위해서는 확실한 증거가 필요했다. 우리는 물증을 요구했다. 제보자 X가 제시한 첫 번째 물증은 자신의 출정 기록이었다. 출정 기록을 보니 제보자 X는 2015년 11월 19일부터 2017년 8월 23일까지 21개월 동안 무려 206회 출정을 나갔다. 월 10회꼴이다. 주말을 제외하고 한 달에 평일이 20일 가량이라고 한다면 평일 기준 이틀에 한 번꼴로 출정을 나간 것이다. 그런데 이 가운데 자신의 재판에 출석하기 위한 출정은 36회밖에 되지 않았다. 나머지 170번의 출정은 대부분 남부지검 검사실로 나갔다. 출정 목적은 그냥 '조사'라고만 돼 있다. 일부는 제보자 X 자신의 사건과 관련된 출정이라고 치더라도 170번은 지나치게 많다.

제보자 X가 제시한 두 번째 물증은 자신이 직접 작성한 일기장이었다. 교도소에서는 성경을 필사하고 싶어 하는 죄수들을 위해 두꺼운 노트를 나누어 준다. 그는 이 노트에 매일매일 자필로 일기를 썼다.

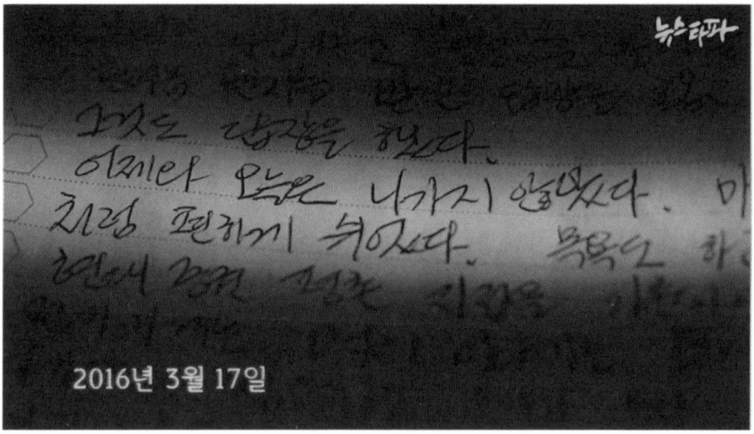

제보자 X의 일기장. 2015년 10월 16일부터 2018년 2월 27일까지의 기록이다.

그리고 일기장을 조금씩 뜯어내 외부로 반출했다. 그렇게 모은 일기장을 우리에게 증거로 제시했다. 나는 제보자 X의 일기장을 처음부터 끝까지 여러 번 읽었다. 일기에는 남부지검 검사실에 출정을 가서 실제로 어떤 수사를 했는지 등이 빼곡히 적혀 있었다. 일기장에 적혀 있는 출정 일자는 그가 제시한 출정 기록과 정확히 일치했다. 일기에 적혀 있는 사건들의 날짜나 전후 관계에도 오류가 없었다.

일기장에서 재미있는 부분은 그가 '과로'를 호소한 부분이다. 감방에 갇혀있어야 할 죄수가 검사실에 하도 많이 불려 다니다 보니 마치 야근이나 휴일 근무를 하는 직장인처럼 과로를 호소하는 것이다. 제보자 X는 인터뷰에서, "바쁠 때는 새벽 3시까지 일을 시켰어요. 아무튼 완전히 노동착취죠"라며 웃음과 함께 그때의 기억을 떠올렸다.

2016. 3. 7. 저녁 10시까지 자료 검토를 했다.

2016. 3. 17. 어제와 오늘은 나가지 않았다. 마치 봉급쟁이가 병가를 낸 것처럼 편하게 쉬었다.

2016. 4. 18. 검찰의 요청으로 출정을 갔다. 짧은 시간에 성과가 있었다. 40억, 27억, 15억 횡령을 찾았다. 숙소로 돌아와보니 11시가 넘었다.

도저히 조작할 수 없는 또 다른 물증은 그가 사용하던 아이패드다. 그는 수감 생활 중에도 검사실에 나가서 아이패드를 자유롭게 사용했다. 죄수가 어떻게 아이패드를 사용할 수 있었을까. 그는 출정을 나가던 검사실의 검사에게 '수사를 위해서는 아이패드가 필요하다'고 부탁을 했다. 검사는 허락했고, 외부에 있는 가족이 아이패드를 검사실로 가져다주었다. 그의 2016년 2월 1일 일기에는 아이패드를 검사실로 반입한 사실이 짧게 적혀 있다. "오후 남부출정. ○○이와 대화. 골드만 삭스. 아이패드 등 사무실 보관"

믿기 어려운 얘기지만 믿을 수밖에 없었다. 그의 아이패드에는 수감 기간에 보낸 이메일의 흔적들이 그대로 남아 있었기 때문이다. 이메일 가운데는 검찰 수사관에게 보낸 보고서도 다수 있었다. 죄수 신분이었던 그가 페이스북을 한 흔적도 남아 있었다. 그는 수감되었던 기간 중 페이스북에서 '견상태'라는 계정으로 활발하게 활동했다. 그 계정에는 자신의 죄수 신분을 드러내는 글이 많다. 예를 들어 2016년 9월 9일에는 재판을 받고 있던 한 정치인을 겨냥해 "현직 죄수 입장에서 한마디 조언하자면…"으로 시작하는 글을 올렸다. '재소 실

제보자 X가 감방 안에서 스케치한 그림

록'이라는 제목의 글도 있고, 2014년 5월 1일에는 감방의 창살 너머 보이는 풍경을 직접 스케치한 그림도 올려두었다.

또 하나의 결정적인 증거는 검찰이 편의를 봐준 여러 흔적들이다. 구치소에서 여러 명이 사용하는 방을 혼거실이라고 하는데, 검찰은 그를 혼거실에서 독거실로 옮겨주었다. 실제 독거실로 옮겨준 것은 서울남부구치소장이었지만, 이는 서울남부지검장 명의의 공문에 따른 것이었다.

검찰은 제보자 X가 '퇴근'한 이후에도, 즉 검사실에서 구치소 독거실로 돌아간 이후에도 계속 '일'을 할 수 있도록 수사 관련 서류를 넣어주기까지 했다. 출정 나간 죄수가 검사실에서 서류를 반출하는 것은 물론 불법이다. 이를 회피하기 위해 검찰은 제3자를 통하는 편법을 썼다. 그의 지인을 검사실로 불러 서류를 주고 남부구치소에 있는 제보자 X에게 영치하라고 한 것이다. 실제 2016년 4월 무렵 이런 심

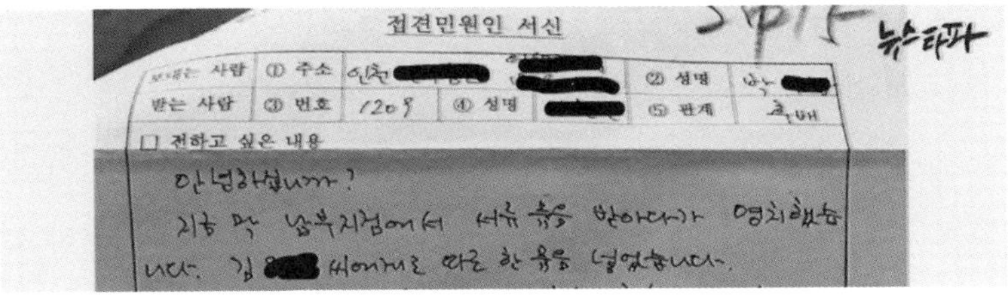

접견민원인 서신

보내는 사람	① 주소	인천[redacted]				② 성명	박[redacted]
받는 사람	③ 번호	1209	④ 성명	[redacted]		⑤ 관계	후배

□ 전하고 싶은 내용

안녕하십니까?
지금 막 남부지검에서 서류 묶음 받아다가 영치했습니다. 김[redacted] 씨에게로 따로 한 묶음 넣었습니다.

제보자 X의 지인 박 모 씨가 접견 와서 남기고 간 서신. 남부지검에서 받은 서류 묶음을 영치했다고 전하고 있다.

부름을 해 준 제보자 X의 지인 박 모 씨는 “부탁을 받고 검사실에 가서 서류 두 묶음을 받아서 구치소에 넣어줬다. 이런 심부름은 한두 차례 더 있었던 것 같다”라고 말했다. 그가 당시 서류를 영치하면서 남긴 접견 민원인 서신에는 “지금 막 남부지검에서 서류 묶음을 받아다가 영치했습니다”라고 적혀 있다.

검찰은 제보자 X에게 수사 협조를 부탁하면서 두 가지를 약속했다. 하나는 가석방이 되도록 도와주겠다는 것이었고 하나는 그가 억울하다고 느꼈던 자신의 사건[1]을 재수사하는 것이었다. 검찰이 가석방을 도와주기 위해 그의 변호사와 협의했던 이메일이 증거로 남아 있다. 검찰은 결국 약속을 지키지 않았는데, 이에 제보자 X가 문무일 당시 검찰총장에게 보낸 항의 서한과 검찰이 답신으로 보낸 공문도 증거로 남아 있다. 공문에서 검찰은 “가석방 가부 결정은 검찰이 결정하는 게 아니다. 다만 수사 협조 공적에 관하여는 검사가 직접 남부구치소에 의견을 제출했다”라고 답했다.

1 <스포츠서울> 주가조작 사건이다. 이 책의 2부 2장에서 자세히 다룬다.

이 정도면 증거가 충분하다. 2019년 8월 12일 〈죄수와 검사〉 첫 보도 이후, 검찰도 죄수를 수사에 참여시킨 부분은 사실상 인정했다. 다만 검찰이 가석방을 약속하고 죄수에게 전용 사무실을 제공한 사실 등은 부인했다. 죄수가 검사실에서 지인을 불러 만나거나 외부와 통화한 사실, 아이패드를 사용한 사실에 대해서는 가타부타 말이 없었다. 증거가 너무 많아 부인하기 힘들었을 것이다.

서울남부지검의 '조 브라더스'

이렇게 출정을 다니면서 검찰의 수사를 도왔던 게 과연 제보자 X뿐이었을까. 제보자 X는 서울남부구치소에서 자신처럼 검찰 수사에 관여하는 죄수를 3명 더 목격했다.

우선 서울남부지검 금융조사 1부에 출정을 다니던 죄수 남 모 씨가 있다. 그는 터치스크린 제조 회사인 '디지텍시스템즈'라는 상장사의 주가조작 사건으로 구속된 인물인데, 구속된 이후 주가조작에 참여한 많은 관계자들을 구속하는 데 공을 세워 '남부구치소 저승사자'라고 불렸다고 한다. 실제로 2016년 초 이 사건에 참여한 펀드 매니저 9명이 한꺼번에 구속되기도 했다.[2]

남 씨 외의 두 명은 한 팀으로 움직였는데, 공교롭게도 둘 다 성이

2 우리는 취재 과정에서 남 씨와도 접촉했다. 남 씨는 자신이 몸담았던 회사의 사장이 야권의 거물 정치인에게 비상장 주식 20억 원어치를 뇌물로 제공한 사실과 검사 출신 전관 변호사에게도 고가의 골프채를 선물한 사실을 검찰에 진술했지만 묻혔다고 주장했다. 그러나 취재 결과 입증이 어려워 최종 기사에서는 제외됐다.

조 씨여서 '조 브라더스'라고 불렸다. '브라더' 가운데 동생에 해당하는 첫 번째 조 씨는 성균관대 총학생회장 출신의 금융 사기범으로, 워낙 머리가 잘 돌아가고 입담이 좋아서 검사실에 단골 출정을 하며 수사를 도왔던 인물이다. 어찌나 입담이 좋았던지, 그가 검사실에 나가서 TV로 개그 프로그램을 본 뒤 구치소에 돌아와 그 얘기를 하면 교도관들까지 "실제 TV 프로그램보다 더 재미있다"라면서 감방 앞에 와서 그의 이야기를 들었다고 한다. 2015년 3월 '동생' 조 씨는 서울서부지검 415호 검사실에 출근하다시피 출정을 다녔다. 구치소에서 조 씨는 검사실로 통하는 일종의 '다리'였다. 검사실로의 출정은 꿈도 꾸지 못하는 일반 재소자 입장에서는 조 씨를 통하면 검사실에 접근해 뜻하는 바를 이룰 수가 있어 보였기 때문이다.

그런 이유로 '브라더' 가운데 형, 즉 두 번째 조 씨가 동생 조 씨에게 접근했다. '형' 조 씨가 '동생' 조 씨를 통해 검찰에 제보한 사건은 다름 아닌 최인호 변호사 사건이다. 최인호 변호사는 2015년에서 2019년 사이 법조계를 떠들썩하게 만들었던 인물이다. 최 변호사는 2011년 대구 공군비행장 소음 피해 손해배상에서 주민 만여 명을 대리해 승소를 이끌어냈으나 주민들이 받아야 할 지연이자 146억 원을 횡령하고 수십 억 원을 탈세했다는 혐의로 집행유예형과 벌금 50억 원을 선고받았다. 그런데 이를 무마하는 과정에서 검찰과 정관계 고위 인사들에게 로비를 했다는 의혹이 불거졌다. 기자들 사이에서는 이 사건이 '최인호 게이트'로 번지는 것 아니냐는 관측까지 나왔다. 바로 이 '최인호 게이트'가 될 뻔했던 사건의 제보자가 '조 브라더스' 가운데 형 조 씨였다. 형 조 씨는 원래 광고 대행사를 운영하던 사람이었는데 큰돈을 번 최인호 변호사로부터 투자를 받아 사업을 하던 중 돈을 돌려주지 못해 고소를 당하자, 최인호 변호사의 탈세와 정관계 로비 의혹을 제보한 것이었다.

죄수-수사관-검사의 부당거래

'동생' 조 씨는 '형' 조 씨에게 서울서부지검의 수사관 J를 소개해 줬다.[3] 이른바 '조 브라더스'가 만들어지는 순간이다. 수사관 J는 '형' 조 씨가 제보한 사건 조사에 착수하기로 했다.

얼마 지나지 않아 수사관 J는 노골적으로 금품을 요구했다. 이사를 해야 하는데 3천만 원이 모자란다는 것이었다. 동생 조 씨는 형 조 씨에게 요구를 들어주라고 종용했다. 결국 형 조 씨는 아내에게 검찰청으로 돈을 가져오게 했다. 서부지검 여성아동조사실 407호에서 수사관 J에게 천만 원권 자기앞수표 3장을 직접 건넸다. 2016년, 이번에는 형 조 씨를 통해 또 다른 죄수가 수사관 J에게 접근해 사건을 청탁했다. 수사관 J는 이번에도 금품을 요구했다. 사건을 청탁한 죄수는 아내를 통해 마포의 한 식당 주차장에서 천만 원짜리 수표 2장을 건넸다. 수사관 J는 다른 죄수들에게 수백만 원의 향응을 받기도 했다. 결국 그는 2017년, 뇌물수수와 직권남용 등의 혐의로 서울중앙지법에서 징역 7년을 선고받았다. '조 브라더스'팀에 큰 사고가 터진 것이다.

3 공교롭게 수사관도 조 씨여서 서술 상의 혼란을 줄이기 위해 수사관 J로 쓴다.

판결문에 나온 동생 조 씨의 행태는 정말이지 가관이었다. 조 씨는 수사관 J의 비호를 받으며 서부지검 415호 검사실을 개인 사무실처럼 사용했다. 서부지검 검사실에 앉아 출소 이후 사업 구상을 하면서 필요한 사람들을 불러서 만났다. 조 씨는 "재소자 황 모 씨와 앞으로 사업을 진행하려고 하니 황 모 씨를 불러 달라"라고 요구했다. 이후 황 씨는 검사실로 79회나 출정을 나왔다. 조 씨가 "함께 온천 관련 사업을 하겠다"라며 출정을 요구했던 재소자 최 모 씨 역시 17회 소환됐다. 검사실에서 휴대전화와 인터넷을 자유롭게 이용하고 지인과 함께 식사를 했다. 당시 검사실에 찾아가 이를 목격했던 한 죄수의 아내는 "수사관 J의 방에 갈 때마다 아무래도 이상하다는 생각이 들었습니다. 여러 사람을 부르는데 조사를 하는 것도 아니고… 재소자들이 외부로 전화해서 자기들이 필요한 사람을 불러 자기들 필요한 얘기를 했습니다"라고 증언했다.

하지만 '조 브라더스'가 친 더 심각한 사고는 따로 있었다. 2016년 '조 브라더스'는 무대를 서울남부지검으로 옮긴다. 이들이 서울남부지검에 제보한 사건은 '홈캐스트'라는 코스닥 상장사의 주가조작 사건이다. 제보를 남부지검에 한 이유는 남부지검이 금융 범죄 전담청이었기 때문이다. 남부지검 최희정 검사실은 조 브라더스를 수시로 소환했다. 조 브라더스는 수사에 깊숙이 참여했다. 2016년 5월부터 9월까지 다섯 달 동안, 조 브라더스 두 명은 최 검사실에 총 98번 소환됐다.

당시 남부구치소에는 홈캐스트의 실소유주였던 장 모 씨가 수감돼 있었다. 조 브라더스 중 언변이 좋았던 '동생' 조 씨가 장 씨에게 자백을 받아내는 임무를 부여받았다. 조 씨는 장 씨에게 은밀히 접근했다. 그런데 조 씨는 임무를 수행하는 대신 딴 생각을 품었다. 장 씨에게 자백이 아니라 돈을 요구한 것이다. "죄를 덮어줄 테니 돈을 달라"는 것이었다. 조 씨는 "담당 검사가 내 성균관대 선배이고, 담당 수사관은 내가 직접 수사를 도와주고 있으니 선처 받도록 도와주겠다"라며 장 씨를 설득했다. 검사실을 드나들며 수사에 참여했던, 그러니까 검사의 위세를 등에 업은 조 씨에게 장 씨는 쉽게 설득 당했다. 자신과 똑같은 죄수의 신분임에도 말이다. 이후 출소한 조 씨는 장 씨의 아내에게 30억 원을 받아 자신의 생활비와 유흥비, 합의금 등으로 탕진했다.

장 씨의 아내가 조 씨에게 돈을 준 것은 출소 이후에도 조 씨가 수사에 영향력을 행사할 수 있다고 믿었기 때문이다. 왜 믿었을까. 조 씨는 검사나 수사관과의 친분을 과시하며 수사 진행 사항을 얘기해줬을 뿐 아니라, 결정적으로 자신이 갖고 있던 수사 기밀 자료를 보여주기도 했다고 한다. 일반인에 불과한 조 씨가 어떻게 수사 기밀 자료를 갖고 있었던 것일까. 진실은 이렇다. 놀랍게도 조 씨는 출소 이후에도 남부지검 최희정 검사실이 진행하던 홈캐스트 사건 수사에 계속 참여했다. 그는 출소 이후 두 달 동안 최희정 검사실에 15회 출입하며 수사를 도왔다. 그가 수사 기밀 자료를 가지고 있었던 이유다. 당연히 불법적인 수사 기밀 유출이었다.

조 씨는 이렇게 검사실의 위세를 업고 사기 행각을 벌이다 2016년 9월 결국 체포됐다. 조 씨를 체포한 것은 다름 아닌 최희정 검사실이었다. 조 씨의 주거지를 압수수색한 결과 2~3박스 분량의 수사 기밀 자료가 나왔다.

하지만 최희정 검사실은 이를 은폐했다. 조 씨가 유출한 수사 기록을 모두 파쇄한 것이다. 압수목록에는 지출내역 등 일반적인 서류라고 적었다. 그러나 최인호 변호사의 검찰 로비 의혹 사건을 수사하는 과정에서 모든 게 드러났다. 결국 검사실의 박 모 수사관은 공무상 비밀누설 등의 혐의로 1심에서 징역 1년 6개월, 집행유예 3년을 선고받았다. 같은 혐의로 기소된 최희정 검사는 1심에서 "수사관의 행동을 모두 알 수는 없다"라는 이유로 공무상 기밀누설 혐의는 무죄를 받았으나 공용서류손상 혐의가 일부 유죄로 인정돼 벌금 700만 원을 선고받았다. 그리고 2심에서는 공용서류손상 혐의도 무죄를 받았다.

재소자를 이용한 불법 수사

'조 브라더스' 사건은 재소자를 이용한 수사의 위험성을 잘 보여준다. 제보자 X처럼 재소자의 전문성을 활용하든 동생 조 씨처럼 언변과 재치를 활용하든, 아니면 형 조 씨의 경우처럼 재소자가 가진 정보를 이용하든 다 마찬가지다. 일단 검사에게 '간택'을 받은 죄수는 구치소 안에서 일종의 권력을 가지게 되고, 그 권력을 악용하고 싶은 유혹에 빠진다. 악용의 결과는 대개 죄수들 사이의 사기 사건으로 귀결되지만 무고한 사람들이 2차, 3차의 피해를 입기도 한다. 이 책의 3부 2장에 나오는 브로커 죄수 한 모 씨와 IDS홀딩스 사건의 주범 김성훈 사이에서 벌어진 일이 대표적인 예다.

검사나 수사관도 유혹에 빠지기 쉬운 건 마찬가지다. 금융 범죄를 저지르고 구속된 죄수는 감옥 밖에 여전히 상당한 재산을 유지하고 있는 경우가 많다. 이들은 몸이 구속되어 궁박한 처지에 놓여있으므로 아주 작은 편의를 받는 데 큰돈을 쓰는 걸 마다하지 않는다. 검사실에 드나드는 죄수는 누가 재산을 얼마나 가지고 있는지, 그리고 그가 현재 가장 아쉬워하는 편의는 무엇인지 등 다른 죄수에 관한 정보를 검사나 수사관에게 전달하고 심지어 다리까지 놓아준다. 검사나 수사관은 자신의 권한으로 손쉽게 해줄 수 있는 작은 편의를 봐주고 거액의 대가를 얻을 수 있다는 유혹을 받게 된다. 실제 '조 브라더스' 사건에서 수사관 J는 이 유혹에 굴복했다.

금전적인 유혹보다 더 무서운 게 있다. 바로 성과를 내기 위해 사건을 조작하고자 하는 유혹이 그것이다. 흔히 '별건 수사'라고 알려진 타건 압박 수사[4]로 재소자를 쥐어짬으로써 원하는 진술과 증거를 얻어내는 수법이다.

검사는 수사권과 기소재량권이라는 막강한 권한을 갖고 있다. 이 두 가지 권한 앞에 약하지 않은 사람이 어디 있겠냐마는 그중에서도 가장 약한 게 이미 구속되어 인신의 자유를 잃어버린 재소자들이다. 구속이라는 '형벌'이 가진 무서움을 뼈저리게 느끼고 있기 때문이다. 이들은 다른 죄가 없어도 검사가 추가 수사로 구속 기간을 연장할 수 있고 반대로 죄가 있어도 검사가 기소 재량으로 봐줄 수 있다는 것을 알고 있다. 그렇기 때문에 검사에게 고분고분할 수밖에 없다. 마치 검사의 손아귀에 붙잡힌 어린 새 같은 존재랄까. 검사들은 손아귀에 조금 힘을 주어 어린 새를 죽일 수도 있고 자신이 원하는 노래를 부르

4 MBC <PD수첩> 광우병 편을 수사하다 검찰 상부의 기소 지시를 거부하고 사표를 낸 임수빈 검사가 자신의 책 『검사는 문관이다』(2017, 북저널리즘)에서 제안한 용어다. 그는 이 책에서 "검찰이 원래는 A범죄를 수사하고 싶은데 관련 증거가 부족한 경우 일단 B범죄를 먼저 수사해 증거를 확보하고, 이후 B범죄의 증거를 내세워 A범죄에 대한 수사를 진행하는 것"이라고 정의했다.

게 만들 수도 있다. 이 책 4부에 나오는 한명숙 전 총리의 정치자금법 위반 사건이 대표적인 예다.

이 같은 위험성을 차치하더라도 재소자를 이용한 수사는 그 자체로 불법이다. 크게 보면 두 가지 면에서 그렇다.

첫째는 〈형의 집행 및 수용자의 처우에 관한 법률〉 위반이다. 이 법에 보면 수용자의 전화 통화와 외부인 접촉, 음식물 제공 등이 상세히 규정되어 있다. 이 법의 시행규칙 90조에는, 재소자의 접견 횟수는 경비처우급[5]에 따라 많게는 일 1회부터 적게는 월 4회로 정해져 있다. 외부인과 통화를 할 수 있는 횟수 역시 급에 따라 월 2회에서 5회로 정해져 있다. 그런데 제보자 X의 증언과 '조 브라더스' 사건의 판결문에 따르면 이들은 죄수의 신분으로 검사실에 출정을 나가 수시로 외부인과 만나고, 검사실 전화로 수시로 외부인과 통화했다. 모두 위법이다. 죄수는 설령 출정을 나가더라도 항상 교도관의 계호를 받아야 하는데, 이 사건 검사들은 죄수는 검사실 안으로 들이고, 교도관은 검사실 밖에서 대기하도록 했다. 역시 규정 위반이다.

둘째는 형사소송법 위반이다. 우리는 죄수, 즉 재소자를 활용한 수사가 적법한 것인지 복수의 법률 전문가에게 자문을 했다. 익명을 요구한 한 변호사는 "그런 수사 관행은 미국 드라마에나 나오는 줄 알았다"라며 놀라움을 표했다. 그러면서 형사소송법 196조와 197조에 규정된 수사의 주체, 즉 검사와 사법경찰관, 특별사법경찰관리를 제

5 어느 수준의 처우가 필요한 재소자이냐를 결정해 나누는 등급. 중경비처우급부터 일반경비처우급, 완화경비처우급, 개방처우급의 등급이 있다. 재소자들은 이 경비처우급을 흔히 1급수부터 4급수까지로 나누어 부른다.

외하고는 수사의 주체가 될 수 없으므로 재소자를 활용한 수사는 현행법상 허용되지 않는다고 설명했다.

인하대 법학전문대학원의 김인회 교수는 보다 단호한 입장을 취했다. 김인회 교수는 지난 2012년 문재인 대통령과 『검찰을 생각한다』라는 책을 공저했으며 형사소송법 교과서를 저술하기도 한 형사법과 형사소송법 전문가다. 김 교수는 인터뷰에서 "명백한 위법수사이며 위법수사를 통해 얻은 증거는 위법수집 증거배제 법칙에 따라 합법적 증거로 사용할 수 없다"라고 단언했다. "가혹행위나 고문으로 얻은 증거가 합법적 증거로 사용될 수 없는 것과 마찬가지"라는 것이다. 검찰이 제보자 X에게 수사를 돕는 대가로 가석방을 약속한 것은 "검찰의 법적인 권한 밖에 있는 것을 허위로 약속해 사람을 이용하는, 비윤리적인 수사에 해당한다"라고 비판했다.

"서울남부지검은 금융 범죄의 거래 시장"

우리는 제보자 X와 여러 차례 인터뷰했다. 정식 인터뷰뿐 아니라 사적인 대화까지 포함하면 몇십 차례 이상 얘기를 나눴다. 그가 했던 많은 이야기 중 죄수를 활용한 불법 수사는 한 부분에 지나지 않는다. 제보자 X는 자신의 사건뿐 아니라 자신이 수사에 참여했던 사건들이 제대로 수사되지 않는 것을 여러 번 목격했다고 주장했다. 특히 검사나 검찰 출신 전관 변호사가 연루되거나 변호하는 사건의 경우 범죄 혐의가 분명하게 특정이 되고 구체적인 증거가 있는데도 덮이는 것을 여러 차례 경험했다고 했다.

우리는 이런 일들이 벌어졌다는 장소가 서울남부지검이었다는 데 주목했다. 서울남부지검은 여의도 금융가를 관할하며 금융 범죄와 기업 범죄, 조세 범죄를 중점으로 수사한다. 지난 2013년 서울중앙지검에 증권범죄합동수사단이 신설됐는데, 이듬해인 2014년 서울남부지검으로 이전했고, 2015년에는 역시 중앙지검에 있던 금융조세조사 1부와 2부가 남부지검으로 옮겨졌다. 이때부터 남부지검은 대한민국의 금융 범죄와 기업 범죄 수사를 총괄하는 사실상의 컨트롤타워가 되었다.[6]

그런데 금융 범죄와 기업 범죄는 내용이 복잡하고 어렵기 때문에 수사가 매우 어렵다. 자본시장 전문가인 죄수, 제보자 X를 수사에 활용했다는 주장이 개연성을 갖는 대목이다. 조 브라더스가 주가조작 사건을 제보하면서 남부지검으로 활동 무대를 옮긴 것도 같은 맥락이다. 그런데 수사를 하는 검사 입장에서는 수사가 어려울수록 역설적으로 사건을 축소하거나 덮을 수 있는 재량의 범위가 넓어진다. 더군다나 금융 범죄나 기업 범죄 사건은 변호사들의 수임 액수가 일반 사건에 비해 적게는 몇 배에서 많게는 수십 배에 이를 정도로 크다. 바로 이 지점을 전관 변호사들이 파고들어 검사와 유착하고 사건을 은폐한다는 것이다.

"로펌이나 법률 시장 입장에서 보면 서울남부지검이 어마어마

6 <죄수와 검사> 첫 보도 5개월 뒤인 2020년 1월, 증권범죄합수단이 폐지되고 금융조사 1·2부가 신설됐다. 추미애 법무부 장관은 그해 10월 국정감사에서 "증권범죄합수단이 부패 범죄의 온상이 되었다"고 증권범죄합수단의 폐지 이유를 설명했다. 우리는 <죄수와 검사> 보도가 영향을 미쳤다고 생각한다.

하게 큰 시장이 되었죠. 그런데 그에 걸맞은 감시는 이루어지지 않는 사각지대예요. 그 결과 검사와 전관 변호사가 금융 범죄를 거래하는 거대한 시장이 되어버린 거예요."

—제보자 X 인터뷰 중

남부지검에서 '덮인' 구체적인 사건은 이 책의 2부에서 집중적으로 다룰 예정이다. 사실 어떤 사건이 '덮였다'는 것을 입증하기는 거의 불가능에 가깝다. 검사에게는 기소재량권이 있기 때문이다. 한 사건에서 비슷한 혐의가 있더라도 누구는 기소하고 누구는 기소하지 않을지가 검사 마음이라는 뜻이다. 고소 사건이 아닌 이상 왜 그렇게 하는지, 혹은 하지 않는지 설명할 의무도 없다. 취재를 하고 싶어도 어디부터 비집고 들어가야 하는지 알 수가 없다. 우리는 운 좋게 몇몇 케이스를 취재했고 언론의 한계 내에서 최선을 다해 검증했다. 그러나 우리가 취재한 것은 거대한 빙산의 일각에 지나지 않을 것이다.

검사는 검사를 보호한다

죄수 K의 등장

2016년 여름에서 가을로 이어지는 기간은 검찰에게 시련의 계절이었다. 우선 그해 7월 현직 검사장인 진경준 검사가 구속됐다. 게임 회사인 넥슨의 김정주 대표에게 돈을 빌려 주식을 산 뒤 엄청난 시세차익을 얻은 혐의였다. 사상 최초의 현직 검사장 구속. 검찰이 받은 타격은 심대했다. 같은 달 검사 출신인 우병우 민정수석의 처가 토지 관련 의혹이 보도됐다. 이번에도 넥슨이 우병우 수석의 처가가 보유하고 있던 토지를 시세보다 비싼 값에 사줬다는 의혹이었다. 불신과 의혹의 시선으로 검찰이 휘청거릴 때쯤 또 하나의 대형 사건이 터졌다. 현직 부장검사가 연루된 이른바 '고교 동창 스폰서 사건'이다. 이 사건은 한겨레신문의 보도로 세상에 알려졌다.

고교 동창 스폰서 사건의 주인공은 2015년 서울남부지검의 증권

범죄합동수사단장을 지냈던 김형준 전 부장검사다. 박희태 전 국회의장의 사위이기도 한 김형준 전 부장검사는 검사들 중에서도 상위 1%에 속하는 엘리트였다. 2007년 삼성비자금 특별 수사단으로 일했고 2009년에는 UN에 파견됐다. 2011년 귀국해서는 대검찰청의 범죄정보담당관, 2013년에는 전두환 추징금 환수팀장으로 활약했다. 하나같이 알짜 같은 주요 보직이다. 검찰 내에서도 '출신 성분'이 중요해진 지 오래라 김형준 검사의 이런 이력은 장인 박희태 전 국회의장을 빼놓고는 설명하기 어렵다. 그런 '금수저' 엘리트 검사였던 그가 자신의 고교 동창 김 모 씨로부터 현금 3천 4백만 원을 포함, 5천여만 원의 금품과 향응을 받았다는 혐의로 구속 기소된 게 이른바 고교 동창 스폰서 사건이다.[7]

이 사건이 터진 시기는 마침 제보자 X가 서울남부지검에 나가 수사를 돕던 시기와 겹쳤기 때문에 제보자 X는 남부지검의 분위기를 기억하고 있었다. 당시 남부지검 전체가 김형준 부장검사 사건의 불똥이 어디로 튈지 몰라 전전긍긍하는 분위기였다고 한다. 그의 일기장에는 당시의 상황이 이렇게 적혀 있다.

"오늘은 오후에 검찰청에 다녀왔다. 신○○ 주임(교도관)의 표현대로라면 '남부지검 전체가 수사 대상'이다. 나보다는 더 많은 검사실에 피고들을 데리고 매일 다니니 돌아가는 상황을 누구보다 더 잘 안다. 현재 증권범죄 합수부의 말단 검사들이 떨고 있다. 정

7 김형준 검사는 1심에서 징역 2년 6개월에 벌금 5천만 원, 추징금 2천 7백만 원을 선고받고 수감되었으나 2심에서 징역 1년에 벌금 천 5백만 원, 추징금 998만 원, 집행유예 2년을 선고받고 석방됐다.

작 떨어야 하는 사람은 남부지검 수뇌부들인데."

—제보자 X의 2016년 9월 9일 일기

여러 검사실을 드나들던 교도관이 전해준 분위기에 따르면 "검사들이 떨고 있었다." 제보자 X는 고교 동창 스폰서 김 모 씨와도 우연히 만나 얘기를 나눴다. 둘 다 남부구치소에 수감 중이었기 때문이다. 잠깐씩 마주칠 때 얘기를 나눈 정도라 아주 깊은 속내까지 듣지는 못했지만 스폰서 김 씨로부터 "검찰이 이 사건을 제대로 수사하지 않는다"라는 얘기를 들었다고 했다. 우리는 제보자 X가 얘기한 다른 사건을 취재하는 동시에 고교 동창 스폰서 김 씨를 취재해보기로 했다. 그가 입을 열면 아직 세상에 알려지지 않은 여러 사실이 드러날 가능성이 있다고 봤기 때문이다.

그런데 스폰서 김 씨와 연락할 방법이 없었다. 2016년에 6년 형을 받았으니 분명 어느 구치소나 교도소에 있을 텐데 소재를 전혀 파악할 수 없었다. 검색을 하다 보니 스폰서 김 씨를 인터뷰한 기사가 하나 있었다. 포털사이트 검색에도 걸리지 않는 아주 작은 언론사의 기사였다. 그 인터뷰 기사에서 스폰서 김 씨는 억울함을 토로했지만 주장이 제대로 정리되지 않아 사실관계 파악이 힘들었다. 언론사 홈페이지를 찾아 들어가 보니 모든 기사를 단 한 사람의 기자가 쓰는 1인 언론사였다. 일단 지푸라기라도 잡는 심정으로 해당 기자에게 이메일을 보냈다. 그리고 약 열흘 뒤 해당 기자를 통해 스폰서 김 씨의 답변을 받을 수 있었다.

"제 변호인과 연결하기 전에 저와 연락하려는 사유에 대해 간략히 제게 직접 알려주시길 바랍니다. 제게 서신 보낼 때 받을 주소는 언론사 주소로 하지 마시고 개인 주소로 하셔야 하며 제게 서신을 쓸 때도 기자라는 단어는 쓰지 마십시오. 여긴 언론에 대해 아주 민감한 곳이고 제가 검찰과 소송 중이라 조심해야 하기 때문입니다."

—스폰서 김 씨(죄수 K)의 첫 번째 편지 중

매우 경계하며 조심스럽게 첫 연락을 해 온 스폰서 김 씨와 우리는 그 뒤 수십 통의 편지를 주고받았다. 스폰서 김 씨는 단순히 억울해하는 정도가 아니라 검사 집단에게 느낀 배신감으로 큰 상처를 받았고, 이를 세상에 알릴 방법을 찾는 중이었다. 우연히도 그런 와중에 우리의 연락을 받은 것이다.

스폰서 김 씨는 자신의 사연을 하나씩 꺼내놓기 시작했고 이후 〈죄수와 검사〉 보도를 통틀어 제보자 X와 더불어 가장 중요한 제보자가 됐다. 2019년 8월부터 방송한 첫 번째 시즌에서도 그의 제보가 결정적이었고, 2020년 10월에 방송한 세 번째 시즌 역시 그의 제보로 시작되었기 때문이다. 그는 기억력이 매우 비상하고, 어떤 주장을 할 때 그것을 입증할 수 있는지 먼저 생각하는 사람이었다. 근거 자료도 잘 확보하고 있었다. 무엇보다도 죄수의 신분이면서도 검찰 조직과 맞서는 놀라운 용기를 보여줬다. 기자 입장에서는 최고의 제보자였던 셈이다. 우리는 첫 번째 시즌에서는 그를 그냥 '스폰서 김 씨'라고 불렀지만 세 번째 시즌에서 그에게 '죄수 K'라는 별명을 붙여주었다. 이 책에서도 그를 죄수 K라고 부를 것이다.

두 고교 동창의 비뚤어진 우정

죄수 K와 김형준 전 검사는 중학교와 고등학교 내리 동창이었다. 둘은 고등학교 3학년 때 같은 반이었다. 죄수 K는 반장이었고 김형준은 전교 학생회장이었다. 졸업 이후에도 비슷한 관계가 이어진다. 법학과에 진학한 죄수 K는 잠시 고시 공부를 했지만 곧 포기하고 사업을 시작했다. 김형준은 사법고시에 합격해 엘리트 검사의 길을 걸었다. 김형준은 동기회 회장을, 죄수 K는 동기회 부회장을 지냈다.

두 사람의 관계를 두고 죄수 K는 검찰 조사에서 가장 친하게 지내는 친구 3인방 가운데 하나라고 했다. 반면 김형준은 죄수 K가 구체적으로 무슨 일을 하는지 모르는 사이라고 주장해 말이 엇갈린다.[8] 죄수 K에 따르면 두 사람은 둘 모두 한국에 있는 한 적어도 한 달에 2~3번은 만나는 사이였다. 김형준은 대학 4학년 때 고시에 합격해 연수를 마친 뒤 수원지검 검사가 되었는데 이때부터 죄수 K는 수원지검으로 찾아가 근처 룸살롱에서 술을 사주곤 했다. 김형준이 강릉, 울산 등 지방으로 발령받은 때에는 죄수 K가 지방으로 찾아가 함께 술을 마셨다. 김형준은 룸살롱에서 다른 사람과 술을 마시다 죄수 K를 불러내 계산을 시키기도 했다. 전형적인 검사와 스폰서 관계다.

김형준도 죄수 K의 이 같은 '노력'에 부응했다. 일찌감치 사업을 시작한 죄수 K는 2003년과 2004년 사기죄로 실형을 선고받았는데,

8 다만 김형준 검사는 사건이 터지기 8개월 전인 2016년 1월 중국 샤오미 전자제품을 수입해 팔던 죄수 K에게 샤오미 블루투스 스피커를 보내달라고 요구해 받은 적이 있다. 따라서 구체적으로 무슨 일을 하는지 모른다는 김형준의 말은 거짓이다. 이 사건에서 드러난 다른 정황을 보더라도, 두 사람이 친한 사이였다는 것은 분명해 보인다.

죄수 K에 따르면 이때 김형준은 수사를 맡은 검사에게 '잘 봐 달라'는 취지로 청탁 전화를 했다고 한다. 김형준이 수사 검사에게 전화하는 것을 직접 듣기도 했고, 수사 검사가 "김형준이 당신 친구냐"라고 물어보기도 했다는 것이다. 죄수 K는 2009년 사기 혐의로 또다시 3년 6개월의 실형을 받아 구속됐는데 당시 김형준은 UN에 파견 중이라 앞서와 달리 친구인 죄수 K를 적극적으로 돕지 못했다. 2011년 9월 귀국한 김형준은 대검 범죄정보제2담당관으로 발령받았는데, 적시에 돕지 못한 미안함을 갚기라도 하듯 친구를 위해 특별한 호의를 베풀어준다.

> "당시 저는 안양교도소에 있었는데, 김형준은 대검으로 부임한 직후 저를 대검찰청으로 출정시켜 자신의 사무실에서 교도관들을 나가게 한 후 재소자로서 먹을 수 없는 각종 음식들(초밥, 중국요리, 한식 등)을 먹게 해주었고, 김형준이 대검에서 지급받은 아이패드를 건네주며 인터넷이나 전화를 하게 해주었으며, 제가 보고 싶은 사람들을 대검으로 오라고 하여 면회도 시켜주었습니다."
>
> —죄수 K의 검찰 진술조서 중(2016. 9. 6.)

김형준은 2011년 9월부터 2012년 4월까지 7개월 동안 죄수 K를 무려 9번이나 불러주는 호의를 베풀었다. 뿐만 아니라 죄수 K가 '신세를 졌다'고 지목한 다른 죄수 오 모 씨도 여러 번 불러 똑같은 '서비스'를 제공했다. 실형을 사는 동안 검사 친구의 위력을 제대로 체험한 죄수 K는 2012년 출소한 이후에도 다시 검사 친구를 열심히 접대하기 시작했다. 출소 직후라 아직 이렇다 할 사업이 없고 따라서 경제적인 여유가 없었는데도 남의 돈까지 빌려 접대했다. 그런 그에게 김형준은 '이제는 내가 힘이 있으니 네가 혹시 잘못되면 도와주겠다'고 했다.

죄수 K는 다시 사업을 일으켰다. 2015년 그는 다시 수십억 원의 매출을 올리는 전자기기 수입 회사의 대표가 되어 있었다. 검사 친구에 대한 접대는 더 극진해졌다. 김형준은 술자리에서 죄수 K에게 이런 얘기를 자주 했다고 한다. "나는 꿈이 있다. 장인어른(박희태 전 국회의장)이 자기 딸을 나와 결혼시킨 이유는 내가 장인어른의 뒤를 이어 검사장까지 가고 국회의원에 출마하고 법무부장관도 하게끔 만들어주기 위한 것이다." 죄수 K는 검찰 조사에서 이렇게 말했다. "저는 김형준의 뒷바라지를 해주고 김형준이 나중에 잘되면 저에게 금전적으로도 크게 보답해줄 것이라고 생각하였기에 무리를 해서라도 김형준이 바라는 것을 다 해주고 싶었습니다. 두 번째 이유는 김형준을 보면서 제가 못한 부분에 대한 대리만족을 느꼈던 것 같습니다."

법무부장관을 꿈꾸는 전교 회장 출신 엘리트 검사 친구와 그를 뒷바라지하며 활짝 꽃필 날을 기대하는 반장 출신의 사업가 친구. 두 사람은 자신들의 우정이 계속해서 빛나고 언젠가 결실을 맺을 것으로 믿었다. 물론 제3자가 보기에 두 사람 관계의 본질은 친구라기보다는 엄연히 '검사와 스폰서'였지만 말이다.

은밀한 사생활까지 공유하다

김형준은 자신의 은밀한 사생활, 그러니까 내연녀에 관한 부분까지 죄수 K와 공유했다. 김형준은 2014년 8월 서울 압구정동의 한 바에서 술집 종업원으로 일하던 25살 곽 모 씨라는 여성을 만나게 된다. 두 사람은 그해 12월 내연 관계로 발전했다. 김형준은 죄수 K를 술집에 데려가 곽 씨를 소개해주었다. 두 명이 양주 1병을 마시고 여성 종업원 2명을 앉히면 술값이 120만 원 이상 나오는 고급 술집이었는데 술값은 항상 죄수 K가 냈다.

김형준과 내연녀 곽 씨는 만나고 헤어지기를 반복했다. 주로 김형준의 여자 문제 때문이었다. 곽 씨와 내연 관계를 유지하면서 동시에 술집 등에서 만난 여성들과 이른바 '2차'를 나가곤 했던 게 화근이었다. 곽 씨에 따르면 김형준은 다른 여자를 만나다 본인에게 여러 번 들켰다고 한다. 곽 씨는 그런 일이 있을 때마다 김형준에게 헤어지자고 말했고 김형준은 계속 만나자고 매달렸다. 그러면서 김형준은 곽 씨에게 돈을 주기 시작했다.

> "현금으로 받을 때에는 10만 원 받은 적도 있고, 100만 원 받은 적도 있고, 200만 원 정도 받은 적도 있고… 가장 현금으로 크게 받은 것은 500만 원 받은 적도 있습니다."
>
> —내연녀 곽 씨의 검찰 진술조서 중(2016. 9. 8.)

김형준은 결국 내연녀 곽 씨에게 줄 돈을 죄수 K에게 요구하기 시작했다. 2015년 11월, 김형준은 죄수 K에게 내연녀 곽 씨가 이사를 갈만한 오피스텔을 알아봐달라고 부탁한다. 물론 정말로 그냥 알아봐주기만 해달라고 부탁을 한 건 아니다. 죄수 K는 두 군데 오피스텔을 후보로 선정해 김형준에게 '보고'했고, 김형준은 그 중 한 군데를 선택하며 이런 카카오톡 메시지를 보냈다.

"선릉 대림으로 확정. 2016. 1. 5경 입주. 바쁘겠지만 이달 말 26일 생일이라니까 계약해주면 선물로 주고 일 안하게 하고 타이밍 좋겠다. 고마우이 친구!"

—김형준이 죄수 K에게 보낸 카카오톡 메시지(2015. 11. 17.)

김형준: 친구… 아무래도 좀 떨어진 곳이 나을 듯… 광진 자양사거리 대림아크로텔 천만 원에 65만 원으로 하려구… 괜히 강남 계약하지 말게나.

죄수 K: 내가 여기 가서 계약할까 아니면 ○○(내연녀 곽 씨)한테 돈을 보내줄까.

—김형준과 죄수 K의 카카오톡 대화(2015. 11. 25.)

그러나 마지막 단계에서 내연녀 곽 씨가 이사 계획을 철회한 덕분에 죄수 K는 보증금 천만 원을 보내지 않게 됐다. 오피스텔 임대 계획은 취소됐지만 김형준은 내연녀 곽 씨에게 줄 돈을 다시 죄수 K에게 요구했다. 내연녀 곽 씨가 술집 일을 그만두게 하기 위해서는 생활비를 줘야 한다는 명목이었다.

김형준: 이번 달 거만 달라고 해서 내가 보내줬고, 이번 주에 내년 초 것까지 한꺼번에 챙겨주면 좋구.

죄수 K: 그래 금액 알려줘.

—김형준과 죄수 K의 카카오톡 대화(2016. 1. 19.)

2주 뒤 죄수 K는 김형준의 부탁대로 곽 씨에게 500만 원을 보냈다.

"500 보냈다. 내 전용 계좌에서. 입금자는 회사 이름으로 했다. 드러나지 않게 하려구."

—죄수 K가 김형준에게 보낸 카카오톡 메시지(2016. 2. 3.)

그리고 다시 한 달 뒤인 2016년 3월 8일, 이번에는 천만 원을 줬다. 사연은 이렇다. 김형준은 내연녀 곽 씨와 함께 있다 저녁에 급한 일이 있다며 어딘가로 갔는데, 새벽 무렵에 곽 씨에게 문자메시지를 보냈다. 그런데 그 문자는 다른 술집 여자에게 보낼 문자를 잘못 보낸 것이었다. 곽 씨는 이런 일이 한두 번이 아니었다고 말했다. 김형준은 실수라며 변명했지만 곽 씨는 크게 화를 냈다. 그러자 김형준은 곽 씨가 일하는 술집으로 와서 천만 원을 건넸다.

김형준은 내연녀 곽 씨에게 천만 원을 주기 위해 지인인 박수종 변호사에게 급하게 돈을 빌렸고 이 돈을 스폰서였던 죄수 K에게 대신 갚아달라고 부탁했다. 죄수 K는 김형준이 지정한 계좌, 나중에 밝혀지기로는 검사 출신 전관인 박수종 변호사의 아내 계좌에 천만 원을 보냈다.[9] 이렇게 해서 죄수 K가 내연녀 곽 씨와 관련해 김형준에게 준 돈은 모두 천 5백만 원이 됐다. 문제는 이 돈이 죄수 K의 개인 돈이 아니라 죄수 K가 대표로 있던 법인의 돈이었다는 것이다. 이렇게 회삿돈을 빼 쓴 것이 이후 두고두고 화근이 된다.

9 검찰 출신 전관인 박수종 변호사는 <죄수와 검사> 첫 번째 시즌의 주인공 가운데 한 명이다. 그에 관한 얘기는 이 책의 2부에서 집중적으로 다룬다.

우정이 시험대에 오르다

서울 강남의 룸살롱을 오가며, 그리고 내연녀에 대한 비밀까지 공유하며 점점 더 깊어지는 것만 같았던 두 사람의 우정은 2016년 4월 시험대에 오른다. 죄수 K가 사기와 횡령 혐의로 고소를 당한 것이다. 죄수 K의 회사는 중국에서 전자기기를 수입해 국내 유통업자들에게 공급하는 일을 했는데, 대금을 미리 받고 물건을 공급하지 못한 것이 발단이 됐다. 죄수 K는 일이 불거지기 두 달 전 함께 자주 가던 술집에서 김형준을 만나 이 일을 상의했다. "만약 문제가 되면 네가 나에게 해줄 수 있는 것이 뭐냐"라고 물었다. 김형준은 "검찰 쪽 일이라면 너의 책임을 최소화 시키는 데 해줄 수 있는 것이 있다"라고 답했다.

2016년 4월 15일 죄수 K에 대한 고소장이 서울서부지검에 접수됐다. 죄수 K는 또 다른 고교 동창 한 모 씨와 함께 사업체를 운영하고 있었는데, 위에서 언급한 것처럼 물품 공급에 실패하면서 그 책임 소재를 두고 공방을 벌이다 결국 서로 고소하기에 이른 것이다. 그런데 한 씨가 제출한 고소장에는 의미심장한 대목이 하나 포함돼 있었다. 죄수 K가 회삿돈 천 5백만 원을 횡령해 친구인 김형준 검사에게 줬다는 내용이었다. 이 사실은 김 씨가 작성한 비밀 장부에 기록되어 있다고 고소장에 적시돼 있다. 문제의 천 5백만 원은 앞에서 썼듯 김형준의 내연녀 곽 씨에게 줘야 한다는 명목으로 죄수 K가 김형준에게 준 돈이다. 개인 돈이 아니라 회삿돈이었기에 죄수 K는 회사의 비밀 장부에 김형준 부장검사에게 준 천 5백만 원을 기록해 두었다. 그런데 이 내용을 동업자 한 씨가 몰래 훔쳐본 뒤 고소장에 적시한 것이다. 바로 이 문구 하나 때문에 동업자 간 단순 고소 사건으로 끝날 것이 현직 부장검사의 비위 사건으로 비화됐다.

죄수 K는 친구인 김형준 부장검사가 사건을 해결해주거나 아니면 구속이라도 막아주기를 기대했다. 그동안의 '투자'에 따른 당연한 기대였을 것이다. 초반에는 죄수 K의 기대대로 일이 풀리는 것 같았다. 서울서부지검은 죄수 K에 대한 고소장을 마포경찰서에 내려 보내 수사하도록 했는데, 사건을 수사하던 마포경찰서가 5월 3일 죄수 K 회사의 계좌에 압수수색 영장을 신청하자 검찰이 이를 반려한 것이다. 반려의 명분은 고소인 조사뿐 아니라 피고소인 조사까지 마친 뒤 영장을 신청하라는 것이었다. 경찰 관계자는 한겨레신문과의 인터뷰에서 "고소인 조사를 한 뒤 객관적 증거를 확보한 다음 피고소인을 조사하는 게 통상적"이라며 "객관적 증거를 확보하기 위한 계좌 압수수색 영장이 기각된 것은 정말 이례적"이라고 말했다.[10] 경찰 관계자의 말처럼 보통의 경우는 고소인 조사를 마친 뒤 압수수색 등으로 물증을 확보하고 나서야 피고소인을 불러 조사한다. 압수수색을 해서 확보한 물증으로 추궁해야 피고소인이 진실을 실토하는 경우가 많기 때문이다.

그뿐만 아니었다. 경찰이 검찰의 지시대로 피고소인을 조사한 뒤 다시 압수수색 영장을 신청하자 검찰은 일주일을 끌다 또다시 영장을 반려하며 아예 사건을 검찰로 송치하라고 지휘했다. 검찰은 "서부지검에 죄수 K에 대한 또 다른 사건이 접수됐기 때문에 직접 수사할 사항으로 판단했다"라고 해명했다. 그런데 나중에 밝혀진 바에 따

10 한겨레신문 2016년 9월 7일자 <검찰, '스폰서 검사' 봐주기 의혹 증폭… 2차례 경찰 영장 기각>

르면 마포경찰서의 영장 신청이 5월 12일에 있었고, 서부지검은 5월 18일 김형준의 비위첩보를 대검에 보고했다. 그리고 바로 다음 날인 5월 19일, 서부지검은 경찰이 신청한 영장을 반려하고 사건을 다시 검찰로 가져오라고 지휘했다. 사건 초반 죄수 K의 사건에 김형준 부장검사의 비위가 포함된 것을 모르던 검찰이 뒤늦게 이를 알고 문제가 커질 것으로 보이자 영장을 반려하고 아예 사건을 가져간 것 아니냐는 의심이 드는 대목이다. 그동안 검찰이 제 식구와 관계된 사건에서 보여 온 막무가내식 감싸기 행태를 감안하면 더욱 그렇다.

서부지검이 두 차례 영장을 반려한 것에 현직 검사였던 김형준의 영향력이 작용했다고 보이지는 않는다. 그것은 단지 본능적이고 자동적인 검찰의 제 식구 감싸기였을 것이다. 김형준은 이때 죄수 K와 함께 다른 작전을 꾸미고 있었다. 작전명 '셀프 고소' 작전이다. 즉, 죄수 K에게 돈을 받지 못한 피해자 한 명에게 합의금 4천만 원을 준 뒤 "나를 고양지청에 고소해 달라"라고 부탁한 것. 그 뒤 이송신청을 해 사건 관할을 서울서부지검에서 고양지청으로 변경하기 위한 목적이었다. 당시 고양지청에는 김형준 부장검사의 사법연수원 동기인 노 모 검사가 차장으로 재직 중이었고 형사1부장으로는 지인인 박수종 변호사의 동기가 있었다. 그러니까 잘 아는 검사들이 있는 고양지청으로 사건을 옮긴 뒤 김형준의 말대로 '최소화'하려는 의도가 있었던 것으로 보인다. 사건의 이송과 배당에 개입해 '선수'를 바꾸는 것은 전관 변호사와 같은 법 기술자들이 흔히 쓰는 수법이기도 하다. 그러나 뜻밖에도 이 작전은 실패했다. 서울서부지검이 이송신청을 받아들이지 않고 고양지청에 새롭게 고소된 사건까지 가져와 수사하기로 한 것이다. 서울서부지검 입장에서는 마포경찰서에 수사하라고 내려보낸 사건을 도로 가로채왔는데 이걸 다시 고양지청으로 이송시키는 것도 모양새가 좋지 않았을 것이다.

셀프 고소 작전 실패 이후 죄수 K와 김형준의 관계가 삐걱거리기 시작했다. 죄수 K는 서울서부지검의 소환 통보를 받자 작전이 실패했다는 걸 깨닫고 김형준에게 강하게 항의했다. 김형준은 죄수 K의 전화를 받지 않았다. 다음은 죄수 K가 김형준에게 보낸, 끝내 답장을 받지 못한 카카오톡 메시지다.

> "연락이 없다니 실망이다. 해서 어쩔 수 없이 문자 보낸다. 난 진짜 친구라고 생각했는데."
>
> (2016년 6월 17일)

> "형준아, 너 믿고 내일 검찰 들어간다. 나 목발 있어야 걷는다."
>
> (2016년 7월 5일)

> "너 초임검사 시절부터 지난 3월까지 너 술 사준 것만도 수 억원이다. 난 그렇게 했는데 넌 왜 최소한도 날 지키지 못하니. 앞으로 2주만 더 내게 시간이 있으면 되는데…"
>
> (2016년 7월 6일)

파탄 난 우정

이 시기 김형준도 나름대로는 열심히 노력하고 있었다. 2016년 6월

7일 김형준은 죄수 K 사건을 담당하던 서울서부지검 박정의 검사를 불러내 밥을 사줬다. 그리고 6월 10일에는 그 윗선, 즉 서울서부지검 형사4부장이었던 김현선 부장검사를 불러내 함께 식사를 했다. 그리고 6월 21일에는 예고 없이 서울서부지검을 방문해 박정의 검사를 만났다. 그러나 뜻밖에도 그의 관심사는 더 이상 친구를 구하는 것이 아니라 자기 자신의 구명뿐이었다. 아니 한 발 더 나아가 자신이 살기 위해서는 죄수 K가 죽어야 한다고 생각했다. 대검 특별감찰팀이 작성한 박정의 검사의 진술조서에 따르면, 그는 박정의 검사에게 이렇게 말했다.

"김○○(죄수 K)의 사기 횡령 사건은 원칙대로 처리하고 나(김형준)와 관련된 유언비어는 사실이 아니니 그런 소문이 나가지 않도록 수사해달라, 라고 말했습니다."

—서울서부지검 박정의 검사의 진술조서 중(2016. 9. 18.)

김형준은 2016년 7월경 죄수 K의 사건을 지휘했던 서부지검 형사4부장이었던 김현선 검사에게도 전화를 걸어 해명을 했는데, 역시 죄수 K를 위한 것이 아니라 오직 자신을 위한 것이었다. 다음은 김현선 부장검사가 대검 특별감찰팀에서 대답한 내용이다.

"진술인은 김형준으로부터 김○○(죄수 K)가 억울하다거나 선처를 해달라는 등의 요청을 받은 적은 없나요?"

"저는 김형준으로부터 그런 요청을 받은 적이 한 번도 없습니다. 오히려 김○○(죄수 K)를 엄정하고 신속하게 처리해달라고 하여 저도 의아하게 생각하였던 부분입니다."

—서울서부지검 김현선 형사4부장검사의 진술조서 중(2016. 9. 17.)

이 시기 죄수 K 역시 이런 움직임을 감지했는지 김형준의 비위 사실을 검찰에서 진술하기 시작한다. 모든 것을 다 진술한 것은 9월 5일 구속된 이후지만, 이때부터 한두 가지씩 김형준의 비위 사실을 흘리기 시작했다. 어떤 경로를 통해서인지 이 사실을 알게 된 김형준은 죄수 K에게 다음과 같은 메시지를 보냈다.

김형준: 넌 가슴에 손을 얹고 어떻게 한 거냐? 이상한 이야기하고 이중 플레이한다는 말 나오는데…

죄수 K: 무슨 말이냐?

김형준: 너 최소한 들어가 있어도 나중에 내가 무슨 역할이라도 할텐데, 카톡이나 문자 보여준 것 있어? 여자 사진 보내줬다고? 해외파견검사 술 사줬다고 말한 거냐? 검찰 들어가서 말한 적 있어, 없어? 내가 감찰 대상이 되면 언론에 나고, 나도 죽고 바로 너도 수사 받고 죽어.

죄수 K: 내가 무슨 이중 플레이를 했다고. 내가 아무 것도 안하는데 무슨 감찰 대상이야.

—죄수 K와 김형준 부장검사가 주고받은 카카오톡 대화 내용(2016. 7. 7.)

그러나 죄수 K의 폭로에도 검찰은 전혀 움직이지 않았다. 서울서부지검이 대검찰청에 김형준의 비위 사실을 최초 보고한 게 2016년 5월 18일인데, 8월 말이 다 되어가도록 대검의 움직임은 없었다. 그러자 죄수 K는 마침내 언론 제보를 결심하게 된다.

죄수 K와 김형준 두 사람의 우정이 파탄 나는 과정은, 아무리 우정을 가장하고 있다 해도 돈으로 맺어진 스폰서 관계가 얼마나 취약한지를 보여준다. 죄수 K가 김형준 검사에게 내연녀의 오피스텔까지 알아봐주며 '충성'을 다한 것은 그가 절친한 친구였기 때문이 아니라 유사시에 자신을 도와줄 수 있는 검사였기 때문이다. 그랬기 때문에 '유사시'가 되자 당연히 도움을 기대했다. 김형준 검사에게도 죄수 K는 어려울 때 자기희생을 감수해서라도 도와야할 친구가 아니었다. 죄수 K로 인해 자신이 위험에 빠지자 도마뱀처럼 꼬리를 자르고 달아나려 했다. 수사 검사를 만나 했다는 '죄수 K는 법대로 엄정하게 처리하고 자신에 대한 오해만 없도록 해 달라'는 부탁은 죄수 K를 진짜 친구로 생각했다면 절대로 할 수 없는 부탁이었다.

현직 검사의 사건 개입

두 사람의 우정은 파탄이 났고 상황은 심상치 않게 돌아갔다. 김형준 입장에서는 엎친 데 덮친 격으로, 죄수 K 사건의 피해자들이 검찰에 탄원서를 제출하기 시작했다. "죄수 K의 배후에 김형준 검사가 있으며, 김형준 검사가 수사 검사들과 밥을 먹고 다니면서 외압을 행사하고 있다"는 내용이었다. 죄수 K만 구속시키고 자신의 비위 사실은 덮겠다는 김형준의 계획은 점점 실현 가능성이 낮아지고 있었다.

검찰은 검찰대로 사건을 신속하게 처리해야 한다는 압박을 받고 있었다. 그러나 검찰이 제 식구를 제대로 수사할 리 없었다. 결국 검찰은 8월 26일 김형준의 비위는 쏙 빼놓은 채 죄수 K에 대한 구속영장을 청구했다. 그리고 사흘 뒤 사전구속영장이 발부됐다. 8월 30일 예정이었던 영장실질심사를 이틀 뒤로 연기한 죄수 K는 연기된 기일에도 출석하지 않고 강원도 원주로 도피했다. 검찰의 추적을 피하기 위해 휴대전화를 끄고 차명 전화를 사용했다. 죄수 K는 최후의 수단으로 언론 제보를 선택했다. 한겨레신문에 자신이 김형준 검사의 스폰서였다는 사실을 알리고 일부 입증 자료를 제공한 것이다.

죄수 K의 잠적과 언론 제보로 절체절명의 위기에 빠진 김형준은 9월 1일 저녁, 서초동의 한 전관 변호사 사무실에서 대책 회의를 열었다. 김형준과 죄수 K의 변호인 중 한 명이었던 검사장 출신 강경필 변호사, 역시 검사 출신인 박수종 변호사가 참석했다. 이들은 스폰서 김 씨가 김형준의 비위를 한겨레신문에 제보한 사실을 이미 알고 있었다. 이날 대책 회의에서는 도피 중인 죄수 K의 언론 제보를 무력화시킬 수 있는 방법을 논의했다. 죄수 K의 언론 제보를 무마하기 위해서는 죄수 K를 설득해야 하는데 연락조차 닿지 않는 상황이었으니 답답한 심정이었을 것이다.

그런데 죄수 K와 연락이 닿는 인물이 한 명 있었다. 죄수 K의 변호인 중 한 명이었던 법무법인 삼원의 신현식 변호사다. 여러 변호사가 선임돼 있었음에도 죄수 K는 차명 전화에 설치한 카카오톡으로 신현식 변호사와만 연락을 주고받고 있었다. 신 변호사가 아주 오래전부터 죄수 K의 사건을 맡아왔던 '믿을 수 있는' 변호사였기 때문이다.

김형준 측의 대책 회의가 끝날 무렵, 신현식 변호사에게 전화 한 통이 걸려왔다. 당시 서울중앙지검의 첨단범죄수사1부장이었던 현직 검사 손영배였다. 손영배 검사는 신현식 변호사의 연세대 동문이자 사법연수원 동기였는데, 신현식 변호사에게 전화를 건 것은 연수원 졸업 이후 17년 만에 처음이었다고 한다. 대뜸 전화를 걸어 온 손영배 검사는 "김형준 부장검사의 비위가 언론에 나올 위기인데, 죄수 K를 무마할 방법이 없겠느냐"는 취지의 얘기를 했다고 한다. 신현식 변호사는 부탁을 거절하고 전화를 끊은 뒤 밤새 고민하다 다음 날 다시 손영배 검사에게 전화를 걸어 "둘 사이에 금전적 보상이 이루어진다면 죄수 K의 마음을 돌릴 수 있지 않겠느냐"라는 얘기를 전했다.

손영배 검사와 전화를 끊고 나자 곧 김형준 측 대책 회의의 멤버였던 박수종 변호사가 찾아왔다. 박수종 변호사는 김형준을 구명해 달라, 즉 김형준의 비위가 언론에 나지 않도록 죄수 K를 설득해 달라고 사정했고 신 변호사는 카카오톡으로 죄수 K에게 김형준과 박수종 변호사의 의사를 전달해주었다. 그 뒤 박수종 변호사는 죄수 K와 직접 연락해 협상을 하면서 2천만 원을 보냈다. 언론 제보를 취소하는 조건이었다. 그리고 2주 동안 언론에 기사가 나지 않으면 5천 5백만 원을 더 보내주기로 했다. 돈을 보낸 뒤 박수종 변호사와 죄수 K가 카카오톡으로 대화한 내용이다.

박수종: 일단 한겨레 최 기자를 수습하시고 기사의 신빙성을 떨어뜨리는 일을 하셔야 합니다.

죄수 K: 이제 괜히 통화하셔서 마치 무슨 일 있는 것처럼 하지 마시고… 제가 한겨레 정리하겠습니다.

박수종: 그쪽에 어느 정도 자료가 간 건지 알려주세요. 기자 대응, 대검 대응을 말하는 겁니다. 특히 저희는 기자 대응이 제일 중

요하고요.

죄수 K: 제가 어떻게 진술을 해야하는지 쭉 알려주세요. 그대로 할 테니까.

박수종: 일단 술값 내역이 전달됐다면 그건 사실 김형준과 무관한 거라고 말씀해주셔야 할 듯싶고요. 내연녀 곽 씨 건도 전달이 되었다면 사실 술집 종업원이지 형준이 애인이 아니라고 하셔야 하고요. 아무튼 제보 내용의 신빙성을 떨어뜨리셔야 보도가 안 나가거든요.

—박수종 변호사와 죄수 K의 카카오톡 대화 내용(2016. 9. 2.)

도피 중이던 죄수 K가 한겨레신문에 제보를 하고 이 제보가 기사화되는 것을 막기 위해 김형준 측이 긴박하게 움직였던 1박 2일 동안 가장 중요한 장면은 손영배 검사가 신현식 변호사에게 전화를 건 장면이라 할 수 있다. 그 전화 한 통이 모든 뒷거래의 출발점이기 때문이다. 결과적으로 보면 현직 검사가 사건을 무마하기 위한 뒷거래에 개입한 것이다. 손영배 검사의 역할은 여기서 그치지 않았다. 그는 한겨레신문 기자에게도 전화를 걸어 "사실 확인이 다 된 거냐, 내가 알기로 김형준 검사는 그런 사람이 아니다. 보도를 꼭 해야 하나"라는 얘기를 했다.

손영배 검사는 김형준 측에서 언론 보도를 막기 위해 애썼던 박수종 변호사와 연세대학교 동문이고 과거 함께 근무했던 인연도 있었다. 그 자신도 "신현식 변호사의 연락처를 알려달라는 박수종 변호사의 부탁을 받고 허락을 구하기 위해 신 변호사에게 전화를 걸었을 뿐"이라고 해명한 점으로 보아 박수종의 부탁을 받고 사건에 개입한

것은 거의 확실해 보인다. 그러나 손영배 검사는 뉴스타파와의 통화에서 "김형준 검사나 죄수 K와 관련된 사건의 내용을 전혀 몰랐기 때문에 사건에 개입한 것은 아니다"라고 반복해서 주장했다.

그러나 우리가 입수한 통화기록에 따르면, 문제의 1박 2일 동안, 즉 2016년 9월 1일부터 2일 사이 손영배 검사는 김형준 검사와 18차례, 박수종 변호사와는 19차례 통화하거나 메시지를 주고받았다. 이틀 동안 이 정도로 자주 연락을 했는데 사건 내용을 잘 모른다는 것은 이해하기 어려운 주장이다. 그 이틀 동안 김형준, 박수종 두 사람의 최대 현안은 죄수 K의 언론 제보를 막는 것이었기 때문이다. 손영배 검사는 내게 "다른 일로 연락을 주고받았을 것"이라면서 "그 일이 뭐였는지는 기억이 나지 않는다"라고 주장했다. 손영배 검사는 문제의 1박 2일 전에도 박수종 변호사와 많은 연락을 주고받았다. 2015년 10월부터 2016년 9월까지 1년 동안 174번 통화를 하고 22번 문자메시지를 주고받았다. 특히 죄수 K가 고소를 당하고 김형준 검사의 비위가 수면 위에 떠오른 2016년 4월 이후 130번의 통화와 18번의 문자메시지 송수신이 집중되어 있다. 이 일과 관련해 검찰 내부의 조력자 내지는 조언자 역할을 한 것은 아닌지 의심이 가는 대목이다.

이 사건을 수사했던 대검 특별감찰팀은 손영배 검사의 개입 사실을 알고 있었다. 박수종 변호사가 죄수 K에게 2천만 원을 보낸 경위를 조사하는 과정에서 대검 특별감찰팀은 죄수 K의 변호인이었던 신현식 변호사를 소환조사했다. 신 변호사는 6시간에 걸친 조사에서 현직 검사가 전화를 걸어 김형준 검사의 구명을 시도한 사실을 모두 진술했으나 검찰은 그 현직 검사가 누구인지 묻지도 않았다. 이후 몇몇 언론에 일부 내용에 대한 보도가 나오자 손영배 검사에게 서면으로 소명서를 한 장 받았을 뿐이다.

우리가 확보한 손영배 검사의 통화기록 역시 검찰이 당시에 모두 갖고 있던 자료다. 신현식 변호사의 진술을 확보한 검찰이 통화기록을 면밀히 살폈더라면 이 사건에 손영배 검사가 어떻게 얼마나 개입했는지 유의미한 조사 결과가 나왔을 수 있다. 그러나 검찰은 그렇게 하지 않았다. 현직 검사의 부적절한 사건 개입은 그렇게 은폐됐다.

정리해보자. 검찰은 죄수 K의 고소 사건에 김형준 검사가 연루되었다는 사실을 알게 되자 압수수색 영장을 두 번이나 기각했고 결국 경찰에 맡겼던 사건을 다시 빼앗아왔다. 비위 사실을 보고 받은 대검은 언론 보도가 나오기 전까지 사건을 철저히 뭉갰다. 죄수 K가 김형준 검사의 비위를 언론에 제보하자 이번에는 현직 검사가 개입해 사건 무마를 시도했다. 그리고 다시 검찰은 이 같은 현직 검사의 개입 사실을 알면서도 덮었다. '검찰 식구' 전체로 보면 4중 5중의 제 식구 감싸기다.

은폐된 검사들의 성매매

언론 제보를 막으려는 김형준과 손영배 검사의 노력에도 불구하고 9월 5일 한겨레신문 1면에 〈이번엔 '스폰서 부장검사'… 수사 검사에 사건무마 청탁〉이라는 제목으로 기사가 나갔다. 같은 날 오후 강원도 원주의 한 오토캠핑장에 은신해있던 죄수 K가 체포됐다.[11] 한겨레신문 기사가 나가고 이틀 뒤에야 대검찰청은 뒤늦게 특별감찰팀을 꾸렸다. 체포된 죄수 K는 서울서부지검과 대검찰청을 오가며 조사를 받았다. 서부지검에서는 애초의 사기 사건에 대해, 대검 특별감찰팀에서는 김형준 검사의 비위에 대해 조사를 받은 것이다.

죄수 K는 체포된 다음 날인 2016년 9월 6일부터 10월 7일까지 한 달 동안 서울서부지검에서 4번, 대검찰청에서 16번이나 출정 조사를 받았다. 특별감찰팀 조사에서 죄수 K는 자신과 김형준의 관계, 금품 제공과 접대, 과거 사건에 김형준의 영향력 행사를 털어놓았다. 죄수 K의 진술내용을 토대로 수사를 벌인 대검 특별감찰팀은 9월 29일 마침내 김형준을 구속했고, 10월 17일 뇌물수수와 증거인멸교사 혐의로 기소했다. 죄수 K로부터 5천 8백만 원어치의 금품과 향응을 직무와 관련해 수수했고, 자신의 비위를 숨기기 위해 죄수 K에게 휴대전화 파기를 권유하는 등 증거인멸을 교사했다는 혐의였다. 과거 구속된 죄수 K를 자신의 사무실로 불러내 편의를 제공한 것도 공소장에 포함됐다. 그런데 죄수 K가 진술한 내용 가운데 검찰의 공소장에 포

11 죄수 K의 체포에는 박수종 변호사의 제보가 결정적이었다. 이 얘기는 다음 절에서 자세히 다룰 것이다.

함이 되지 않은 내용이 있었다. 바로 김형준 검사의 성매매 혐의다.

죄수 K가 우리에게 제시한 성매매의 증거는 차고 넘쳤다. 지나치게 자세하고 적나라해서 보기 민망할 지경이었다. 대검 특별감찰팀이 죄수 K의 휴대전화를 압수해 포렌식으로 복원한 결과, 죄수 K와 김형준의 카카오톡 대화 가운데에서 성매매 여성의 사진을 주고받은 뒤 파트너를 고르는 내용이 나왔다. 몸매가 드러나는 옷을 입은 여성들의 사진이 고스란히 남아있었다. 성매매 다음 날 술집 마담이 죄수 K에게 성매매 대금 지급을 요청하는 메시지와 실제 입금 내역도 남아 있었다. 술집 마담은 검찰에 조사를 받으러 나와서 "김형준의 2차 비용을 죄수 K가 냈다"라고 진술했다.

이렇게 증거가 넘치는데도 검찰은 공소장에서 김형준의 성매매 혐의를 제외했다. 당시 대검 특별감찰팀에서 죄수 K를 직접 조사했던 윤병준 검사에게 왜 그랬는지 물었다. "당시에는 김형준의 주된 혐의를 입증하는 데 집중하느라 성매매 혐의는 별로 신경을 쓸 여력이 없었다"라는 게 윤 검사의 해명이었다. 그러나 김형준 부장검사의 주된 혐의가 뇌물 및 향응 수수였고 성매매 역시 향응의 일종인데 왜 굳이 성매매만을 공소장에서 제외했는지는 납득하기 어렵다.

죄수 K가 성매매 비용을 대납했다고 진술한 검사는 김형준만이 아니었다. 죄수 K는 2015년 1월 해외 파견을 앞둔 이 모 검사의 송별회를 해주었다. 물론 김형준도 함께였고 술값은 죄수 K가 냈다. 죄수 K는 대검 특별감찰팀 조사에서 당시 이 모 검사의 성매매 비용을 대납했다고 주장했다. 그리고 통화 기록과 카카오톡 대화, 입금 내역 등을 토대로 이 검사의 성매매 사실을 입증할 수 있다고도 진술했다. 그러나 검찰은 이러한 진술을 묵살하고 죄수 K의 진술조서에서 이러한 내용을 삭제했다는 게 죄수 K의 주장이다. 이 같은 주장의 근거는 그를 직접 조사했던 서부지검 오 모 수사관의 특별감찰팀 진술조서에 간접적으로 남아 있다.

> "당시 김○○(죄수 K)이 김형준 외에 다른 검사들도 (여성이 나오는 술집에) 데리고 갔다고 하던가요?"
>
> "다른 검사들도 데리고 갔다고 했는데, 김○○(죄수 K)이 말한 검사들 중 지금 기억나는 검사는 이○○ 검사입니다."
>
> —2016.9.18. 서부지검 오○○ 수사관의 특별감찰팀 진술조서 중

검찰은 김형준의 성매매 혐의를 공소장에서 제외한 것처럼 이 모 검사의 성매매 혐의도 별다른 조사를 하지 않았다. 이 검사는 뉴스타파 보도 이후 후속 취재를 했던 MBC 〈PD수첩〉 취재진을 만나 "술을 같이 마신 것은 맞지만 성 접대를 받지는 않았다"라고 주장했다.

죄수 K는 당시 자신을 수사하던 검사들이 '성매매까지 언론에 알려지면 검찰의 도덕성에 큰 타격을 입게 된다. 성매매 까서 검찰 조직 싹 죽일 거냐'라며 자신의 진술을 묵살했다고 주장했다. 이 장의 맨 앞 절에서 썼듯 당시 검찰은 엄청난 도덕적 위기를 맞고 있었다. 두 달 전인 2016년 7월 진경준 검사장이 구속됐고 우병우 전 민정수석의 처가 토지 관련 의혹도 보도됐기 때문이다. 이런 상황에서 현직 부장검사인 김형준의 스폰서 사건이 터졌는데 여기에다 성매매 혐의까지 언론에 보도된다면 검찰이 입을 도덕성의 상처는 크게 가중됐을 것이다. 정말로 검사들이 그런 말을 했는지는 확인할 수 없지만 죄수 K의 주장이 개연성을 갖는 이유다.

호텔에 데려다 준 대가로 110만 원?

죄수 K는 자신이 진술한 검사들의 성매매 혐의가 유야무야되자 크게 분노한다. 그리고 2017년 9월 절치부심 끝에 기상천외한 수를 둔다. 자신과 김형준이 함께 했던 성매매 가운데 증거가 확실한 것 하나를 골라 자수를 하고 동시에 성매매 여성을 고발한 것이다. 그리고 2018년 4월에는 김형준 검사와 상대 성매매 여성을 고발한다. 자신과 김형준의 대화 내용, 성매매 여성에 대한 입금 내역, 호텔비 결제 내역 등 물적인 증거도 함께 제출했다. "저의 치부를 드러내서라도 검사들의 성매매 사실을 공식적인 기록으로 남기고, 이를 통해 검찰의 자기 식구 감싸기와 기소권 남용을 고발하고 싶었다"라는 게 고발 이유였다.

자수와 고발의 결과는 어떻게 됐을까. 자기 자신을 포함해 죄수 K가 고발한 4명 가운데, 처벌을 받은 것은 죄수 K의 상대 여성 단 1명뿐이었다. 그 여성에게는 약식 명령으로 벌금 100만 원이 선고됐다. 죄수 K는 자수한 것을 감안해 불입건, 김형준과 김형준의 상대 여성은 불기소 처분이 내려졌다.

검찰이 김형준과 상대 여성을 불기소한 이유는 무엇이었을까. 검찰은 불기소 이유서에서 1) 두 사람이 함께 호텔 객실에 들어간 사실 2) 죄수 K가 성매매 여성에게 110만 원을 보낸 사실 3) 여성이 과거에도 성매매를 하다 적발된 사실을 모두 인정했다. 그러면서도 당사자들이 성관계를 부인했다는 이유로 불기소 처분을 내렸다. 김형준은 "술에 취해 잠들어 기억이 나지 않는다"라고 진술했고 성매매 여성은 "김 검사를 호텔에 데려다 준 뒤 바로 나왔다"라고 진술했다. 검찰은

"호텔 CCTV를 분석해 두 사람이 호텔에 머문 시간을 확인하거나 객실 침구류의 상태를 확인해야 성관계 여부를 알 수 있지만 사건 발생 시간이 많이 지난 관계로 수사가 불가능하다"라는 결론을 내렸다. 그러나 정작 시간이 많이 지나기 전, 즉 죄수 K의 최초 진술이 있을 당시 수사를 하지 않았던 것은 검찰 자신이었다. 결과적으로 해당 여성은 김형준을 호텔에 데려다 준 대가로 110만 원을 받은 셈이 됐다.

김형준이 일반인이었다면 사건의 처리는 달랐을 가능성이 높다. 우리가 자문을 한 복수의 성매매 전담 변호사들은 "일반인들의 경우 성매매 업자의 장부 같은 물증만 있어도 추가적인 수사 없이 기소를 하는 것이 통상적"이라고 말했다. 익명을 요구한 한 변호사는, "당사자가 부인하는 경우라도 검사나 수사관이 강하게 추궁하면 대부분의 성매매 혐의자들은 자백하기 마련인데, 이 사건에서는 검사나 수사관이 그처럼 강하게 추궁을 하지도 않은 것으로 보인다"라며 "검찰의 자기 식구 봐주기"라고 단언했다.

검사들이 스폰서 비용으로 성매매를 해서 문제가 된 일은 이미 여러 차례 있었다. 드러난 것만도 여러 차례이니 드러나지 않은 물밑에서는 더 많은 성매매가 있었을 것이다. 사실 취재 과정에서 죄수 K는 자신이 성매매 비용을 대납했던 검사들이 김형준과 이 모 검사 외에도 더 있다고 주장했다. 우리는 검사들에게 성매매를 시켜줄 때 그가 주로 이용했던 술집 마담이 작성해 검찰에 제출했던 장부를 입수했다. 그러나 허탈하게도, 검찰이 장부에 나오는 이름을 모두 알아버릴 수 없도록 지워버린 상태였기 때문에 다른 검사들에 대해서는 보도할 수 없었다. 검찰 조직이 김형준 검사와 이 모 검사의 성매매처럼 물적 증거가 있는 성매매까지 감싸고 돌 수밖에 없었던 것은 과거 조직에 만연했던 성매매 문화 때문이었을 가능성이 있다.[12] 누가 누구를 향해 돌을 던진단 말인가.

전관 변호사 박수종의 '견마지로'

뉴스타파 취재 전까지는 잘 드러나지 않았지만 고교 동창 스폰서 사건의 시작부터 끝까지 그림자처럼 계속 등장했던 인물이 있다. 바로 검사 출신 전관 변호사 박수종이다. 사법연수원 26기, 검사로 7년 동안 근무하다 2007년 퇴직했다. 김형준 검사와는 서울중앙지검에서 함께 근무한 인연이 있다. 김형준이 한 기수 위였지만 나이가 같아 친구처럼 지내던 사이였다고 한다.

박수종 변호사는 김형준 검사가 내연녀 곽 모 씨에게 천만 원을 줄 때 그 돈을 빌려줬던 바로 그 인물이다. 김형준 검사는 죄수 K로 하여금 이 돈을 대신 갚게 했다. 죄수 K가 김형준의 부탁을 받고 회삿돈 천만 원을 보낸 계좌가 박수종 아내의 계좌였다. 박수종과 죄수 K는 김형준이 자신의 내연녀와 관계된 돈을 부탁할 수 있는 단 두 사람이었던 셈이다. 실제 김형준은 내연녀 곽 씨가 일하는 술집에 박수종을 데리고 가서 소개를 해줬고 이후로도 한 달에 한 번 꼴로 함께 곽 씨가 일하는 술집에 갔다. 물론 술값은 박수종이 계산했다.

죄수 K가 고소를 당하면서 위기에 처하자 김형준은 박수종을 죄

12 검찰 출신의 이연주 변호사가 지난해 출간한 『내가 검찰을 떠난 이유』라는 책을 보면 검사들의 성접대 문화를 보여주는 여러 사례가 나온다.

수 K에게 변호사로 붙여줬다. 죄수 K에 따르면 김형준은 박수종을 추천하면서 "형사 사건은 박수종이 베스트이니 앞으로는 박수종이 코치하는 대로 모든 일을 진행하라"고 말했다. 죄수 K는 몇 차례 면담을 거쳐 2016년 5월 2일 박수종을 변호사로 정식 선임했다.

그런데 박수종은 죄수 K의 정식 변호사로 선임되기 전부터 이미 이 사건의 불똥이 김형준에게 튀지 않도록 방지하는 '사전 예방 조치'에 해당하는 일들을 하고 있었다. 우선 김형준은 죄수 K가 고소를 당하고 자신의 비위가 드러날 위기에 처하자 죄수 K에게 받은 돈을 돌려주기 시작했는데, 이때 돈 심부름을 맡은 것이 박수종이었다. 박수종은 김형준의 내연녀 곽 모 씨를 찾아가 입단속을 시키기도 했다. 죄수 K의 변호인으로 선임되기 전인 2016년 4월 20일이었다.

> "2016년 4월 경 박수종 변호사가 술집에 왔는데, 그때 김형준도 같이 오기로 했었는데 김형준은 못 왔고, 그날 박수종 변호사가 저한테 말하기를 '너도 알지? 김○○(죄수 K) 그 친구한테 무슨 일이 생겼는데 형준이가 관여되서 좀 곤란해질 것 같다. 그러니까 당분간 형준이하고 연락하지 말고 무슨 일 있으면 나한테 연락해라. 모르는 번호는 절대 받지 말아라'라는 취지로 말하고 갔어요."
>
> —2016년 9월 22일 김형준 내연녀 곽 모 씨의 진술조서

이렇게 김형준 검사를 위해서 '해결사' 역할을 했던 박수종은 정작 자신의 의뢰인인 죄수 K가 경찰조사를 받으러 출석할 때는 변호인으로 동석하지 않았다. 사기 사건 해결을 위해 피해자들을 만난 적도 없다. 한마디로 의뢰인인 죄수 K를 위해서는 변호사로서 이렇다 할

활동을 한 흔적이 전혀 없다는 것이다. 한겨레 보도 이후 사건을 조사한 대검 특별감찰팀의 검사도 이 부분을 의아하게 생각했는지, 이렇게 묻기도 했다.

"김형준을 위한 원활한 활동을 위해 수단 방법이 필요한데 마침 김○○(죄수 K)의 변호인으로 활동하는 것처럼 가장하기 위해, 형식적으로 김○○(죄수 K)와의 선임 계약을 체결한 것처럼 보이는데 어떤가요?"

"그것은 오해입니다. 결과적으로 김형준을 위한 활동을 한 부분도 포함되어 있을 뿐입니다."

—2016년 9월 16일 박수종 변호사의 진술조서

사건을 김형준과 자신이 잘 아는 검사가 있는 고양지청으로 옮기기 위한 '셀프 고소' 작전도 박수종의 아이디어였다. 이 작전이 결국 실패했고 결과적으로 죄수 K와 김형준 두 사람의 관계가 파탄 나는 계기가 됐다는 사실은 앞에서 이미 설명했다. 작전 실패로 4천만 원을 날려버린 죄수 K는 화가 났고, 박수종을 변호인에서 해임했다. 그런데 해임 이후에도 박수종은 사건에서 손을 떼지 않았다.

2016년 8월 말 도피 중이던 죄수 K가 한겨레신문에 제보를 한 사실을 알게 되자 박수종은 다시 한번 김형준을 위한 해결사로 나섰다. 2016년 9월 1일 서울 서초동 강경필 변호사 사무실에서 열린 대책회의에 참석했고 자신의 대학 동문이자 함께 근무를 하기도 했던 손영배 검사를 죄수 K와의 협상에 끌어들였다. 손영배 검사가 다리를 놓아준 뒤 신현식 변호사를 직접 찾아가 김형준을 살려달라고 읍소한 것도, 언론 제보를 취소하기 위한 뒷거래를 기어코 성사시킨 것도 박수종이었다.

2016년 9월 2일, 박수종은 도피 중이었던 죄수 K에게 연락해 "돈을 줄 테니 언론 제보를 취소하라"고 설득했다. 죄수 K는 당시 자신의 차명 휴대전화 번호가 노출될까봐 극도로 예민한 상태였다. 2016년 9월 2일 박수종과 주고받은 카카오톡 대화 내용이다.

죄수 K: 이 카톡이 공개되면 안됩니다. 제 아이디 검찰이 알면 바로 저 잡을테니까요. 약속하십시오.

박수종: 그건 걱정마세요. 공개되면 저도 피곤한 일 아닙니까?

죄수 K: 네 그럼 박변님 믿고 이 비밀톡 탈퇴하지 않겠습니다. 정말 믿어도 되지요?

박수종: 그쪽에 어느 정도 자료가 간 건지 알려주세요. 제 자식을 걸고 맹세합니다.

죄수 K: 정말 이 톡과 아이디 어디에도 알리시면 안됩니다. 그러면 제가 연락을 할 수 없으니… 제가 지금은 아무도 믿기가 힘듭니다.

박수종: 걱정마시고요, 저 그렇게 양아치 아닙니다.

—죄수 K와 박수종 변호사의 카카오톡 대화 내용(2016. 9. 2.)

그러나 박수종은 자식을 걸고 한 맹세를 헌신짝처럼 저버렸다. 이런 대화가 오간 지 불과 이틀 뒤인 2016년 9월 4일 박수종은 죄수 K를 수사하던 서울서부지검에 전화를 걸어 죄수 K의 차명 휴대전화 번호를 검사에게 알려줬다. 아마도 자신이 성사시킨 뒷거래에도 불구하고 한겨레신문의 취재가 계속되고 보도 시점도 하루 앞으로 다가오자 최후의 수단으로 죄수 K를 구속시켜야겠다고 마음먹은 것으로 보인다. 검찰은 박수종 변호사가 알려준 차명 휴대전화 번호를 토대로 위치를 추적해 이튿날인 9월 5일 죄수 K를 체포했다.

변호사가 자신의 의뢰인이었던 피의자의 개인정보를 지극히 민감한 시점에 검찰에 유출해 체포되도록 만든 일은 변호사로서의 윤리를 심각하게 저버린 일이다. 박수종 변호사는 이 일로 서울지방변호사회에서 과태료 300만 원의 징계를 받았다. 박수종 변호사는 김형준과 죄수 K의 재판에 출석해 검사에게 죄수 K의 차명 번호를 알려준 적이 없다고 위증을 하기도 했다. 죄수 K가 이를 형사고소해 2심까지 유죄가 확정됐고 2021년 2월 현재 대법원의 판단을 기다리고 있는 상태다.

박수종 변호사가 '고교 동창 스폰서 사건'에서 한 일을 간략히 정리해보면 이렇다. 1) 김형준이 내연녀에게 줄 돈 천만 원을 빌려줬고 2) 김형준의 내연녀가 일하던 술집에 드나들며 김형준에게 회당 수십만 원어치의 술을 사줬다. 3) 일이 터지고 난 뒤 김형준이 죄수 K에게 돈을 갚을 때는 돈 심부름을 했고, 4) 김형준의 내연녀를 찾아가 입단속을 시켰다. 5) 이른바 '셀프 고소' 작전을 기획했고 6) 죄수 K의 언론 제보를 막기 위해 현직 검사 손영배를 끌어들였다. 7) 언론 제보를 막기 위한 뒷거래 비용으로 죄수 K에게 2천만 원을 보냈고 8) 죄수 K와 연락하며 언론 제보를 취소하도록 설득했다. 9) 한때 자신의 의뢰인이던 죄수 K가 체포되도록 죄수 K의 차명 전화 번호를 검찰에 제공했다.

돈 심부름이나 내연녀 입막음 같은 자잘한 일에서부터 변호사로

서의 명예나 직업윤리까지 저버리는 걸 감수해야 하는 큰일까지 기꺼이 감당하면서 김형준의 충실한 해결사 노릇을 한 셈이다. 아무리 친한 사이라도 친분만으로는 하기 어려운 일들이다. 대체 왜 그랬을까. 왜 그렇게까지 해야만 했을까. 우리가 떠올린 의문은 의외의 방향으로 취재를 이끌었다. 이 소박한 의문은 이 책 1장에 등장했던 제보자 X가 얘기한 '금융 범죄가 거래되는 거대한 시장', 남부지검 취재로 뻗어가기 시작했다. 관련 내용은 2부에서 다룬다.

똘똘 뭉친 '불멸의 신성가족'

죄수 K는 사업을 하던 시절 동업자나 직원들에게 김형준과의 친분을 자주 얘기했다고 한다. 김형준으로 대표되는 강력한 검찰의 힘은, 그에게 언제나 유사시에 기댈 수 있을 것으로 여겨지는 든든한 뒷배였다. 그런 의미에서 죄수 K는 이 사건이 있기 전까지는 검찰의 편에 섰던 사람이다. 그러나 그는 고교 동창 스폰서 사건을 거치면서 완전히 반대편으로 돌아서게 되었다.

죄수 K는 구속 수감된 뒤 자신의 사기횡령 사건으로 징역 6년의 실형을 선고받았다. 김형준 검사에 대한 뇌물공여 혐의로는 1심에서 징역 8개월을 받았으나 2심에서 벌금 천만 원으로 낮춰졌다. 그는 감방에서 자신의 사건을 곱씹어봤다. 검찰로부터 수사 기록도 복사 받았다. 이러한 복기 과정에서 검사들의 성매매 은폐와 현직 검사 손영배의 사건 개입, 그리고 자신의 변호인이었던 박수종의 배신을 알게 됐다.

죄수 K는 소송이라는 무기를 통해 법적인 투쟁에 돌입했다. 앞서 쓴 바와 같이 성매매 은폐에 대해서는 스스로의 성매매 혐의를 자수하면서까지 김형준을 고발했고 자신의 연락처를 검찰에 알린 박수종은 변호사협회에 징계를 청구하고 위증 혐의로 고발도 했다. 김형준에게 제공했던 뇌물 액수가 축소되고 성매매 혐의가 누락된 것에 대해서는 당시 수사했던 검사들을 직무유기로 고발했다. 그가 제기한 소송은 또 있다. 체포 당일이었던 2016년 9월 5일 서울로 압송된 죄수 K는 자신의 의사에 반해 강제적으로 포토라인 앞에 세워졌다. 반면 김형준은 검찰의 배려 덕분에 진 치고 있던 기자들을 피해 다른 출구로 드나들며 조사를 받았다. 죄수 K는 이것 역시 부당하다며 정부와 검사들을 상대로 손해배상소송을 제기했다. 이 소송에서 죄수 K는 1심에서 패소해 항소한 상태다.

일생일대의 사건을 겪으면서 죄수 K가 친검찰에서 반검찰로 180도 돌아서게 된 것은 물론 개인적인 원한 때문이라고 할 수도 있다. 그러나 그를 분노하게 한 '범(汎) 검찰가족'—조직으로서의 검찰과 개인으로서의 검사, 그리고 검찰 출신 전관 변호사로 구성된—의 철저한 자기 식구 감싸기는 죄수 K 한 사람과만 연관된 개인적인 일이라고 치부할 수 없다. 이들 '범 검찰가족'은 스스로를 법 위의 존재라고 여기며 언론에 의해 '식구'의 비위가 폭로되어도 일단 버틸 수 있을 때까지 버틴다. 더 이상 버티지 못해 어쩔 수 없이 수사를 하게 되면 수사 과정 전반에 미치는 자신들의 영향력을 이용해 '식구'를 치밀하고 세심하게 배려한다.

검사만을 위한 특별한 계산법

2020년 12월 8일 검찰은 라임자산운용사태의 핵심이라 불리는 김봉현 전 스타모빌리티 회장으로부터 룸살롱 접대를 받은 현직 검사 3명의 수사 결과를 발표했다. 김봉현 회장과 검사 출신 전관 변호사 1명, 검사 3명 등 모두 5명이 함께 한 술자리에서 쓴 돈은 모두 536만 원, 5분의 1로 나누면 1인당 107만 원이 된다. 김영란법 즉 청탁금지법에서는 접대 액수가 100만 원 이상이면 형사처벌 대상이기 때문에 이 계산대로라면 검사 3명 모두 기소 대상이 된다. 그런데 검찰은 동석했던 유 모 검사 등 검사 2명을 불기소 처리했다. 두 검사는 밤 11시 이전에 자리를 떴기 때문에 그 이후에 들어온 밴드와 유흥접객원 비용 55만 원은 접대 액수에서 제외해야 한다는 논리였다. 결국 두 검사에게 적용한 향응 액수는 481만 원의 5분의 1, 즉 96만 2천 원이 된다. 이런 논리로 두 검사는 기소 대상에서 빠졌다.

그런데 김형준 사건에서 검찰은 다른 계산법을 적용했다. 죄수 K는 김형준과의 술자리에 자기 회사 직원들을 동석시킨 경우가 많았다. 현직 검사와의 친분을 과시하기 위해서였을 것이다. 보통 죄수 K와 직원들이 함께 술을 마시다가 밤 9시나 10시쯤 김형준이 도착하면 직원들은 귀가하는 식이었다. 여종업원이 들어오거나 비싼 술을 시킨 것은 김형준이 도착한 이후였다. 그런데 검찰은 김형준 검사가 받은 향응 액수를 계산할 때 그날 나온 술값을 동석한 직원들까지 포함한 숫자로 나눴다. 김봉현 회장의 접대 사건과 똑같은 방식으로 계산했더라면 직원들이 떠나고 난 뒤에 마신 술값과 여종업원에 대한 비용은 당연히 김형준 검사와 죄수 K 두 사람 몫으로만 계산했어야 한다. 그랬을 경우 김형준 검사가 받은 향응 액수는 훨씬 늘어났을 것이다.

결국 검찰의 향응 액수 계산법은, 검사가 먼저 일어나면 이걸 감안해 n분의 일을 하고, 검사가 아닌 다른 동석자가 먼저 일어나면 그런 계산 없이 단순 n분의 일을 하는 것이다. 복잡해 보이지만 하나의 원칙만 기억하면 된다. "검찰 가족에게 유리한 방식을 택한다."

죄수 K는 이런 차별적인 계산법으로 줄어든 액수를 제외하더라도 자신이 김형준에게 제공한 향응 가운데 3천만 원 이상을 검찰이 축소해 기소했다고 주장하고 있다. 검찰이 기소한 수뢰 액수는 5천 8백만 원이지만 재판부가 일부를 받아들이지 않을 것을 감안하면 수뢰 액수가 5천만 원 이하로 줄게 되고 그 경우 형량이 크게 낮아질 것이라는 점을 검찰이 예측하고 '장난을 쳤다'는 것이다. 특정범죄 가중처벌 등에 관한 법률 제2조에 따르면, 수뢰액이 5천만 원 이상이면 7년 이상의 유기징역이고 그보다 적을 경우는 형량이 순차적으로 낮아진다. 실제로 김형준 사건에서 1심 재판부는 검찰이 기소한 5천 8백만 원의 뇌물 가운데 2천 2백만 원만을 인정해 징역 2년 6개월을 선고했다. 수뢰 액수가 3천만 원 이하로 줄어들어 5년 이상의 유기징역을 피한 것이다. 죄수 K의 주장대로라면 검찰이 계산한 대로 일이 흘러간 것이다. 2심 재판부는 1심이 인정한 수뢰 액수 2천 2백만 원 가운데서도 다시 천만 원만을 인정해 징역 1년, 집행유예 2년으로 감형해주었고, 김형준은 2017년 8월 구속된 지 약 11개월 만에 석방됐다.

2부 악어와 악어새

1장 재벌이 된 전관 변호사

풀리지 않는 의문, 박수종

〈죄수와 검사〉 첫 번째 시즌은 2018년 연말 취재를 시작해 2019년 8월에 첫 보도가 나갔다. 8개월 이상 취재를 한 셈이다. 그 8개월 동안 우리는 미로 속에서 좌충우돌했다. 상당한 기록의 기반 위에서 분명한 취재 결과를 가지고 사건 전체를 돌아볼 수 있는 지금에 와서 쓰는 이 책의 서술은 일목요연해 보이지만 취재 당시에는 전체 그림이 어떤 것인지, 가설을 입증할 수 있는 기록이 과연 존재하는지, 존재한다면 입수는 할 수 있는지 등 모든 것이 불분명했다. 〈죄수와 검사〉 첫 번째 시즌으로 모두 12편의 기사가 나갔는데, 절반 이상은 보도 두 달 전까지도 구체적인 상이 잡히지 않았다.

박수종 변호사에 관한 취재가 특히 그랬다. 1부에서 쓴 것처럼 그가 대체 왜 김형준 사건에 그토록 깊숙이 개입해 해결사 노릇을 했는지 알 수가 없었다. 짚이는 바가 없는 건 아니었지만 그림이 분명히 떠오르지 않았다. 그렇게 사건과 기록들 사이에서 헤매던 2019년 6월 한 정보기관에서 일하는 지인을 만났다. 보도 두 달 전이다.

"심 기자, 내가 아주 재미있는 얘기를 들었는데… 서울남부지검에 관한 얘기야."

"어떤 얘기인가요?"

"검사 출신 전관 변호사가 있는데, 이 변호사가 검사 옷 벗고 나서 주식시장에 뛰어들어서 엄청 큰돈을 번 모양이야. 듣기로는 200억 원 이상을 벌었다고 해. 그렇게 돈을 버는데 불법이 없겠어? 그런데 검사들이 다 눈을 감아준다더군."

"왜 눈을 감아주죠?"

"이건 확인된 얘기는 아닌데… 그 변호사가 남부지검 검사들이나 검찰 수사관들한테 작전주의 주식 정보를 주는 모양이야. 검사나 검찰 수사관들은 정보를 받아서 차명으로 투자를 하고. 그리고 검사나 수사관들이 자기들이 수사하는 사건의 정보도 넘겨준다는 거야. 그렇게 서로 상부상조한다는 거지."

"사실이라면 법조 게이트 수준이네요. 그 변호사 이름이 뭐라고 하던가요?"

"박수종이라고…"

눈이 번쩍 뜨였다. 우리의 취재는 철저한 보안을 유지하며 진행됐기 때문에 정보기관이 내용을 알고 있을 가능성은 없었다. 그런데 그쪽에서 먼저 박수종의 이름을 꺼낸 것이다. 정보기관이 흘리는 내용을 곧이곧대로 믿을 수는 없지만, 취재 대상으로 삼고 있는 인물에게 우리가 아직 모르는 더 큰 문제가 있을 수 있다는 정황 정도로 받아들이기에는 충분했다.

제보자 X 역시 박수종을 알고 있었다. 주식시장에서 그의 이름은 제법 유명하다고 했다. 짧은 기간 동안 워낙 큰돈을 벌어 '박 재벌'이라고 불린다는 것이다. 제보자 X 자신이 연루됐던 사건인 스포츠서울 주가조작 사건에서도 박수종은 한 주가조작범의 변호인으로 등장했다. 그리고 제보자 X가 남부지검에서 수사에 참여했던 한 사건에서는 주가조작 혐의자로 등장했다. 그런데 두 사건 모두 수사가 제대로 되지 않았다. 제보자 X는 그로 미루어, 박수종의 뒷배에 큰 힘을 가진 누군가가 있을 거라고 추측했다. 남부지검을 드나들던 교도관들 얘기로는 그게 청와대라고도 했다. 그렇게 어렴풋한 감을 가지고 있던 박수종에게 제보자 X가 분명한 의심을 품게 된 건 바로 고교 동창 스폰서 사건 이후다. 서울남부지검의 증권범죄합수단장을 지낸 김형준 검사가 박수종의 친구라는 사실이 확인됐기 때문이다. 그러나 여전히 분명한 팩트는 없었다. 아무리 주가조작범이라도 변호사가 정식으로 선임돼 변론한 것을 문제 삼기는 어렵다. 박수종 자신이 직접 주가조작에 개입했다고 하는 사건도 관계자 한 명의 진술만 있을 뿐이었다. 그것 외에도 분명히 다른 연결 고리가 있을 거라는 생각이 들었지만 그게 뭔지는 알지 못했다.

나는 여러 정황으로 봤을 때 박수종이 금융 시장과 법조 시장을 이어주는 연결 고리 중 하나일 거라고 생각했다. 제보자 X가 "금융 범죄가 거래되는 거대한 시장"이라고 칭한 서울남부지검의 비밀이 봉인된 방이 있다면, 박수종 취재야말로 그 방의 두터운 문을 열 열쇠였다.

취재원을 총동원해 박수종과 끈이 닿는 사람을 수소문했다. 며칠 뒤 알고 지내던 변호사로부터 연락이 왔다. 박수종과 무척 가까운 거리에서 지냈던 인물을 소개해주겠다는 것이다. 얘기를 듣고 보니 전에 술자리에서 한 번 만난 사람이었다. 조심스럽게 연락을 해봤지만 그는 부담스럽다며 만남을 거절했다. 몇 번의 부탁과 거절 끝에 마침내 서울 강남의 한 식당에서 그와 마주 앉을 수 있었다. 그에게서 들은 얘기는 이랬다.

> "박수종 변호사는 제주도의 평범한 집안 출신이다. 검사가 되고 나서 결혼을 해 외식 업계의 큰손인 처가를 배경으로 갖게 됐다. 검사직에서 퇴직한 뒤 주식을 시작해 짧은 기간에 큰돈을 벌었다. 주식시장에서 굴리는 돈만 수백억 원대다. 입지전적인 인물이다. 변호사로서의 능력도 매우 출중하다. 어떤 사건에 어떤 전관을 써서 팀을 짜야 이길 수 있는지를 정확히 안다. 한마디로 뛰어난 '법 기술자'라고 할 수 있다. 그런데 박수종 변호사는 보통 사람들이 주식을 하는 것처럼 단순히 투자를 하는 게 아니다. 투자하는 회사의 경영진과 직접 딜을 한다. 회사를 통째로 먹기도 하고 상장사 M&A도 여러 건 했다."

그는 흙수저 출신으로 그 자리까지 올라가기가 쉽지 않다며 박수종이 한편으로는 존경스러운 면이 있는 인물이라고도 했다. 그렇다면 그 자리에 올라가기까지 전직 검사라는 타이틀은 어떤 도움이 됐을까?

"금융위 쪽에서 몇 번 문제가 됐던 일이 있었는데 검찰은 별로 문제 삼지 않았다. 약식기소가 되어서 벌금 2천만 원을 선고받은 일은 알고 있다. 내가 보기에 훨씬 위중한 다른 건들이 많은데 이상하게 그것만 처벌되더라."

빙고. 박수종 변호사에게 분명한 범법 혐의가 있다면, 김형준 검사 스폰서 사건에서 그가 기이할 정도의 저자세로 '견마지로'를 다했던 게 이해가 간다. 일단 첫걸음은 뗄 수 있게 되었다.

마침내 실마리를 찾다

상당히 진전된 내용이었지만 역시 그것만으로는 부족했다. '그렇다더라'라는 전언이 아니라 확실한 팩트와 그것을 뒷받침하는 기록이 필요했다. 죄수 K와 함께 박수종에 대해 다시 고민했다. 앞 장에서 쓴 것처럼 죄수 K는 한때 자신의 변호인이었던 박수종의 '배신' 때문에 체포된 터라 박수종에게 원한이 상당히 깊었다. 그는 김형준 뇌물 사건 재판의 피고였고, 박수종을 상대로 한 민사 재판의 원고이기도 했기 때문에 검찰의 수사 기록에 합법적으로 접근할 수 있었다.

결국 실마리는 이쪽에서 풀렸다. 우리는 보도를 두 달도 남기지 않은 시점에서야 죄수 K를 통해 박수종의 금융 범죄 혐의를 적시한 대검 특별감찰팀의 진술조서를 입수했다.

"진술인은 미공개정보이용 등 사건과 관련하여 금융위에서 조사를 받은 사실이 있나요?"

"예 조사를 받았으나 제가 출석을 하지 않았습니다."

"위 사건 내용은 무엇인가요?"

"라이브플렉스라는 회사의 주식과 관련해 미공개 정보이용 거래로 조사를 받았습니다."

"그 외에도 (주)토필드 관련 대량보유보고의무 위반, (주)씨티엘 관련 대량보유보고의무 위반 및 소유주식 보고의무 위반, (주)서울리거 관련 대량보유보고의무 위반 등이 포함되어 있는데, 어떤 내용인가요?"

"그렇게 조사받은 것은 맞는데, 대부분 오해에서 비롯된 것입니다."

—박수종 변호사의 대검 특별감찰팀 진술조서 중(2016. 9. 13. 편의를 위해 축약함)

대검 특별감찰팀의 검사는 친절하게도 박수종의 금융 범죄 혐의를 구체적으로 거론해가며 질문하고 있었다. 그럴 리 없겠지만 마치 몇 년 뒤 누군가 기록을 보고 뒤를 밟을 수 있도록 일부러 단서를 남겨놓은 것만 같았다. 이것으로 박수종 변호사의 금융 범죄 혐의에 구체적으로 접근할 길이 열렸다. 물론 연관된 회사의 이름과 혐의명, 시기 정도의 정보일 뿐이어서 이걸 가지고 어디까지 취재가 가능할지는 아직 알 수 없지만 말이다.

"엮인 게 있으니 나설 수밖에 없어"

박수종의 금융 범죄 혐의를 본격적으로 얘기하기 전에 짚고 넘어가야할 게 있다. 박수종이 금융 범죄 혐의 조사를 받고 있는 피의자 신분이었다는 사실은 김형준의 스폰서 사건 당시 박수종이 했던 역할에 완전히 새로운 의미를 부여한다.

이야기는 다시 고교 동창 스폰서 사건 초기로 돌아간다. 2016년 4월 16일, 이날은 죄수 K가 사기횡령 혐의로 고소를 당한 바로 다음 날이었다. 서울 여의도 콘래드 호텔 37층 스카이 라운지에서 김형준 검사와 죄수 K가 마주 앉았다. 일종의 '대책 회의'를 하는 날이었다.

> "〈김앤장〉에도 너 친한 변호사 많은데 왜 옷 벗은 지 10년이나 된 박수종을 자꾸 전면에 내세워 일처리를 하자고 하냐?"
>
> "걔 주식도 많이 돌리고, 함께 엮인 게 있으니 적극적으로 나설 수밖에 없어. 내 말 들어."
>
> "무슨 주식을 돌리는데?"
>
> "걔 주식해서 돈을 좀 만졌는데 문제가 좀 있거든. 지금은 내 말 들을 수밖에 없어. 그런데 이런 일 처리는 잘해. 베스트야."[13]

13 이 대화는 죄수 K의 기억에 의존해 재구성한 것이다. 김형준 검사는 <죄수와 검사> 보도 이후 뉴스타파를 상대로 제기한 손해배상 소송에서 이런 대화가 없었다고 주장했다. 우리는 소송에서 이겼지만, 재판부가 위 대화의 진실성에 대해 판단을 한 건 아니라는 점을 밝혀둔다. 다만 이 대화의 진실성 여부와 별개로, 대화에서 묘사된 김형준 검사와 박수종 변호사의 관계는 이후 취재를 통해 확인된 정황에 의해 확실히 뒷받침된다.

우리가 박수종의 진술조서에서 확인한 것처럼, 금융위는 2015년 초부터 박수종의 네 가지 금융 범죄 혐의를 조사하고 있었다. 금융위는 두 차례나 출석을 요구했지만 박수종은 거부했다. 그는 대검 특별감찰팀에 "죄가 없으니까 (금융위에) 갈 이유가 없다고 생각했다"라고 말했다. 죄가 없으니 조사를 받으러 가지 않는다? 보통 사람들이라면 생각하기 어려운 얘기다. 아마도 일반인이었다면 자신의 누명을 벗기 위해서라도 최대한 성실하게 금융위 조사에 응했을 것이다.

금융위는 결국 대검찰청에 박수종을 수사 의뢰했고, 이 사건은 그해 11월 서울남부지검 증권범죄합동수사단으로 배정됐다. 그런데 증권범죄합동수사단의 단장은 바로 김형준이었다. 박수종의 금융 범죄를 얼마나 강도 높게 조사할 것인지, 또 기소를 할지 말지를 결정할 전권이 김형준에게 있었다. 김형준이 죄수 K에게 했던 "지금은 내 말을 들을 수밖에 없다"라는 말에는 그럴만한 이유가 있었던 것이다.

그렇다면 김형준 사건에서 박수종이 했던 일들은 그 의미가 완전히 달라진다. 김형준 검사에게 급한 돈이 필요할 때 돈을 빌려주었던 일, 돈 심부름, 내연녀의 입막음, 죄수 K의 변호, 언론 제보를 막기 위한 뒷거래… 이 모든 일들이 '피의자'가 '수사책임자'를 위해 해준 일이 되는 것이다. 명백한 뇌물성 용역이다. 물론 직접적인 뇌물도 있다. 김형준의 내연녀 곽 모 씨에 따르면 김형준과 박수종은 2015년 1월에서 8월 사이 곽 씨가 근무하던 술집에 최소한 8차례 이상 함께 와서 술을 마셨다. 또 다른 술집에서도 3차례 이상 동석했다. 곽 씨가 목격한 것만 그 정도다. 곽 씨에 따르면 한 번에 120~130만 원 정도인 술값은 늘 박수종이 냈다. 피의자가 수사책임자에게 도합 천만 원 이상의 향응을 제공한 것이다.

수사책임자에게 이미 먹여 놓은 뇌물을 믿었기 때문일까. 금융위 출석을 거부하던 박수종은 사건이 서울남부지검에 배당되자 그제야 조사를 받으러 출석했다. 박수종이 서울남부지검에 가서 조사를 받은 건 2016년 1월 12일. 그런데 우리가 입수한 통화 내역에 따르면 그는 바로 이날도 김형준과 3차례 통화하고, 3차례 문자메시지를 주고받았다. 물론 이날 이전에도 이들은 일주일에 한두 번씩 통화하거나 문자메시지를 주고받는 사이였다. 이 당시는 죄수 K와 연관된 문제가 불거지기 한참 전이었기 때문에 죄수 K와 관련된 문제로 통화한 것이라고 보기는 어렵다. 대검 특별감찰팀의 이선봉 검사 역시 이 점을 캐물었다.

—**검사**: 진술인이 증권합수단에서 조사받은 당일 3회에 걸쳐 김형준과 통화하는데, 진술인이 김형준에게 조사받는다는 이야기를 하지 않았나요?

—**박수종**: 어떤 내용으로 통화를 했는지 기억이 나지 않습니다. 사건 이야기나 조사를 받는다는 이야기를 하지 않았습니다.

—**검사**: 조사받은 당일, 김형준과 통화하면서 조사받은 것에 대해 전혀 대화를 하지 않았다는 것인가요?

—**박수종**: 통화한 사실 자체가 기억나지 않습니다.

—박수종 변호사의 대검 특별감찰팀 진술조서 중(2016. 9. 13.)

피의자와 수사책임자 간의 유착이 의심되는 상황에서, 피의자가 "통화한 사실 자체가 기억나지 않는다"라며 모르쇠로 일관했지만 검사는 더 이상 추가 질문을 던지지 않았다. 상식적으로 이해하기 어려운 일이다. 검찰이 두 사람의 관계를 인지하지 못했을 가능성은 없다. 우리가 입수한 검찰총장 명의의 '검사 징계청구서'를 보면 검찰이 김형준 검사에게 해임이라는 중징계를 내린 이유 가운데 하나로 "피의자였던 변호사와의 부적절한 금전 거래"가 명시돼 있다. 두 사람 관계가 단순한 친구 사이가 아니라 피의자와 수사책임자의 관계였다는 것을 검찰도 너무나 잘 알고 있었다는 얘기다. 그러니 단순한 징계로 끝날 사안이 아니었다. 김형준이 박수종의 금융 범죄 사건에 실제로 어떤 영향력을 행사했는지, 그 과정에 연루된 다른 검사들은 없는지를 폭넓게 수사했어야 한다. 그러나 검찰은 김형준 한 명만을 징계하고 기소하는 선에서 이 사건을 덮어버렸다.

죄수 K는 뉴스타파 보도 이후인 2019년 10월 25일, 김형준과 박수종을 각각 뇌물수수와 뇌물공여 혐의로 경찰에 고발했다. 경찰은 1년 동안의 수사 끝에 2020년 10월 이 사건을 검찰에 기소의견으로 송치했다. 검찰은 이 책을 쓰고 있는 2021년 4월까지 기소 여부를 결정하지 않고 있다.

'단군 이래 최대' 사기 대출 사건과 박수종

다시 본론으로, 즉 박수종의 금융 범죄 혐의로 돌아오자. 박수종의 진술조서를 통해 그의 네 가지 금융 범죄 혐의를 알게 되었으니 이제 각각을 구체적으로 취재할 차례였다. 그러나 쉽지 않았다. 회사 이름과 혐의명은 겨우 알게 됐지만 각 사건의 개요조차 파악하기가 쉽지 않았다. 금융위가 검찰에 수사를 의뢰한 것까지는 확인됐지만 검찰이 기소를 했는지조차 확인할 수 없어 사건 번호도 알 수 없었고 따라서 판결문 같은 공적 기록에 접근하기도 어려웠다. 아마도 금감원의 수사 의뢰서나 검찰의 내사 보고서 정도의 기록이 남아있을 터였지만 양쪽 모두 구하기가 쉽지 않았다.

핵심 자료를 구할 수 없을 때는 외곽을 두드려야 한다. 네 가지 사건을 취재하기 위해 부지런히 관계자들을 취재했지만 소득이 없었다. 어떤 사건은 당사자가 취재를 거절했고 또 다른 사건은 담당 변호사가 사건 기록 공유를 거부했다. 그런데 우연히도, 그리고 다행히도 네 가지 사건 가운데 한 가지 사건이 제보자 X의 기억 속에 남아 있었다. 그가 남부구치소 수감 시절 만난 동료 재소자에게 들었던 얘기가 실마리가 됐다. 그가 만났던 동료 재소자는 지난 2014년 세상을 떠들썩하게 했던 'KT ENS 사기 대출 사건'의 주범 서정기다.

'KT ENS 사건'은 단군 이래 최대의 사기 대출 사건이라고 불렸지만 구조는 알고 보면 간단하다. KT의 자회사로 KT ENS라는 회사가 있다. 이 회사에 충전기나 케이스 등 휴대전화 액세서리를 납품하던 하청 업체들이 있었는데 이들이 KT ENS의 담당자와 짜고 허위 매출채권을 꾸며냈다. 그리고 이 채권을 근거로 금융권에서 대출을 받아 KT ENS의 담당자와 나누어 가졌다. 은행들은 KT 자회사인 KT ENS의 신용을 믿고 무려 5년 동안 대출을 계속 해줬다. 2014년 초 적발될 때까지 누적된 사기 대출 액수는 무려 1조 8천억 원, 사건이 터지자 대출을 해준 은행들은 일제히 채권 회수에 들어갔지만 회수하지 못한 채권이 2천 9백억 원에 달했다. 제보자 X가 만났다는 서정기는 허위 매출채권을 일으키고 대출금을 타 먹은 하청 업체 대표 중 하나였는데, 2014년 2월 구속돼 무려 20년 형을 선고받았다. 당연

히 지금도 복역 중인 '죄수' 신분이다.[14]

서정기에게 변호사를 보내 취재에 응할 의사를 확인한 뒤 박수종의 금융 범죄 혐의에 대한 질의서를 보냈다. 서정기의 답변은 이랬다.

> "불법 대출금으로 상장사를 하나 사들였다. 그런데 내가 구속된 이후 누군가 그 회사를 빼앗아 갔다. 검찰에 이 사실을 알리고 수사를 해달라고 요청했지만 수사를 하지 않았다. 이 과정에 박수종 변호사가 개입되어 있다는 사실을 나중에 들었다."

서정기가 불법 대출금으로 사들였으나 빼앗겼다는 회사, 그리고 그 과정에 박수종 변호사가 개입했다고 하는 회사는 '다스텍'이라는 코스닥 상장사였다. 다스텍은 서정기 구속 이후 여러 차례 주인이 바뀌면서 사명도 바뀌었다. 다스텍에서 '플레이텍'으로, 플레이텍에서 '로켓모바일'로, 그리고 다시 '서울리거'로. 그런데 서울리거라는 이름이 낯익지 않은가? 바로 검찰 조서에서 박수종 변호사의 네 가지 금융 범죄 혐의로 적시된 바로 그 회사 중 하나다(82쪽 참고). 박수종 변호사는 이 회사 주식과 관련한 대량보유보고의무 위반으로 조사를 받았다.

다스텍, 즉 서울리거의 소유권 변동 과정을 확인해보니 서정기의

14 제보자 X가 기억하는 서정기와 관련된 얘기 중에 기록해둘만한 게 있다. 서정기가 구속된 뒤 서정기의 아내는 스스로 목숨을 끊었다. 아내의 죽음으로 잠시 형 집행이 정지된 서정기가 장례식장에 있었는데, 처형이 그를 화장실로 불러내 아내의 유서를 건넸다고 한다. 거기에는 "내가 죽으면 당신이 나온다는 걸 알고 있다. 이게 내가 해줄 수 있는 마지막 일이니 지금 빨리 도망가라"는 메시지가 있었다고 한다. 비록 그가 응당 죗값을 치러야 할 죄수라고 해도 사람이라면 누구나 마음이 쓰일만한 가슴 아픈 얘기다.

말은 사실과 부합해 보였다. 2014년 2월 KT ENS 불법 대출 사건이 터져 서정기가 구속되고 한 달 만에 이 회사가 매각된 것은 금감원 공시를 통해 사실로 확인됐다. 그가 이 회사를 불법 대출금 140억 원으로 사들인 것도 공시자료와 관련자의 증언, 검찰 수사 기록으로 사실이 확인 됐다. 서정기는 억울한 것이 많았는지 자기 사건에 대한 검찰의 수사 기록 수천 쪽을 보관하고 있었다. 이 자료는 사건의 실체에 접근하는 데 큰 도움이 됐다.

> "수사 검사인 안병수 검사에게 다스텍은 대출금으로 인수된 회사이며, 피해자인 은행에 갚으려면 다스텍 뿐이며, 대출 공범이었던 김○○이 다스텍을 매각하려고 하니 막아달라고 제가 얘기를 했었습니다. 그러니까 검사는 우리는 돈 받아주는 곳이 아니다, 라고 하였고 수사관은 옆에서 '서정기 씨가 시켜서 팔아먹으려고 하는 것이 아니냐'고 호통을 쳤습니다."
>
> —KT ENS 사건 주범 서정기가 보내온 편지 중

서정기 입장에서는 불법 대출금을 한 푼이라도 더 회수해 은행에 갚아야 할 유인이 있다. 불법 대출금 1조 8천억 원 가운데 은행들이 회수하지 못한 돈이 2900억 원이나 됐고, 당시 또 다른 주범 전주엽은 해외로 도피 중[15]이어서 서정기 혼자 2900억 원을 온전히 책임져야 하는 상황이었기 때문이다. 서정기는 은행들이 입은 피해 액수를

15 KT ENS 사건의 또 다른 주범 전주엽은 사건이 터진 뒤 1년 9개월이 지난 2015년 11월 남태평양의 섬나라 바누아투에서 검거됐다. 그는 바누아투의 고급 빌라에서 한국인 여성과 함께 지내다 체포됐다.

한 푼이라도 줄여야 형량이 낮춰질 것이라 기대했다. 서정기가 검사에게 '다스텍을 수사해달라'고 요청한 것은 이 때문이다. 그러나 검사는 서 씨의 말을 들어주지 않았고, 다스텍은 다른 사람의 손에 헐값에 넘어갔다. 그리고 서정기는 다스텍을 헐값에 가져간 인물이 바로 박수종 변호사라고 주장했다.

> "(다스텍) 인수자들이 박수종을 변호사로 선임하였는데, 박수종이 '담당 검사가 연대 상대 동문이라, 검사에게 다스텍은 KT 대출 사건과 관련이 없다는 이야기를 들었다'며 부채없는 좋은 회사인데 본인(박수종)이 인수한다는 얘기를 들었습니다."
>
> —KT ENS 사건 주범 서정기가 보내온 편지 중

수사 정보의 가치

서정기가 구속되고 한 달 뒤인 2014년 3월 다스텍이 새로운 경영진에게 인수된 것은 사실이다. 그러나 공시상으로는 박수종과의 연관이 확인되지 않았다. 당시 다스텍을 인수한 것은 박수종이 아니라 특수관계로 묶여 있는 김 모 씨와 정 모 씨 두 사람이었다. 지금까지 서정기의 증언은 신빙성이 있었고, 그렇다면 상장회사니까 공시 자료 어딘가에서 박수종의 이름이 나올 거라 생각했다. 그러나 몇 년치 공시 자료를 뒤져봐도 박수종의 이름은 보이지 않았다.

그런데 두 인수자 가운데 정 씨의 이름을 죄수 K가 제공한 기록 안에서 찾아냈다. 실은 찾아냈다기보다는 기억해냈다고 하는 게 정확하겠다. 1부에서 쓴 것처럼 김형준이 내연녀 곽 씨에게 줄 돈 천만 원을 박수종에게 빌린 뒤 죄수 K가 그 돈을 대신 갚았을 때, 죄수 K는 박수종 변호사의 아내 '정 모 씨'의 계좌로 돈을 보냈다. 그렇다. 그 정 모 씨가 '다스텍'을 인수한 두 사람 중 한 명인 그 정 모 씨였다. 몇 달 동안 그 이름을 기록에서 읽었는데도 그게 같은 사람이라는 걸 인지하지 못하다니 눈 뜬 장님이나 다름없었다. 전혀 다른 취재에서 그 이름이 또 나올까 싶었던 마음이 눈을 가렸던 것 같다.

그러고 보니 다스텍을 공동으로 인수한 김 씨와 정 씨 두 사람이 함께 이사로 되어 있는 법인의 이름은 'KP 파트너스'였다. K는 김 모 씨, P는 바로 박수종 변호사의 이니셜로 추정이 됐다. 박수종의 아내 정 모 씨가 실소유주였다면 KP가 아니라 'KJ 파트너스'가 되어야 하지 않겠는가. 한 번 눈을 뜨니 안 보이던 게 보이기 시작했다. K, 즉 김 씨의 다스텍 지분은 17%, P, 즉 박수종 아내 정 씨의 지분은 16%였다.

그렇다면 박수종은 어떻게 다스텍이라는 회사를 알고 인수하게 됐을까. 우리는 다스텍의 전 관계자들을 취재하기 시작했다. 그 가운데 한 사람으로부터 "박수종이 변호사로서 다스텍 관계 사건을 수임한 적이 있다"라는 얘기를 들었다. 그 말을 듣고 찾아보니 그가 다스텍 관계 사건에서 변호사로 활동한 사실이 기록으로도 남아 있었다. 서정기의 말대로, 박수종은 변호사로서 회사를 들여다본 결과 "부채 없는 좋은 회사"임을 알게 된 것으로 보인다.

그러나 문제는 리스크다. 아무리 부채 없는 좋은 회사라 해도 다스텍은 불법 대출금으로 인수된 회사다. 운 좋게 다스텍을 인수하더라도 검찰이 수사를 해 불법 대출금 회수에 나서기 시작하면 매수 계약 자체가 취소될 수도 있고 그 과정에서 큰 손실을 입을 수 있기 때문이다. KT ENS 불법 대출 사건이 감춰져 있다면 모를까, 당시는 이미 KT ENS 사건이 언론을 연일 장식하는 상황이었다. 이런 조건에서 다스텍을 인수하기 위해서는 둘 중 하나가 필요하다. 미래를 내다보는 신통력 또는 정확한 정보. 바로 이 지점에서 서정기의 편지에 나온 대목을 다시 곱씹어 볼 필요가 있다. "박수종이 연대 상대 동문인 담당 검사로부터 다스텍은 KT 대출 사건과 관련이 없다는 이야기를 들었다"라는 대목이다.

박수종 입장에서 재구성해보자. 다스텍 사건을 수임해 변호사로서 다스텍을 들여다봤기 때문에 이미 좋은 매물이라는 걸 알고 있었다. 실소유주인 서정기가 구속됐으니 매물은 헐값으로 떨어졌다. 다만 한 가지 마음에 걸리는 건 언제 검찰의 수사가 들어올지 모른다는 것. 그런데 마침 수사 검사가 연대 동문이다. 검찰 선배이자 대학 선배인 내가 물어본다면 귀띔 정도는 해주겠지. 아니나 다를까 후배 검사는 '다스텍이 사건과 관계없다'고 확인해주었다. 그렇다면 리스크는 없다. 바로 지르자. 물론 이 재구성은 어디까지나 상상이라는 걸 밝혀 둔다.[16]

주식시장에서 정보의 가치는 그만큼 크다. 수사 검사는 대수롭지 않은 정보라 무심코 얘기할 수 있겠지만 받아들이는 사람 입장에서는 엄청나게 중요한 정보일 수 있다. KT ENS 사건을 수사한 안병수 검사에게 사실을 확인해야 했다. 안병수 검사는 주 네덜란드 대사관

16 보도 이후 박수종이 뉴스타파를 상대로 제기한 소송에서, 재판부는 이 '상상'이 사실일 가능성이 높다고 판단했다. 판결문은 "박수종의 아내 정○○가 '다스텍'의 내부적인 사정이나 수사 과정을 전혀 알지 못한 채 거액을 들여 위 회사의 2대 주주가 되었다는 것은 쉽게 수긍하기 어렵다. 정○○은 신주 인수에 앞서 '다스텍'의 공개되지 않은 정보를 확보하였을 가능성이 높다"라고 판시했다.

에 파견 중이었다. 그에게 박수종과 평소 친분이 있는지, 박수종에게 다스텍에 관한 얘기를 한 적이 있는지 묻는 이메일을 보냈지만 아무 답변을 받지 못했다. 안 검사의 대답을 듣기 위해 주 네덜란드 대사관에도 여러 차례 전화했지만 역시 회신을 받지 못했다.

취재 과정에서 접촉한 서정기의 전 회사 직원은, 박수종이 수사 검사로부터 단순히 정보를 듣고 다스텍을 인수한 것이 아니라 다스텍을 인수하기 위해 서정기의 동업자와 짜고 KT ENS 사건을 검찰에 제보해 사건화한 것 아니냐는 의심까지 품고 있었다. 그러나 의심을 뒷받침하는 구체적인 사실관계는 확인하지 못했다.

"검찰이 세 번만 봐주면 재벌이 된다"

박수종은 이렇게 헐값에 사들인 회사로 얼마의 이득을 보았을까. 여기서부터는 추정을 할 수밖에 없었다. 아내 정 씨 이름으로 사들인 지분을 박수종이 언제 매각했는지 알 수 없었기 때문이다. 원래 5% 이상을 보유한 대주주는 주식의 매각을 공시해야 하지만 몇 차례의 감자와 증자를 거치면서 정 씨의 지분이 5% 미만으로 희석되어버려 공시 의무가 사라졌다. 언제 팔았는지 알 수 없으니 얼마에 팔았는지도 알 수 없다. 다만 함께 지분을 사들였던 공동 인수자 김 모 씨('KP파트너스'의 K에 해당하는 사람)가 주식을 매각한 시점에 정 씨도 주식을 매각했다고 가정하면 28억 원의 시세차익을 봤을 거라고 추정했다.[17]

박수종이 아내 정 씨 명의로 사들인 것과는 별개로 다스텍의 주식을 몰래 대량 보유하고 있던 사실도 드러났다. 이 사실은 전혀 다른 소스를 통해 확인됐다. 나는 박수종을 취재하면서 상상인 금융그룹의 대표인 유준원 회장 취재도 병행했다. 유준원 회장이 주식시장에서 박수종의 '파트너' 역할을 했기 때문이다.[18] 국회를 통해 유준원 회장이 지배하던 상상인저축은행과 상상인플러스저축은행의 4년 치 주식담보대출 내역을 입수했다. 그런데 거기에 박수종이 다스텍의 주식을 담보로 잡히고 대출을 받은 내역이 나와 있었다. 박수종은 2015년 5월 18일, 다스텍 주식 54만 주를 담보로 23억 원을 대출받았다. 그리고 4월 16일에는 자신의 차명 법인을 통해 다스텍 주식 100만 주를 담보로 20억 원을 대출받았다. 따라서 당시 박수종이 보유하고 있던 다스텍 주식은 최소 154만 주로, 다스텍 발행 전체 주식의 8.5%에 이른다. 그러나 당시 공시 자료 어디에도 박수종이나 차명 법인의 이름은 적혀 있지 않다. 이 자체만으로도 "상장사 주식을 5% 이상 보유한 자는 5일 이내 공시해야 한다"라는 대량보유보고의무 위반이다.[19]

국회에서 받은 자료를 보고 박수종과 다스텍의 관계를 특정하게

17 기사가 보도된 이후, 박수종 측은 다스텍 주식을 통해 얻은 수익이 9억 원 정도였다고 반론을 보내왔다. 우리는 반론을 게재하면서 그것만으로는 소명이 부족하다고 여겨 추가 소명을 요구했지만 답변을 받지 못했다. 결과적으로 박수종의 주장은 거짓이었는데, 자세한 내용은 주 19의 후반부를 참고하기 바란다.

18 유준원 회장에 관한 얘기는 다음 장에서 본격적으로 다룬다. 여기서는 박수종 변호사의 금융 범죄 혐의와 연관된 것만 다루고 넘어가기로 한다.

19 보도 이후 박수종 변호사는 기사 삭제 및 손해 배상 소송을 걸어왔다. 재판 과정에서 우리는 재판부에게 박수종 변호사의 다스텍 주식 전체의 보유 현황과 거래 내역을 요청해 금감원으로부터 자료를 받아냈다. 자료를 받아 분석한 결과 박수종은 자신의 아내 명의로 다스텍을 인수한 뒤 차명으로 주식을 220만주 더 매집한 것으로 드러났다. 따라서 당시 다스텍의 최대 주주는 공동 인수자였던 김 씨가 아니라 박수종이었다. 역시 대량보유보고의무 위반이다. 다스텍과 관련해 박수종이 얻은 시세차익 역시 본인이 주장한 9억 원이 아니라 모두 23억 5천만 원으로 분석됐다. 애초에 우리가 추정한 28억 원에 근접한 액수다.

된 과정에 재미있는 에피소드가 하나 있다. 일상적인 취재에서도 마찬가지지만 탐사 취재에서는 특히 정보를 크로스 체크하는 걸 중요하게 생각한다. 그래서 국회에 자료를 요구할 때도 한 군데 의원실에만 부탁하지 않고 두 군데 이상 부탁을 하는 경우가 종종 있다. 상상인 계열 저축은행의 대출 자료는 당시 바른미래당 이태규 의원실과 더불어민주당 이학영 의원실에 동시에 부탁했다. 금감원이 두 의원실에 제출한 자료는 실망스럽게도 익명 처리가 돼 있었다. 그런데 다행히 금감원이 두 의원실에 자료를 보낼 때 서로 다른 항목을 익명 처리했다. 이태규 의원실에 보낸 자료에는 돈을 빌린 사람 즉 차주가 익명 처리 돼 있었고 이학영 의원실에 보낸 자료에는 담보로 잡힌 주식을 발행한 회사가 익명 처리돼 있었다. 이 사건을 예로 들면 이태규 의원실에 제출한 자료에는 박수종을 익명 처리하고 이학영 의원실에 낸 자료에는 다스텍을 익명 처리했다는 것이다. 두 군데 의원실에 자료를 부탁한 덕분에 그리고 금감원이 서로 다른 항목을 익명 처리하는 실수를 저지른 덕분에 박수종이 다스텍 주식을 담보로 대출을 받았다는 사실을 특정할 수 있었다.

대량보유보고의무 위반은 단순히 보고를 하지 않는 것을 넘어 돈의 진짜 주인과 흐름을 숨기기 위한 경우가 대부분이다. 따라서 대량보유보고의무 위반은 무자본 M&A나 주가조작 등 더 심각한 금융 범죄와 관련되는 경우가 많다. 박수종이 주식을 담보로 대출받은 43억 원도 혹시 주가조작에 쓴 것은 아닌지 의심스러웠다.

2천 원대 후반에 머물던 주가는 박수종의 차명 법인인 '스튜어트 마어 앤 컴퍼니'가 주식담보 대출을 받은 4월 16일을 전후해 급등하기 시작한다. 그리고 박수종이 대출을 받은 5월 18일 이후 또 한 차

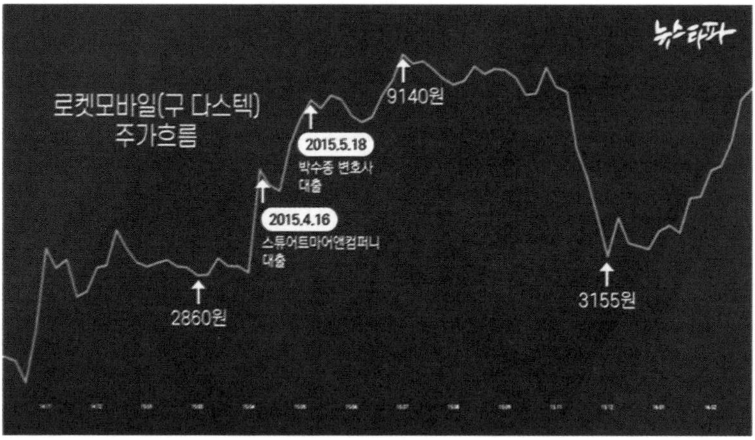

례 급등해 두 달 뒤인 7월 20일에는 최고가인 9,140원을 기록한다. 당시 주가가 급등하자 한국거래소는 다스텍(당시 로켓모바일) 측에 주가 급등의 이유가 따로 있는지 조회공시 요구를 했고 이에 대해 다스텍(당시 로켓모바일) 측은 공시할 이유가 없다고 답했다. 즉 주가가 오를만한 뚜렷한 호재가 없는데도 불구하고 주가가 올랐다는 뜻이다.

서울남부지검에서 다수의 금융 범죄 수사를 도왔던 제보자 X는 대출 시점과 주가의 흐름을 봤을 때 주가조작 혐의가 짙다고 말했다. 주식을 담보로 받은 대출금을 이른바 '총알', 즉 주가조작의 자금으로 사용했을 가능성이 높다는 것이다. 즉 대출금을 여러 주가조작 세력, 이른바 '주포'나 '선수'들에게 빌려준 다음 이들 간의 자전 거래나 허위 매도, 매수를 거쳐 주가를 올렸을 가능성이 있다는 것이다. 참고로 박수종과 박수종의 차명 법인은 주가가 최고점을 찍은 직후인 7월 24일 보유하고 있던 주식을 팔았다.

물론 이는 '주식담보대출금을 주가조작에 썼다'는 가정에 기반 한

시나리오에 불과하며, 사실 여부는 수사로 밝혀져야 한다.[20] 수사 기법상으로는 이미 대량보유보고의무 위반이라는 현행법 위반 혐의가 확실하기 때문에 이를 토대로 압수수색 영장을 받아 계좌추적을 하면 추가 범죄를 밝혀낼 수 있다. 이는 금융 범죄 수사에서 흔히 쓰이는 기법이다. 그러나 검찰은 박수종의 주가조작 혐의를 제대로 수사하지 않았다. 김형준 검사 사건이 불거진 뒤 대량보유보고의무 위반 혐의만 약식기소 했을 뿐이다.

제보자 X는 M&A 시장에 "검찰이 세 번만 봐주면 누구나 재벌이 될 수 있다"라는 우스갯소리가 있다고 말했다. 그만큼 합법과 불법의 영역이 가깝고 살짝만 불법을 저지르면 큰 수익을 올릴 기회가 널려 있다는 뜻이다. 그런데 검찰은 박수종 변호사가 다스텍 주식을 활용해 수익을 올리는 과정에서 눈을 여러 번 감아줬다. 주범 서정기의 자백에도 불구하고 다스텍을 수사하지 않은 것이 첫 번째다. '다스텍을 수사하지 않는다'는 수사 기밀을 박수종에게 귀띔해준 것이 두 번째다. 김형준 검사가 남부지검 증권범죄합동수사단장으로 재직할 당시 금감원이 수사 의뢰한 박수종의 금융 범죄 혐의를 봐준 게 세 번째다. 그리고 마지막으로 2016년 9월 김형준 검사 스폰서 사건이 터진 뒤 대검 감찰본부가 직접 박수종을 조사하면서 금융 범죄 혐의를 인지했음에도 불구하고 제대로 수사하지 않고 약식기소를 한 것이

20 보도 이후 박수종 변호사는 "다스텍 주식을 담보로 대출받은 23억 원을 주가조작에 사용하지 않았다"며 그 근거로 다른 회사의 주식을 사들인 거래 내역을 제시했다. 그러나 차명 법인을 통해 대출을 받은 20억 원을 어떻게 사용했는지에 대해서는 아무런 설명도 하지 않았다. 박수종이 뉴스타파를 상대로 한 소송 과정에서, 박수종 변호사가 위 주가 상승기 이전에 주식 6만 8천 주를 샀다가 최고점에 팔아 4억 2천만 원의 차익을 올린 사실이 드러났다.

네 번째다.

지금까지의 얘기를 정리해 보자. 우리는 김형준 검사 스폰서 사건에서 박수종이 보인 '헌신적인 노력'에 의문을 품고 박수종 변호사의 금융 범죄 혐의를 탐색했다. 오랜 탐색 끝에 박수종의 네 가지 금융 범죄 혐의를 특정했고 다스텍(현 서울리거)과 관련된 구체적인 범죄 혐의를 알아냈다. 그런데 이번 장에서 다룬 다스텍 관련 혐의는 김형준 스폰서 사건 당시 불거져 있던 박수종의 네 가지 혐의 중 하나에 불과하다. 네 사건 중 다스텍을 포함한 세 사건은 약식기소, 한 사건은 불기소 처리됐다. 다스텍을 제외한 세 사건이 어떤 사건인지 구체적으로 취재하지 못 한 건 우리의 역량 부족 때문이다. 그러나 그 세 사건에서도 검찰이 다스텍 사건에서 보여준 봐주기 행태가 반복되었을 개연성은 충분히 있다고 본다.

2장 검찰과 증권사 회장님

자본시장의 최상위 포식자

2018년 9월 21일 코스닥 기업 11개가 한꺼번에 상장폐지 됐다. 11개 기업의 시가총액을 모두 합치면 1조 1740억 원, 이 기업들에 투자한 소액주주는 8만 명이었다. 소액주주의 주식 보유 비율을 절반으로만 잡더라도 자산 5천 8백억 원가량이 순식간에 사라진 것이다. 숫자로 보면 건조해보이지만 상장폐지 회사의 주주들을 만나보면 그 건조한 숫자 뒤의 지옥도를 알게 된다. 아마 이 일로 가정이 파탄 나거나 스스로 목숨을 끊은 경우도 여럿 될 것이다.

그로부터 약 한 달 뒤에 열린 국회 정무위원회 국정감사, 바른미래당 소속 이태규 의원이 11개 기업의 상장폐지 사태와 관련해 한 저축은행을 도마 위에 올렸다.

"최근 논란이 되고 있는 코스닥 시장 11개 집단 상장폐지 기업 중에서 9개 기업이 상상인저축은행과 상상인플러스저축은행에서 고금리 주식담보대출을 받은 것으로 되어 있습니다. 서민금융을 지원한다는 저축은행이 이득을 얻는 동안에 우리 서민들 개인투자자들에게는 피해를 입히는 이런 모순적이고 역설적인 구조가 지금 형성이 되어 있는 것입니다. (중략)

저축은행의 주식담보대출이 실질적으로 무자본 M&A의 자금조달 창구로 쓰여지는 부분, 이것이 저축은행법에 맞습니까, 안 맞습니까?"

—2018.10.12. 국회 정무위원회 국정감사 이태규 의원 발언 중

상상인저축은행과 상상인플러스저축은행은 이름에서 알 수 있듯, 같은 금융그룹의 계열사다. 상장폐지된 기업 11개 가운데 9개 기업이 동일 계열의 저축은행으로부터 주식담보대출을 받은 것이 단순한 우연일까?

고금리의 주식담보대출이 문제인 것은 그것이 대개 무자본 M&A와 연관되기 때문이다. 무자본 M&A란 말 그대로 자기자본이 없는 상태에서 다른 회사를 인수합병하는 것이다. 자기자본 없이 남의 회사를 인수하려면 당연히 어디선가 돈을 빌려야 한다. 그 돈을 빌려주는 곳이 저축은행이다. 대신 저축은행은 인수할 회사의 주식을 담보로 잡는다. 그런데 주식은 가치가 고정된 물건이 아니다. 주가가 계속 움직이기 때문이다. 그래서 저축은행은 '담보 비율'이라는 걸 설정한다. 예를 들어 돈 100억 원을 빌려주고 주식 200억 원어치를 담보로 잡았다고 하자. '담보 비율'을 150%로 정한다면 주식 가치는 항

상 150억 원 이상을 유지해야 한다. 주식 가치가 담보 비율 아래로 떨어지는 순간, 즉 주가가 150억 원으로 떨어지는 순간 저축은행은 '반대매매'를 실행한다. 담보로 잡았던 주식을 팔아 대출금을 돌려받는 것이다.

여기서부터 모든 문제가 생긴다. 기업사냥꾼의 입장에서는 인수한 회사의 주가가 반드시 올라야만 한다. 주가가 올라야만 대출금과 이자를 갚고 차익이 남기 때문이다. 주가가 떨어지면 '반대매매'를 당해 쪽박을 차게 된다. 그렇다면 결론은? 무조건 주가를 올려야 한다. 무자본 M&A가 주가조작으로 이어지기 쉬운 이유가 여기에 있다. 주가조작에 성공하면 기업사냥꾼과 저축은행 모두가 행복해진다. 그러나 인위적으로 끌어올린 주가가 지속될 수는 없기 때문에 사정을 모르고 추매한 개미투자자들이 피해를 본다. 기업사냥꾼이 주가조작에 실패하면 이들은 통상 새로 인수한 회사의 자금을 빼먹거나 자산을 팔아 손해를 메꾼다. 회사는 만신창이가 되고 소액주주들은 또 피해를 입는다. 반면 저축은행은 이때도 손해를 보지 않는다. 반대매매로 원리금을 회수하면 그만이기 때문이다. 아니면 아예 회사의 경영권을 인수하는 옵션도 있다.

즉 무자본 M&A에 인수자금을 대는 저축은행은 어떤 경우든 손해를 피하고 고금리의 이자를 벌어들이는 '꽃놀이패'를 손에 쥐고 있는 셈이다. 반면 소액주주와 회사는 어떤 경우든 피해를 보게 된다. 기업사냥꾼이 자본시장의 먹이사슬에서 소액주주와 멀쩡한 회사를 집어 삼키는 '포식자'라면, 저축은행은 그 위에서 기업사냥꾼들마저 먹이로 삼는 '최상위 포식자'라고 할 수 있다. 제보자 X는 그런 이유로, 저축은행이 주식을 담보로 기업사냥꾼에게 빌려주는 무자본 M&A

자금을 '악의 시드머니'(seed money)라고 표현했다.

악의 시드머니

그런데 한국에서 이 같은 약탈적 주식담보대출은 상상인과 상상인플러스 두 개의 저축은행이 거의 도맡아왔다. 이태규 의원실이 조사한 바에 따르면 2016년부터 2018년 사이 시중의 저축은행이 실행한 주식담보대출 규모는 약 2조 원가량인데 이 가운데 1조 9천억 원이 상상인과 상상인플러스저축은행의 것이었다. 주식담보대출이 이렇게 좋은 사업이라면 다른 저축은행들은 하지 않고 상상인 계열의 저축은행들만 도맡아 하는 이유는 무엇일까. 너무 위험하기 때문이다. 합법과 불법의 경계가 너무 가까워 언제든 쇠고랑을 찰 각오가 있어야 한다. 이 같은 위험을 감수하면서 상상인과 상상인플러스저축은행이 주식담보대출에 '올인'하도록 이끄는 '용감한' 사람은 대체 누굴까.

유준원 회장이라는 인물이다. 유 회장은 1974년생으로 연세대학교 법학과를 졸업한 뒤 2000년경부터 이른바 '금융 부띠끄' 즉 사설 투자업체를 설립해 운영했다. 그의 행보가 공식적으로 노출된 것은 2009년 만 35세에 코스닥 상장사인 '텍셀네트컴'(현 상상인)을 인수하면서부터다. 이후 그는 질주하기 시작했다. 2012년 충남 천안에 본사가 있던 세종저축은행(현 상상인플러스저축은행)을 인수했고 2016년에는 경기도 분당의 공평저축은행(현 상상인저축은행)을 인수했다. 이후 두 저축은행은 위에서 설명한 약탈적 주식담보대출을 주업으로 삼으며 크게 성장했다. 어떤 경우든 손해가 나지 않는 장사이므로 엄청난 돈을 벌어들였다. 취재 과정에서 만난 한 M&A 전문 회계사는 이렇게 말했다. "원래 이런 돈을 빌려주던 건 명동의 사채업자들입니다. 그런데 유준원이 이 시장에 뛰어들면서 명동 사채시장의 명맥이 끊어질 지경입니다." 이렇게 위험한 돈놀이를 일삼아왔는데도, 유준원 회장은 검찰의 수사를 단 한 차례도 받지 않고 승승장구했다. 자본시장에서 유준원의 '뒷배'에 대한 소문이 무성했던 이유다.[21]

갑자기 유준원 회장 얘기를 꺼낸 건 바로 박수종 변호사와의 관계 때문이다. 주식시장에서 이 두 사람은 잘 알려진 '콤비'다. 심지어 두 사람을 형제에 비유하는 사람들도 있다. 그런데 소문은 과장이 아닌 것 같다. 나는 박수종 변호사를 취재하는 과정에서 그의 1년 치 통화 목록을 입수했는데 거기에서 가장 많은 건수를 차지한 건 바로 유준원이었다. 두 사람은 2015년 9월 15일부터 이듬해 9월 14일까지 1년 동안 무려 929번 통화하거나 문자메시지를 주고받았다. 평균적으로 하루 두세 번씩 연락을 주고받았다는 얘기다. 두 사람은 사업으로도 긴밀하게 얽혀 있는 게 분명해 보였다. 고교 동창 스폰서 사건이 벌어질 무렵 박수종 변호사가 받고 있던 4개의 금융 범죄 혐의 가운데 하나가 다스텍 사건이라는 건 앞 장에서 이미 썼다. 나머지 세 사건 중(82쪽 참조)의 하나는 '시티엘'이라는 회사와 관련된 대량보유보고의무 위반 사건이었는데, 이 시티엘의 대주주는 바로 유준원이었다.

우리는 이런 이유로 유준원 회장을 취재하기 시작했다. 서울남부지검이 법조와 금융의 결합으로 만들어진 하나의 거대한 시장이라면,

21 그러나 뉴스타파 <죄수와 검사> 보도 이후, 유준원 회장은 검찰의 수사를 받게 되었다. 그는 2020년 7월 구속 기소됐다. 검찰 수사에서 드러난 유준원 회장의 혐의는 다음 장에서 자세히 다룬다.

박수종 변호사는 법조 쪽에서 거기로 들어가는 문이고 유준원 회장은 금융 쪽에서 들어가는 문이라고 생각했다. 그 과정에서 박수종과 유준원 두 사람이 모두 얽혀 있는 특별한 사건 하나를 알게 되었다.

재벌3세 기업사냥꾼

선량해 보이는 눈매에 호감 가는 인상이다. 나이는 30대 중후반, 푸른색 셔츠와 검은색 패딩 점퍼를 입었고 관리하기 편해 보이는 짤막한 헤어스타일을 하고 있다. 보험 판매업을 하던 그는 2017년 '파티게임즈'라는 회사의 주식 6천만 원어치를 샀다. 보험 영업으로 모은 돈 3천만 원에 대출금 3천만 원을 합친 돈이었다. 그러나 이듬해 3월 파티게임즈 주식은 거래정지 됐고 10월 상장폐지가 확정됐다.[22] 파티게임즈의 모회사였던 '모다'도 함께 상장폐지 됐다. 이 대목에서 그의 눈에 눈물이 살짝 고였다.

> "시작은 소액으로 했는데, 점점 그 회사를 알게 되고 긍정적인 내용들만 시장에 나오다보니까 당시에는 대출을 받아서 사더라도 감내할 수 있겠다는 생각이 들었어요. 전문가들도 다 좋다고 했거든요. 그런데… 결국 이렇게 되어 버렸죠. 가족들에게 너무 미안합니다. 아이 방을 만들어 주기 위해 조금 더 넓은 곳으로 이사를 가

22 상장 기업이 회계 감사에서 의견거절을 받으면 주식의 거래가 정지된다. 해당 기업은 7일 이내에 이의신청을 할 수 있는데 이 경우 6개월 뒤의 재 감사를 통해 '적정' 의견을 받아야 상장폐지를 면하게 된다.

려했는데 지금은 포기했어요."

—파티게임즈 소액주주 김 모 씨와의 인터뷰 중(2019. 12. 5.)

함께 자리했던 또 다른 소액주주 이 모 씨가 말했다.

"저는 3억 원 정도 손실을 봤는데, 제가 매입을 권해서 산 주변 분들의 손실까지 합치면 10억 원이 넘어요. 아직 와이프에게 말도 못했습니다. 그래도 저는 나은 편이라고 생각하는 게 그래도 살아는 있잖아요. 제가 아는 분 중에는 세상을 달리하신 분도 있어요. 그분은 7천만 원 날렸는데… 사업 실패하고 난 뒤에 그 주식이 그 분의 마지막 희망이었거든요."

—파티게임즈 소액주주 이 모 씨와의 인터뷰 중(2019. 12. 5.)

앞에서 쓴 것처럼 2018년 9월 상상인 계열 저축은행으로부터 주식담보대출을 받은 상장사 9개가 한꺼번에 상장폐지 됐다. 모다와 파티게임즈는 그 9개 회사 중 두 개다. 유준원과 박수종에 대한 보도를 시작하자 두 회사의 소액주주와 전 경영진이 제보를 해왔다. 유준원과 박수종 두 사람이 회사를 망가뜨렸다는 것이다. 회사 경영진에 대한 검찰의 수사기록 수천 쪽을 입수해 면밀히 들여다봤다. 그 결과 이 회사가 기업사냥꾼에게 매각되고, 다시 주인이 바뀌고 거래정지를 거쳐 상장폐지에 이르는 전 과정에 유준원과 박수종 두 사람이 깊숙이 개입한 사실을 확인했다. 자본시장의 최상위 포식자로 군림하던 이 콤비가 멀쩡한 상장회사를 망가뜨리면서까지 자신들의 이득을 추구하는 과정이 적나라하게 드러나는 사례다.

모다는 원래 '에그'라고 불리는 와이파이 단말기 등을 만들던 회사다. 2013년까지는 잘 나갔지만 2014년부터 적자를 기록하며 고꾸라지기 시작했다. 상장사로서의 프리미엄은 갖고 있지만 실적이 나빠지고 미래도 불투명해 대주주가 그만 털고 나가고 싶어 하는 회사, 이런 회사는 기업사냥꾼의 좋은 표적이다. 일단 헐값에 매수할 수 있는 가능성이 높고, 상장사이기 때문에 인수한 뒤에 회사 명의로 대출을 받기도 쉽다. 호재성 재료, 즉 '펄'을 붙여서 주가조작을 시도해볼 수도 있다.

모다에도 기업사냥꾼이 들어왔다. LG가의 방계 3세인 구본현 일당이다. 구본현은 LG 창업자 구인회 회장의 막내아들인 구자극 씨의 아들이다. 고 구본무 회장과는 사촌이고 현 구광모 회장에게는 오촌 아저씨인 셈이다. 구본현은 모다를 인수할 때 자기자본이 거의 없었다. 인수 자금을 빌려준 건 유준원의 상상인저축은행이었다. 앞 장에서 설명한 무자본 M&A의 전형이다. 구본현은 2011년에도 주가조작과 횡령 혐의로 실형을 받은 바가 있는데, 그래서인지 모다를 인수할 때 차명 법인을 동원해 자신의 정체를 철저히 숨겼다.

구본현은 모다를 인수한 뒤 공격적으로 사업을 키웠다. 다 망해가던 모다는 불과 2년 만에 19개 계열사를 거느린 지주회사가 됐다. 계열사 중 핵심은 게임업계에서 최고의 알짜 회사로 알려진 'BNM홀딩스'였다. 국내 게임 아이템 시장을 과점하고 있는 양대 아이템 거래소인 '아이엠아이'(아이템마니아)와 '아이템베이'의 지분 100%를 갖고 있으며 해마다 100억 원 이상의 영업이익을 거두는 회사다. 구본현은 〈아이러브커피〉라는 모바일 게임으로 유명했던 파티게임즈도 사들였다. 그 뒤 파티게임즈를 중간에 끼워서 모다 → 파티게임즈 →

BNM홀딩스로 이어지는 수직 계열화를 완성했다. 모다가 파티게임즈를 자회사로, BNM홀딩스를 손자회사로 지배하는 구조다.

2017년 중반부터 불어닥친 비트코인 열풍은 큰 호재였다. 게임 아이템 거래의 결제 수단으로 비트코인이 주목받았을 뿐 아니라 두 영역 사이의 시너지효과가 기대되는 상황에서, 모다는 국내 게임 아이템 시장을 독점하는 BNM홀딩스를 손자회사로 거느리고 있었기 때문이다. 모다의 자회사이자 BNM홀딩스의 모회사인 파티게임즈도 상장이 돼 있었는데 덩달아 주가가 올라갔다. 이때 많은 개인 투자자들이 두 회사의 주식을 샀다. 내가 인터뷰한 소액주주들이 두 회사의 주식을 사들인 것도 대개 이 시기였다.

그러나 모다의 성장은 사실 모두 빚으로 쌓아 올린 모래성이었다. 최초 인수 자금조차도 상상인저축은행으로부터 빌린 돈이었는데 무슨 돈이 있어 다른 회사를 인수했겠는가? 회사를 키우는 과정에서 상상인저축은행에서 빌린 돈은 수백억 원으로 불어났고, 다른 금융회사에서도 빚을 얻었다. 그러나 구본현 일당은 최초 인수 자금이 자기자금이라고 거짓 공시를 했다. 추가로 돈을 빌릴 때도 복잡하게 설계된 차명 법인들을 동원해 빚의 최종 귀착지가 어디인지 잘 보이지 않게 만들었다. 급할 때는 회사 자금도 몰래 빼서 썼지만 이를 제대로 공시하지 않았다. 재무상태가 건전한 회사인 것처럼 화장을 두텁게 했다. 분식회계를 한 것이다.

하이에나와 독수리

2018년 3월 21일 파티게임즈가 회계감사에서 의견거절을 받은 것은 무리한 차입경영과 분식회계에 따른 필연적인 귀결이었다. 대부분의 매출을 파티게임즈에 의존했던 모회사 모다 역시 자동적으로 의견거절을 받았다. 6개월 뒤의 재감사에서 '적정' 의견을 받지 못하면 회사가 상장폐지되는 위기에 놓인 급박한 상황, 이때 최상위 '포식자' 유준원이 개입했다.

모다와 파티게임즈가 회계감사에서 의견거절을 받은 바로 그날 유준원은 구본현에게 만나자고 전화를 걸었다. 양측은 서울 역삼동의 노보텔 앰배서더 호텔에서 만났다. 유준원의 요구는 분명했다. "회사의 경영권을 넘겨라." 마치 하이에나가 쓰러지자마자 잽싸게 땅에 내려와 시체를 먹어치우는 대머리 독수리처럼 기업 사냥꾼 구본현이 위기에 빠지자 경영권을 요구하고 나선 것이다. 유준원이 새로운 대주주를 구해오고, 새로운 대주주가 구본현의 채무를 갚아주는 대신 경영권을 넘겨받기로 했다.

유준원이 데리고 온 새로운 대주주는 다름 아닌 박수종이었다. 박수종은 이번에도 차명 법인을 동원해 자신의 정체를 숨겼다. 차명 법인의 대표 이사 이 모 씨는 박수종이 변호사 사무실을 할 때부터 데리고 있던 직원이었고[23] 이어 박수종의 아내 정 씨가 차명 법인의 대표이사에 올랐다. 모다와 파티게임즈 경영진은 모두 박수종 측 사람들로 교체됐다. 물론 유준원이 무자본 M&A에 돈을 댄 것이나 경영

23 이 모 씨는 다스텍 사건에서도 차명 법인의 이사로 등장했다.

권을 박수종에게 넘겨준 과정 자체가 불법은 아니다. 박수종이 경영권을 인수받은 뒤 대주주로서 충실하게 자신의 의무를 이행하기만 했다면 말이다. 그러나 박수종은 그렇게 하지 않았다.

회사를 정상화하기 위해서는 박수종이 구본현 측의 기존 채무를 갚을 뿐 아니라 회사에 추가로 돈을 집어넣어야 하는, 즉 유상증자를 해야 하는 상황이었다. 그래야 6개월 뒤로 예정된 재 감사에서 '적정' 의견을 받고 거래정지를 풀 수 있었다. 그러나 박수종은 유상증자를 하는 대신 회사로 하여금 전환사채를 발행하도록 한 다음 그것을 사주는 방식으로 돈을 집어넣었다. 회사에 출자를 하지 않고 회사에다 돈을 빌려준 것이다. 회사 입장에서는 박수종이 유상증자를 했다면 자본금이 늘어나지만 전환사채를 인수하면 부채가 늘어나기 때문에 재무 상태가 극적으로 좋아지지는 않는다. 박수종은 전환사채를 인수한 이 돈마저도 유준원의 상상인저축은행으로부터 빌려왔다. 이런 방식으로는 재감사에서 '적정' 의견을 받을 수 없었다.[24] 한국거래소는 이를 이렇게 평가했다.

> "신 경영진(박수종)이 들어왔지만 담보나 차입에 의해 경영권을 인수한 것으로, 과거와 채무 관계가 크게 달라지지 않아, 신 경영진이 기업을 회생시킬 의지가 있는지 의구심이 드는 상황입니다."
>
> —상장폐지 효력 정지 가처분 소송에 대한 한국거래소 참고서면 중 12페이지

24 박수종은 취재 당시 보내 온 답변서에서 "유상증자는 상장유지와 관련해 거론된 사유가 아니었다"고 주장했다. 그러나 다른 여러 증거들로 미루어보아 박수종이 유상증자를 했더라면 회사는 상장폐지가 되지 않았을 가능성이 높다.

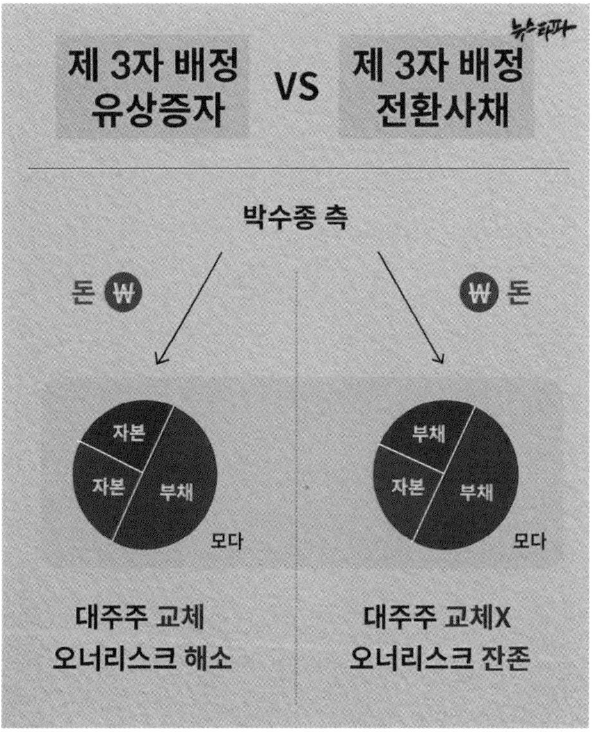

박수종의 관심은 회사를 정상화하는 것보다는 다른 쪽에 있었던 것으로 보인다. 바로 파티게임즈의 계열사가 보유하고 있던 현금이다. 비록 거래정지 상황이었지만 이 회사들이 보유하고 있던 현금은 2017년 말 기준으로 330억 원이나 됐다. 박수종은 회사를 장악하자마자 회사 자금에 손을 대기 시작했다. 이 돈으로 무엇을 했을까.

놀랍게도 회사의 경영권을 자신에게 넘겨준 '친구', 유준원의 회사인 상상인의 주식을 회사 자금으로 사들이기 시작했다. 우리가 확보한 내부 서류에 의하면 파티게임즈는 박수종이 회사를 장악한 지 12

일 만에 상상인 주식을 사들이기 시작해 석 달 동안 무려 206억 원어치 주식을 사들였다. 차입경영 때문에 상장폐지 위기에 몰린 회사를 정상화하겠다는 명분으로 경영권을 인수한 사람이 그 회사에 남아 있던 자금으로 자신에게 경영권을 넘겨준 친구 회사의 주식을 사들인 것이다. 망하게 생긴 집구석을 살리겠다며 관리자로 들어온 부잣집의 마름이 그나마 있는 재산까지 털어 부잣집에 보태준 것이나 다름없는 상황으로, 모다나 파티게임즈 입장에서 보면 명백한 배임에 해당한다.[25] 하이에나가 쓰러지자 독수리가 개입해 더 악질적인 하이에나를 불러들인 셈이다. 박수종 자신이 임명한 경영진조차도 배임 우려가 있다며 반대했지만 박수종은 주식 매입을 강행했다. 박수종이 이 시기 왜 그렇게 상상인 주식을 매입하는 데 집착한 것인지, 그 이유는 이 장의 마지막 부분에서 다룬다.

모다와 파티게임즈는 그해 9월 21일 결국 재감사에서 또다시 '의견거절'을 받았다. 회사를 정상화하기로 약속하고 들어온 대주주 박수종이 유상증자도 하지 않았고, 그나마 있던 회삿돈으로는 자기 친구 회사의 주식을 사기 바빴으니 어찌 보면 당연한 결과다. 거래 재개를 간절히 바라던 소액주주들에게는 날벼락 같은 소식이었다. 이 날은 하필 추석 연휴가 시작되기 전날이었다.

25 뉴스타파 보도 이후 검찰은 박수종 변호사를 수사해 기소했다. 검찰이 기소한 여러 혐의 가운데 이 부분은 배임으로 기소됐다. 검찰 공소장에 따르면 이 시기 박수종이 상상인 주식을 사느라 쓴 파티게임즈 계열사의 돈은 모두 360억 원에 이르렀다. 파티게임즈뿐 아니라 자회사 돈까지 써버렸기 때문에 액수가 늘었다. 검찰 수사에 관한 더 깊은 얘기는 다음 장에서 다룬다.

"KTX를 타고 고향에 가는 길이었어요. 아이들이랑 명절에 대한 얘기, 이런 저런 얘기 하면서 가고 있었는데 저녁 8시인가 9시에 뭐 느닷없이 상장폐지 공시가 올라왔더라고요. 순간 눈앞이 하얘지더라고요. 그냥 하얘지고…. 결국 명절인데도 고향에 가지 못하고 도중에 돌아왔어요."

—파티게임즈 소액주주 김 모 씨와의 인터뷰 중(2019. 12. 5.)

황금알을 낳는 알집

이야기는 여기서 끝나지 않는다. 원래 상장폐지 이후에는 7거래일의 정리 매매 기간이 주어진다. 상장폐지로 장외주식이 되면 주식의 거래가 거의 불가능해져 투자금 회수가 사실상 어렵기 때문에 투자자들이 주식을 헐값에라도 팔아 원금의 일부라도 회수할 수 있도록 하는 취지에서 생긴 제도다. 모다의 경우 2018년 9월 28일부터 10월 10일까지 정리매매 기간이 주어졌다. 그런데 정리매매 기간 동안 박수종은 자신의 우호세력과 차명 법인을 이용해 모다 주식을 헐값에 대량으로 매집한다. 박수종이 매집한 것으로 추정되는 주식은 전체의 30% 가량인 약 600만 주 정도인데, 박수종이 만약 유상증자로 모다 주식을 그만큼 샀더라면 300억 원가량이 필요했을 것이다. 그러나 박수종은 상장폐지 후 정리매매 기간에 싼 값에 주식을 사 모았기 때문에 이보다 훨씬 적은 돈으로(주당 평균 300원으로 계산할 경우 약 18억 원. 그나마 이보다 더 싸게 샀을 가능성이 크다) 주식 매집이 가능해진 것이다. 상장폐지라는 충격파로 소액주주가 들고 있던 주식을 내려놓게 만든

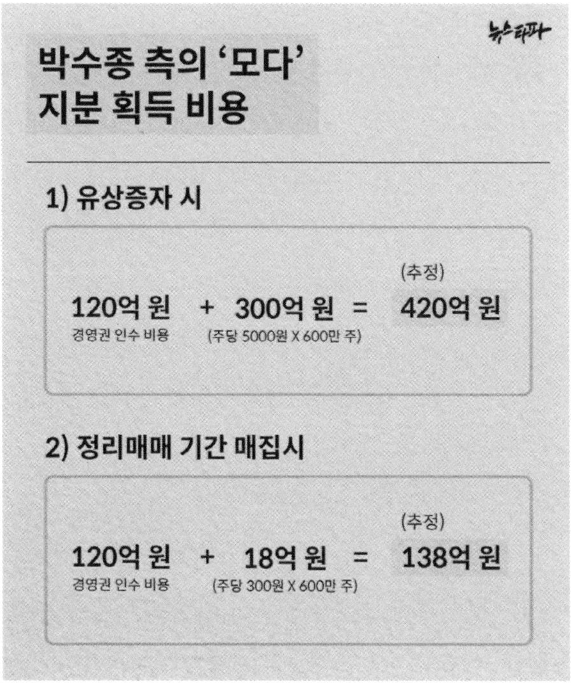

뒤 헐값에 거두어들인 것이다.

상장폐지로 상장사 프리미엄은 사라졌지만, 이렇게 박수종이 헐값으로 장악한 모다는 여전히 가치가 있었다. 그 손자회사인 BNM홀딩스가 여전히 국내 게임 아이템 거래를 독점하면서 한해 100억 원 이상의 영업이익을 내고 있기 때문이다. BNM홀딩스의 시장 가치는 적게 잡아도 천억 원 이상으로 평가되고 있다. 거위는 죽었지만 황금알을 낳는 알집은 여전히 남아 있는 셈이다. 상장폐지로 모다와 파티게임즈가 비상장사가 되면서 박수종은 오히려 회사를 마음대로 좌지우지하기 유리해졌다.

"상장사는 소액주주들도 어느 정도의 권한이 있지만 비상장 기업은 사실은 대주주만 권한이 있는 거예요. 비상장사가 되면 그냥 51% 갖고 있는 사람이 오너인 거예요. 모든 결정을 마음대로 내릴 수가 있는 거죠. 회사 가치는 바닥까지 내려가더라도 BNM홀딩스라는 1000억이 넘는 회사를 갖고 있으니 비상장 기업이 되면 이걸 팔기가 쉬워지는 거죠. 회사에 돈이 들어온다고 해도 그 돈을 주주들한테 줄 필요는 없거든요. 그럼 그 돈은 얼마든지 현금화하거나 유용할 수 있게 되는 거죠. 비상장회사니까."

—파티게임즈 소액주주 이 모 씨 인터뷰 중

실제로 상장폐지 석 달 뒤인 2019년 1월 박수종은 BNM홀딩스를 '포스링크'라는 상장사에 천 2백억 원에 매각하는 계약을 체결했다.[26] 모다와 파티게임즈의 소액주주들은 격렬히 반대했다. BNM홀딩스를 매각하면 두 회사는 사실상 껍데기만 남고, 주식은 휴지 조각이나 다름없기 때문이다. 결국 이 거래는 인수자인 포스링크 쪽에 문제가 생기면서 최종적으로는 무산됐지만 상장폐지로 박수종이 회사를 얼마든지 마음대로 좌지우지하며 언제라도 황금알을 낳는 '알집'만 따로 떼어내 팔 수 있다는 걸 보여줬다.

정리해보자. 박수종은 유준원의 도움으로 위기에 빠진 상장사를 장악했다. '회사 정상화'라는 명분을 걸고 들어왔지만 상장폐지를 막는 유일한 길인 유상증자를 포기했고 대신 상장폐지 이후 소액주주

26 '포스링크' 역시 기업사냥꾼들이 장악한 회사로, 조국 전 법무부 장관 사촌 동생 조범동이 개입한 코링크PE와 연관이 있는 회사이기도 하다.

들의 주식을 헐값에 거두어들이는 길을 선택했다. 결과적으로 박수종은 천억 원이 넘는 가치를 가진 손자회사를 거느린 비상장사의 오너가 됐다. 그 사이 회삿돈 360억 원을 빼내 친구인 유준원 회사의 주식을 사는 배임 행위를 저질렀다. 반면 모다와 파티게임즈의 소액주주들은 상장폐지로 천 6백억 원에 달하는 손실을 입었다.

우리가 모다와 파티게임즈의 상장폐지 과정을 상세히 취재할 수 있었던 건 누군가의 도움 때문이었다. 처음에 모다를 사들였던 기업사냥꾼 구본현 일당 가운데 한 명이 검찰의 수사기록을 모두 제공해줬다. 기업사냥꾼 일당으로 자신도 검찰의 수사를 받았던 사람이다. 그는 잘못에 대한 벌을 달게 받을 테니 유준원과 박수종도 수사해달라고 검찰에 부탁했다고 한다. 그러나 검찰은 '수사 범위가 아니다'라며 거절했다. 그는 인터뷰에서 이렇게 말했다.

> "저도 이 바닥에 오래 있었고 자본시장법 어겨가면서 일도 해봤습니다. 모다가 이렇게 된 데 저나 구본현의 책임이 크다는 것도 잘 알고 인정합니다. 그런데 유준원과 박수종은 정말이지 수법이 너무 악랄합니다. 제가 이런 말 하기는 좀 그렇지만 쓰레기죠, 양아치도 아니야. 양아치는 인간 행세를 하잖아요. 우리나라 자본시장을 정상화하기 위해서는 두 사람을 반드시 처벌해야 한다고 봅니다. 그런데 두 사람이 무슨 짓을 해도 검찰이 건드리지 않으니 언론에 제보할 수밖에 없었습니다."
>
> —기업사냥꾼 구본현의 일당 중 한 명이었던 모 씨의 인터뷰 중

모다와 파티게임즈가 상상인 계열 저축은행의 주식담보대출을 받

은 뒤 상장폐지에 이르기까지의 사연은 이처럼 길고 복잡하다. 그런데 2018년 11월에만 한꺼번에 9개 회사가 상상인의 주식담보대출을 받고 상장폐지 됐다. 이 두 회사는 그 9개 중 2개일 뿐이다. 나는 이학영 의원실과 이태규 의원실을 통해 2015년부터 2019년 상반기까지 상상인 계열 저축은행으로부터 주식담보대출을 받은 회사 리스트를 모두 확보했다. 200곳이었다. 주식담보대출을 받은 회사가 이후 어떻게 되었는지를 일일이 확인해보았다. 결과는 충격적이었다. 200곳 가운데 60곳이 거래정지를 당했고 19곳은 끝내 상장폐지 됐다.

상장폐지된 회사들 가운데 모다와 파티게임즈처럼 박수종이 개입한 회사도 상당수 있을 것이다. 그러나 박수종은 앞에서 봤듯 항상 차명 법인을 통해 움직이고, 차명 법인들의 대표나 이사에 절대 자신의 이름을 올리지 않기 때문에 그런 사례가 있더라도 잘 드러나지 않는다. 그런데 우리는 유준원과 박수종이 합작해서 망가뜨린 또 하나의 회사를 우연한 기회에 알게 됐다.

두 사람이 '해 먹은' 또 하나의 회사

1953년 국내 최초로 커피 잔 세트 생산, 1963년 국내 최초로 도자기 해외 수출. 40대 이상이라면 누구나 이름을 들어봤을 회사인 '행남자기'다. 행남자기는 1942년 설립된 국내 최초의 도자기 회사다. 이 전통의 도자기 회사 역시 유준원 박수종 콤비가 해 먹었다.

1990년대까지 잘나가던 행남자기는 2000년대 들어 영 힘을 쓰지 못했다. 1인 가구의 증가로 식기 수요가 줄어든 데다 중국 도자기 제

조회사들이 저가 공세를 펼치는 등 경영 환경이 나빠졌기 때문이다. 2016년 회사의 주인이 바뀌었고, 행남자기는 전자 회사로의 변신을 시도한다. 변신을 위해서는 자금이 필요했다. 행남자기는 2016년 3월부터 10월까지 무려 10회에 걸쳐 전환사채를 찍어내 팔았는데, 전체 액수는 280억 원에 달했다.

이렇게 무리한 차입경영을 펼치던 행남자기는 상상인저축은행의 '마수'에 걸려들었다. 상상인저축은행은 2016년 5월 행남자기가 발행한 전환사채 60억 원어치를 인수했다. 그리고 한 달 뒤에는 다른 회사가 가지고 있던 행남자기의 전환사채 51억 원어치를 장외에서 은밀히 사들였다. 그리고 약 1년 뒤인 2017년 7월, 상상인저축은행은 그동안 사 모은 전환사채를 한꺼번에 주식으로 전환했다. 지분율은 19.6%. 상상인저축은행은 단숨에 행남자기의 대주주로 떠오른다. 여기에서 이미 첫 번째 불법을 저질렀다. 금산분리 원칙에 따라 금융회사가 다른 회사의 대주주가 될 경우 미리 금융위원회의 승인을 받아야 했지만 유준원은 이를 가뿐히 무시했다.

상상인저축은행이 행남자기의 대주주가 되고 두 달 뒤인 2017년 9월, 유준원은 이 회사의 경영권을 박수종에게 넘겼다. 박수종은 이번에도 차명 법인을 앞세워 행남자기를 인수해 최대주주가 된다. 공시 자료 어디에도, 그리고 차명 법인의 등기부등본 어디에도 박수종의 이름은 보이지 않았다. 모다와 파티게임즈, 다스텍과 같은 패턴, 역시 대량보유보고의무 위반이다. 시기상으로는 행남자기의 경영권을 장악한 게 모다 및 파티게임즈보다 7개월 정도 앞선다.

모다나 파티게임즈에서와 달리 행남자기에서는 박수종이 경영 정상화에 관심을 두었을까? 아마도 아닌 것 같다. 그가 경영권을 장악한 뒤 가장 먼저 한 일이 행남자기 명의의 증권 계좌를 개설한 것이기 때문이다. 그리고 회삿돈으로 자신에게 경영권을 넘겨준 친구 유준원의 회사 상상인 주식을 매수하기 시작했다. 역시 모다 및 파티게임즈와 똑같은 패턴이다. 그런데 행남자기에서는 단순 주식거래만 한 게 아니다. 박수종은 CFD[27], Equity Swap[28] 등 고위험 장외파생상품을 통해 상상인 주식을 사들였다. 물론 회삿돈으로.

이렇게 한편으로는 회삿돈으로 상상인 주식을 사들이면서 다른 한편으로는 행남자기를 영화사로 변신시키고자 했다. 2019년 초 회사명을 '스튜디오썸머'로 바꾼 뒤, 〈범죄와의 전쟁〉 윤종빈 감독이 설립한 영화사 '월광'과 영화 〈검사외전〉, 〈공작〉을 제작한 영화사 '사나이픽쳐스'를 잇따라 인수했다. 영화제작사로의 변신 시도는 일단 성공적으로 보였다. 처음으로 투자해 2019년 3월에 개봉한 영화 〈돈〉이 330만 명의 관객을 끌어 모으며 손익분기점을 훌쩍 넘겼기 때문이다. 아이러니하게도 영화 〈돈〉은 주가조작을 소재로 다뤘다. 박수종 자신이 가장 잘 아는 분야를 선택한 것이 아닐까 싶지만 확인되지는 않았다.

그러나 영화사로의 변신은 더 진행되지 못했다. 박수종이 회삿돈으로 사들인 상상인 주식의 가격이 떨어지면서 막대한 손실이 났기

27 CFD(Contract for Difference)란 고객이 주식을 소유하지 않고 주식의 가격 변동분에 대해서만 결제를 하는 장외 파생상품이다. 예를 들어 행남자기가 증권사에 CFD 계좌를 개설한 뒤 증권사에 상상인 주식 매수 주문을 넣으면 교보증권은 외국증권사에 주문을 전송하고, 외국 증권사는 또 다른 외국계 금융투자사를 통해 거래소에 상상인 주식 매수 주문을 넣는다. 이후 주식 가격이 오르면 행남자기는 그 차액을 받게 되고, 가격이 떨어지면 차액만큼을 지불해야 한다.

28 CFD와 마찬가지로 고객이 직접 주식을 소유하지 않고 차액을 정산하는 장외파생계약이다. 다만 CFD와 달리 시·종가 주문이 가능하다.

때문이다. 2019년 8월 6일, 행남자기는 장외파생상품 거래로 356억 7천만 원가량의 손실이 발생했다고 공시했다. 자기자본의 54.74%에 해당하는 엄청난 손실이었다. 파생상품 손실 이후 행남자기는 영화 사업에서 철수했을 뿐 아니라 경영 자체가 매우 어려운 상태가 됐다. 2019년 10월 말 박수종 변호사는 경영권과 최대주주 지위를 자신의 처가가 운영하는 외식업체 '이연에프엔씨'에 넘겼지만 행남자기는 결국 2020년 1월 상장폐지 되고 말았다.

행남자기가 상장폐지에 이르는 과정은 마치 복사 뒤 붙여넣기를 한 것처럼 모다 및 파티게임즈와 비슷하다. 상상인 계열 저축은행의 돈을 무기로 유준원이 경영권을 장악한 뒤 회사를 박수종에게 넘겨준다. 경영권을 인수받은 박수종은 회삿돈으로 상상인 주식을 사들인다. 안 그래도 어려운 재정 상황에서 주력 사업과 무관한 주식투자로 자산을 낭비한 회사는 껍데기만 남고 결국 상장폐지 된다. 그런데 여기서 한 가지 궁금증이 생긴다. 대체 왜 박수종은 어렵게 인수한 회사의 돈을 가지고 상상인 주식을 그렇게 사댔던 것일까.

이 궁금증은 유준원의 증권사 인수와 연결된 취재로 우리를 이끌었다. 유준원은 2018년 2월 '골든브릿지증권'을 인수하는 계약을 체결했고, 이듬해인 2019년 3월 골든브릿지증권의 대주주가 됐다. 박수종이 모다 및 파티게임즈와 행남자기의 회삿돈으로 상상인 주식을 매입한 것은 그 사이에 벌어진 일이다.

주가조작으로 증권사 인수했나?

나는 KBS 사건기자 시절 서울 마포 라인을 담당한 적이 있다.[29] 당시 사건기자들은 매일 아침 경찰서로 출근해 전날의 사건 사고와 당일 예정된 집회 시위 일정을 체크했다. 그런데 내가 담당하던 서울 서대문 경찰서에는 하루도 빠지지 않고 올라오는 집회 시위 일정이 있었다. 바로 골든브릿지증권 노조의 집회였다. 대체 무슨 회사였기에 하루도 빠지지 않고 집회를 하는지 궁금했다. 비록 기사화되지는 못했지만 당시 골든브릿지증권 노조의 집회에 취재를 갔던 기억이 있다.

골든브릿지증권은 원래 '브릿지증권'이었는데 2005년 노동운동가 출신인 이상준 회장이 인수해 골든브릿지증권으로 이름을 바꿨다. 이상준 회장은 노동운동가이자 노조 간부 출신으로 많은 기대를 받았으나 경영자로서는 최악이었다. 독단적 경영에다 노사 합의를 수시로 파기했고, 부실 계열사를 지원하려고 회삿돈을 빼돌리기도 했다. 2012년 노조는 결국 파업에 나섰는데 그 파업은 무려 586일 동안 이어졌다. 파업 이후에도 골든브릿지증권 노사 분규는 계속 이어졌다. 이렇게 도저히 해결될 것 같지 않았던 골든브릿지증권 사태에 해결의 빛을 던진 건 유준원이었다. 2018년 2월, 유준원은 이상준 회장과 담판을 지어 골든브릿지증권을 인수하는 계약을 체결했다. 골든브릿지증권 노조는 새로운 대주주 후보인 유준원을 환영했다.

29 2005년 당시 사건기자들은 서울 시내를 8개 권역으로 나누어 담당했는데 각각의 담당 권역을 '라인'이라고 불렀다. 마포 라인의 관할 경찰서는 서울 마포, 서대문, 은평, 서부 경찰서다.

이른바 '금융 부띠끄'로 출발했던 유준원이 마침내 증권사 사주로 올라서는 순간이었다. 국내 금융계에서 최고의 지위는 시중 은행의 행장인데, 은행의 행장은 대부분 오너가 아닌 데다 그 임명에 정치권의 입김이 강하게 미친다. 따라서 증권사 사주라는 지위는 금융계에서 '자연인'이 자력으로 올라갈 수 있는 최고의 지위다. 유준원은 만 35세에 최초로 상장사를 인수하고 10년 만에 증권사의 사주라는 금융계의 정점에 올라설 기회를 잡은 것이다. 이제 문제는 인수 자금 마련이었다.

유준원은 투 트랙의 인수 전략을 세웠다. 자신이 지배하는 상장회사인 상상인을 통해 지분의 절반 정도를 인수하고, 자신의 아내가 대표로 있는 차명 법인으로 지분의 4분의 1 정도를 인수하는 것이다. 그렇게 되면 지분의 75% 정도를 안정적으로 확보하게 된다.[30] 상상인이 지분 절반 정도를 인수하는 자금을 마련하는 데는 별다른 문제가 없었다. 문제는 자신의 차명 법인으로 지분의 4분의 1을 인수하기 위한 자금이 부족했다는 것. 500억 원 정도가 필요했는데 회삿돈을 빼서 쓰면 안 되기 때문에 결국 개인 명의로 대출을 받아야 했다. 그래서 유준원은 2018년 초부터 주식담보대출을 받기 시작해 모두 530억 원의 대출을 받았다. 간단히 말해, 골든브릿지증권 지분을 사기 위해 상상인 주식을 담보로 돈을 빌린 것이다.

앞에서 설명했듯이, 주식담보대출을 받을 때는 담보유지비율이라는 게 있고 주식의 가치가 이 비율 아래로 떨어지면 자동으로 반대매

30 유준원이 인수한 뒤 '골든브릿지증권'은 '상상인증권'으로 이름을 바꿨는데, 2019년 말 기준 '상상인'이 '상상인증권'의 지분을 42%, 그리고 유준원의 차명 법인인 '제이원와이드'가 27% 가량을 갖고 있었다.

매가 실행된다. 한 번 더 복습해보자. 300억 원어치 주식을 담보로 100억 원을 빌렸고 담보유지비율은 200%라고 가정하자. 주식의 가치가 대출금의 200%, 즉 200억 원 이상을 유지하기만 하면 아무 문제가 없다. 그런데 주가가 떨어져 150억 원이 되었다고 치자. 이렇게 되면 담보유지비율은 150%가 된다(주식가치 150억 원÷대출금 100억 원). 담보유지비율을 다시 200% 이상으로 높이는 방법은 두 가지다. 첫째는 25억 원을 갚는 것. 25억 원을 갚으면 대출금이 75억 원으로 줄어들고, 주식 가치는 150억 원이기 때문에 담보유지비율이 200%로 유지된다. 둘째, 주식을 추가로 담보 제공하는 것. 150억 원어치 주식을 더 담보로 제공하면 담보의 가치는 300억 원이 되고, 대출금이 100억 원이기 때문에 담보유지비율은 300%(300억 원÷100억 원)가 된다. 그런데 돈을 빌린 차주가 이 두 가지 조치를 둘 다 취할 수 없는 상황이라면 어떻게 될까. 통상 은행은 이틀의 시간을 준다. 이틀이 지나면 은행은 담보로 잡은 주식을 '반대매매' 한다. 주식 150억 원어치를 곧바로 팔아 대출금 100억 원과 이자를 회수하는 것이다. 담보로 잡힌 주식의 수량이 많은 경우 이 같은 반대매매는 해당 주식의 주가 하락으로 이어지는데, 주식담보대출 건수가 여러 건일 때는 연쇄적인 반대매매를 일으켜 걷잡을 수 없는 상황이 될 수도 있다.

유준원이 주식담보대출을 받을 시기 상상인의 주가를 살펴보자. 최초 주식담보대출을 받았을 때 주가는 8천 원대 후반이었는데 그 뒤 상상인이 골든브릿지증권을 인수한다는 게 발표되면서 주가가 가파르게 올랐다. 불과 두 달 사이 주가는 2만 6천 원대를 찍었다. 그런데 이후 주가는 다시 떨어지기 시작했다. 문제는 주가가 일정선 이하로 떨어지면 위에서 설명한 대로 반대매매의 위험이 생긴다는 것. 바로

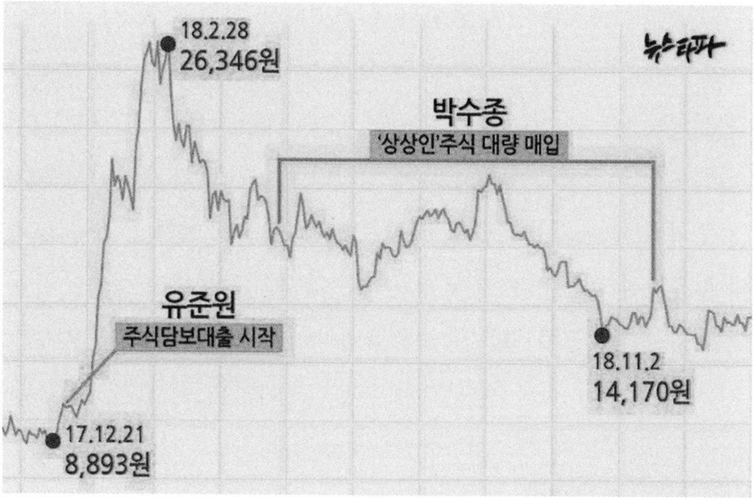

이 지점에서 박수종 변호사가 개입한다.

앞에서 설명한 대로 박수종은 행남자기의 경영권을 장악한 뒤 회삿돈으로 상상인 주식을 사들였고, 모다와 파티게임즈를 장악한 뒤에도 회삿돈으로 상상인 주식을 마구 사들였다. 그 외에 자신이 보유하고 있던 개인 자금으로도 상상인 주식을 집중 매입했다. 얼마나 많이 사들였냐면, 2018년 3월 말 기준으로 박수종이 여러 경로로 보유하고 있던 상상인 주식은 상상인 전체 주식의 11.58%, 당시 시가로는 천 3백억 원어치나 됐다. 박수종의 상상인 주식 매입은 유준원에게 큰 도움이 됐을 것이다. 박수종이 이렇게 많은 물량을 매입해줌으로써 주가가 떨어질 가능성이 현저히 낮아졌기 때문이다. 이 시기 유준원은 주식담보대출을 계속 늘렸고, 박수종은 상상인 주식을 계속 사들였다.

당연한 얘기지만 주식시장에서 주가를 결정하는 기본적인 요인은 수요와 공급이다. 시장에 얼마의 물량이 나오는지, 그 물량을 받아줄 사람이 있는지에 따라 가격이 결정되는 것이다. 당시 박수종이 보유하고 있던 물량과 유준원 및 특수관계자가 보유하고 있던 물량을 합치면 상상인 전체 주식의 42%에 달한다. 두 '친구'가 통제하는 42%의 주식이 매물로 나오지 않고 잠겨 있던 셈이다. 이는 분명 주가 관리에 유리한 요인이다. 결국 유준원은 박수종 덕분에 반대매매의 위험을 피하면서 골든브릿지증권의 인수 자금을 조달할 수 있었다.

주가조작이 확인되다

박수종은 단순히 물량을 사들임으로써 통제하는 데 그치지 않았다. 직접 주가조작에 뛰어들었다.[31] 박수종은 차명 법인 명의의 증권 계좌, 자신이 장악한 상장사 파티게임즈와 행남자기의 증권 계좌를 이용해 이들이 서로 주식을 사고파는 것처럼 꾸몄다(통정매매, 가장매매). 호가를 끌어올리기 위해 A계좌에서는 호가를 높여서 매도 주문을 내고 B계좌에는 그 호가로 매수해 계약을 체결하기도 했다(고가매수 주문). 매수세가 계속 유입되는 것처럼 꾸미기 위해 매도 물량을 소진했고(물량소진 주문), 종가를 높이기 위해 예상 체결가격보다 높은 가격으로 매수를 했다(종가관여주문). 매수세가 쌓여 있는 것처럼 보이기 위해

31 우리가 이 사안을 취재하고 보도했을 당시에는 박수종의 상상인 주가조작이 드러나지 않았다. 박수종이 직접 주가조작에 가담한 사실은 이후 진행된 검찰의 수사 결과 드러났다. 이하 주가조작에 관한 내용은 검찰 공소장에 따른 것이다.

허위로 매수 주문을 제출하기도 했다(허수매수주문).

물론 박수종이 친구 유준원을 위해서만 주가조작을 한 건 아니다. 사실 박수종은 2015년경부터 상상인 주식을 많이 가지고 있었다. 박수종은 2015년 연말 이미 상상인 주식을 5% 이상 가진 대주주였다. 물론 차명으로 보유했고 신고는 하지 않았다. 또 한 번의 대량보유보고의무 위반이다. 앞에서 쓴 것처럼 행남자기의 회삿돈으로는 위험이 큰 장외파생상품에 투자를 하기도 했다. 장외파생상품은 주가가 하락할 경우 하락분의 몇 배, 혹은 몇 십 배의 손실이 나기도 한다. 즉 유준원이 당할 반대매매를 걱정하기 이전에 박수종 개인으로서도 주가를 부양해야 할 강력한 유인이 있었다는 뜻이다.

박수종이 개인적인 이유로 주가조작을 했든 유준원을 위해 주가조작을 했든 유준원은 박수종 덕분에 골든브릿지증권을 인수하기 위한 자금을 수월하게 조달할 수 있었다. 혹시 유준원과 박수종 두 사람은 모다와 행남자기의 경영권을 주고받을 때부터 '큰 그림'을 그렸던 것이 아닐까. 유준원은 박수종이 상상인 주식을 그렇게 많이 사들인 이유가 무엇인지를 묻는 질의에 "박수종 변호사가 상상인 주식을 보유한 이유를 알지 못하며 당연히 저의 요청에 따른 것이 아니다"라고 답변했다.

증권사의 대주주 자격은 매우 엄격한 도덕성과 투명성을 갖춰야만 주어지는 것이다. 투자자들의 자산을 맡아 선량하게 관리해야 하는 의무를 지니고 있기 때문이다. 증권사의 대주주가 그 시작 단계에서부터 주가조작 세력의 도움을 받았다는 것은 일종의 형용모순처럼, 증권사 대주주 자격의 본질에 직접적으로 위배되는 일이다. 물론 증권사뿐 아니라 저축은행의 사주로서도 매우 부적격하다. 금융감독원은 뉴스타파 보도 직후 제재심의위원회를 열고 상상인플러스저축은행에는 기관 경고를, 유준원 회장에게는 직무정지 등의 징계를 내렸다. 그러나 유준원 회장 측이 제기한 직무정지명령 중지 가처분신청을 법원이 받아들이면서 현재는 관련 재판의 결과를 기다리고 있다.

검찰이 써 준 '무죄 증명서'

유준원이 골든브릿지증권을 인수하는 데는 인수 자금을 조달하는 것 외에 한 가지 문제가 더 있었다. 증권사의 대주주가 되려면 최근 5년 동안 금융관계법령을 위반해 생긴 벌금형 이상의 전과가 있어서는 안된다. 문제는 유준원이 당시 금감원 조사를 받고 있었다는 것이다.

우리에게 익숙한 회사 모다가 문제가 됐다. 앞에서 쓴 것처럼 모다는 기업사냥꾼이자 LG가의 방계 3세인 구본현에게 넘어갔는데 당시 인수자금은 유준원의 상상인저축은행(당시 사명은 세종저축은행)이 빌려줬다. 인수 날짜는 2016년 2월 18일, 그런데 그보다 보름 전쯤 유준원은 자신의 개인 계좌로 4억 원어치의 모다 주식을 사서 1억 천 2백만 원의 차익을 봤다. 인수합병을 하고 나면 보통 주가가 오른다. 내부자가 미리 인수합병 사실을 알고 주식을 산다면 손쉽게 돈을 벌 수 있다. 당연히 법은 이런 행위를 금지하고 있다. 이를 '미공개정보 이용 거래'라고 한다. 유준원은 인수 자금을 빌려준 저축은행의 사주였으므로 '내부자'에 해당하고, 따라서 미공개정보 이용 거래가 아니냐는 게 금감원의 의심이었다.

유준원은 금감원 조사에서 계좌가 비록 자기 명의로 돼 있긴 하지만 사실은 대리인 김 모 씨에게 일임한 계좌이므로 자신에게는 책임이 없다고 주장했다.[32] 금감원은 강제 수사권이 없으므로 유준원의 주장을 반박할 근거가 없었다. 그래서 금감원은 유준원의 미공개정보 이용 주식거래 혐의를 "개연성은 상당하나 확실한 물증이 없다"면서 서울남부지검에 보내는 보고서의 '참고 사항'으로 기술했다. 대리인 김 씨와, 그에게 정보를 전달한 것으로 드러난 이 씨에 대해서는 정식 수사를 의뢰했다. 2018년 11월의 일이다. 공이 검찰에 넘어간 것이다. 그런데 서울남부지검은 유준원을 단 한 번도 소환조사하지 않았다. 통신 내역 조회나 계좌 추적 등 강제 수사도 하지 않았다.

시세차익이 1억 천 2백만 원밖에 되지 않으니 상대적으로 자잘한 일이라고 볼 수도 있지만 조사 결과에 따라 증권사 인수라는 필생의 사업이 틀어질 수도 있는 일이었다. 유준원은 2019년 2월 20일 자신을 수사하는 서울남부지검에 진정서를 냈다. 남부지검의 수사 때문에 대주주 심사를 통과하지 못하고 있으니 혐의가 있는지 없는지 신속하게 판단해 통보해달라는 내용이었다.

검찰은 바로 다음 날인 2019년 2월 21일, '진정내사사건 처분결과 증명서'라는 걸 발급해주었다. 그 핵심 내용은 이렇다. '현재로서는 진정인(유준원 회장)이 김○○과 공모한 후 미공개 중요정보를 이용하여 (주)모다 주식을 매매하였다는 혐의를 발견하거나 이를 발견하기 위한 수사를 진행하고 있는 사실이 없다.' 검찰이 유준원의 요구에 단 하루 만에 사실상의 무죄 증명서를 발급해준 것이다. 금감원으로부

32 그런데 놀랍게도 대리인 김 모 씨는 뒤에서 설명할 스포츠서울 주가조작 사건에서도 등장하는 인물이다. 이에 대해서는 스포츠서울 주가조작 사건을 다루면서 자세히 설명하기로 한다.

터 사건을 넘겨받고 넉 달도 되지 않은 시점에 당사자를 한 번도 소환조사하지 않은 채 발급된 무죄 증명서다.

검찰에 고소를 해봤거나, 고소를 당해 검찰 수사를 받아봤거나 혹은 다른 이유로 검찰에 민원을 넣어본 적이 있는 사람은 검찰이 얼마나 권위적이고 일 처리가 느린 조직인지를 안다. 검찰의 입맛에 맞지 않는 고소 사건은 1,2년이 지나도록 수사에 착수하지 않는 경우가 허다하다. 때로 서류 하나 발급받는 데 몇 달이 걸리기도 한다. 그런 검찰이 단 하루 만에 민원인 유준원의 요구에 응답한 것이다. 속도뿐 아니라 내용도 몹시 이례적이다. 사실상의 '무죄 증명서'이기 때문이다. 증권선물위원회의 한 위원은 "검찰에서 그런 걸 써주지 않는다. 유일하게 검찰에서 증명서를 써 준 이례적인 경우"라고 말했다.

검찰이 하루 만에 발급해 준 '무죄 증명서'는 유준원이 대주주 변경 승인을 받아내는 급행 티켓과 같았다. 바로 엿새 뒤인 2019년 2월 27일 증권선물위원회는 골든브릿지증권의 대주주 변경 승인을 의결했다. 이 회의에서는 검찰이 발급해 준 증명서가 결정적인 요인이 됐다.

> "검찰도 증선위 못지않은 국가기관인데 검찰이 이렇게 회신문을 내준 것은 상당히 이례적이고 또 검찰도 할 만 하니까 했을 것임. 너무 극단적인 보수주의에 입각해서 자본시장에 불확실성이 오랜 기간 남는 그런 일은 없어야 되고…"
>
> —2019년 제4차 증권선물위원회 의사록 중(2019. 2. 27.)

유준원이 제기한 민원에 검찰이 왜 그렇게 신속하게 '무죄 증명서'를 발급해주었는지, 배후에서 누가 어떤 영향력을 행사했는지는 여전히 미스터리다. 그런데 그 미스터리와는 관계없이 짚고 넘어가야 할 부분이 있다. 검찰은 뉴스타파 보도 이후 유준원에 대한 수사를 재개했고 그 결과 모다 주식거래와 관련한 유준원 회장의 미공개정보 이용 혐의를 기소했다. 그러니까 2019년 2월에는 유준원 회장의 민원으로 하루 만에 '무죄 증명서'를 발급해줬는데 뉴스타파 보도 이후인 2020년 7월에는 정반대의 결론을 가지고 기소한 것이다. 똑같은 사안을 똑같이 수사했는데 왜 1년 5개월 만에 결론이 정반대로 뒤집혔는지는 아무런 설명이 없었다.

이쯤 되면 유준원과 검찰의 관계가 매우 의심스러워진다. 우리는 유준원과 검찰의 관계를 짐작할 수 있는 또 다른 사건을 취재했다. 제보자 X가 연루돼 구속됐던 스포츠서울 주가조작 사건이다. 이 사건은 유준원과 박수종, 검찰의 삼각관계가 어떻게 형성됐는지 엿볼 수 있는 중요한 단초다.

스포츠서울 주가조작 사건

제보자 X는 한때 스포츠서울의 부회장이었다. 그러나 당시 스포츠서울 회장이었던 김광래에게 횡령 혐의로 고소를 당했고 4년 형이 확정돼 2014년 2월에 구속됐다. 스포츠서울 김광래 회장은 이미 감옥에 갇혀 있던 제보자 X를 또 고발했다. 이번에는 주가조작 혐의였다. 그런데 당시는 제보자 X가 검사의 '간택'을 받아 죄수의 신분으로 수사에 참여하기 시작한 시기였다. 수사를 돕는 대가로 그는 자신의 가석방과 스포츠서울 사건 재수사를 요구했다. 검찰은 스포츠서울 주가조작 사건을 다시 수사했고 2015년 2월 김광래 회장 등 관계자 5명을 기소했다. 우리는 제보자 X에게서 수천 쪽에 달하는 검찰의 수사기록을 입수해 분석했다. 아래는 그 기록을 바탕으로 재구성한 사건의 전말이다.

2012년 5월 경기도 화성시 동탄에 있던 법무법인 다담의 사무실. 4명이 참석한 회의가 열렸다. 회의 참석자는 사무실의 주인이었던 M&A 전문 변호사 이 모 씨와 유준원, 스포츠서울 전무 손 모 씨였다. 주식브로커 김 모 씨도 함께 했다. 김 씨는 유준원의 주식 계좌를 대신 운영해주는 사람이었다. 즉 유준원은 '전주', 김 씨는 '선수'였던 셈이다. 당시 유준원은 저축은행을 인수하기 전으로 텍셀네트컴(현 상상인)이라는 상장사의 대표였다. 주식브로커 김 씨는 앞에서 설명한 모다 주식의 미공개정보 이용과 관련해 유준원의 주식 계좌를 대신 운용했던 바로 그 인물이다.

회의의 주제는 스포츠서울 주식 투자였다. 브로커 김 씨는 이 자리에서 자신의 전주였던 유준원에게 스포츠서울 '워런트' 매입을 권유했다. 워런트는 주식을 일정 가격에 매입할 수 있는 권리를 말한다. 워런트 행사가격은 500원 정도였다. 주가가 천 원으로 오른 뒤, 보유한 워런트를 행사하면 앉아서 주당 500원을 벌 수 있는 구조다. 물론 주가가 행사가격 이상으로 오르지 않으면 손해를 보기 때문에 워런트는 휴지 조각이나 다름없다. 그만큼 주가 상승에 확신이 필요한 투자다.

그런데 스포츠서울(당시 회사명은 에이앤씨바이오홀딩스)은 그해와 그 전해, 그러니까 2011년과 2012년에 잇따라 투자주의환기종목으로 지정된 종목이었다. 수익성이 취약하고 공시가 불성실하다는 이유였다. 일반적인 투자자라면 신규투자를 꺼릴 수밖에 없는 종목이다. 브로커 김 씨가 자신의 전주였던 유준원에게 이런 종목에 투자를 권유한 이유는 무엇일까.

브로커 김 씨는 검찰에서 "M&A 전문 이 변호사가 평소에 능력만 되면 주가를 '쭉 올리고 싶어했다'"라고 진술했다. 주가를 올린다는 건 "이 바닥에서 5배, 10배 정도를 말한다"라고도 진술했다. 참석자들의 진술을 종합하면 결국 이 회의는 주가조작을 모의하고 그것을 전제로 유준원이 투자를 결정하는 자리였다.[33] 유준원은 자신의 차명 법인 이름으로 워런트 200만 주를 인수하기로 했다. 주당 워런트 행사가격은 500원, 투자금은 10억 원이었다.

주가를 인위적으로 부양하려면 호재성 재료가 필요하다. 주가조작 세력들은 이런 호재성 재료를 '펄'(PEARL, 진주)이라고 부른다. 이들이 준비한 첫 번째 펄은 한류 테마였다. 이들은 스포츠서울 명의로 배우 이영애 씨와 관련이 있는 '리예스'라는 회사에 20억 원을 투자해둔 상태였다. 그리고 이영애를 주연으로 하는 드라마 '대장금2'가 곧 제작된다는 소문을 퍼뜨렸다. 두 번째 펄은 대선 테마였다. 그해 연말 대통령 선거가 예정돼 있었기 때문이다. 스포츠서울은 한누리포럼이라는 단체의 이 모 대표를 사외이사로 영입했다. 한누리포럼은 당시 유력 대선 후보였던 박근혜 새누리당 비상대책위원장을 지지하는 외곽 조직이었다. 증권가에는 "스포츠서울이 박근혜의 후원회장을 영입했다"는 과장된 소문이 퍼지기 시작했다. 주가조작 세력이 동원한 애

33 유준원은 뉴스타파 질의에 대해 그날의 만남은 단순히 워런트 매매 계약을 체결하는 자리였으며 시세조종 등의 이야기를 나눈 사실이 없다고 답변했다. 또 투자주의환기종목이라는 사유가 투자 판단에 결정적인 영향을 미치지 않는다고도 밝혔다. 요약하면 정상적인 투자였으며 주가조작을 모의하지 않았다는 주장이다.

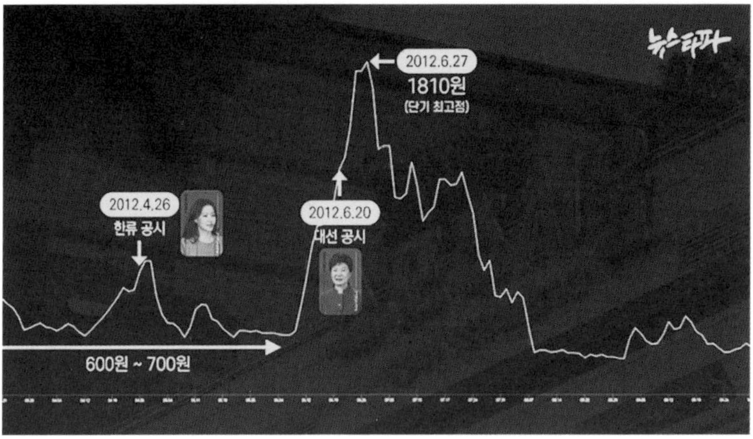

널리스트 최 모 씨는 주식 방송에 출연해 스포츠서울을 띄웠다.

이렇게 펄이 풀리고 주식은 움직이기 시작했다. '선수'들은 차명계좌를 이용해 시세보다 높은 가격으로 주식을 사고팔며 주가 상승을 유도했다. 투자주의환기종목인 스포츠서울 주식 가격은 상승했다. 스포츠서울의 실제 주가 흐름은 그림과 같다. 2012년 5월 주당 6~700원 하던 주가는 한류 관련 공시와 대선 관련 공시가 있고 급등했다. 6월 27일 1,810원으로 단기 최고점을 찍었다. 그리고 주가는 다시 곤두박질쳐 원상태로 돌아갔다.

브로커 김 씨는 6월 20일부터 27일 사이 유준원의 주식을 모두 매도했다. 사실상 단기 최고점에 매도를 한 셈이다. 매도 평균가를 단순 계산하면 30억 원가량이다. 10억 원을 투자했으니 한 달 사이 20억 원의 수익을 올린 것이다. 검찰이 계산한 주가조작 세력의 부당이득금은 총 111억 원가량이다. 이 중 유준원이 20억 원으로 가장 많은 부당이득을 챙겼다. 반면 가짜 펄에 속은 개미투자자들은 막대한 피해를 봤다. 주가조작 가담 세력이 보유 물량을 팔고 나갈 때까지 애널리스트 최 씨는 개미투자자들에게 계속해서 '팔지 말라'거나 '더 사라'는 신호를 보냈다. 최 씨는 검찰 조사에서 "회원들에게 팔지 말고 계속 보유하라고 말한 적은 있지만 보유하거나 팔거나 하는 것은 결국 회원들 자신들이 결정할 문제"라고 말했다.

빠져나간 거물 유준원

스포츠서울 주가조작 세력은 검찰에 덜미가 잡혔다. 앞서 소개한 법무법인 다담의 투자 회의 멤버들은 한 사람만 빼고 모두 구속됐다. 1심에서 M&A 전문가 이 변호사는 징역 4년, 스포츠서울 손 전무는 징역 1년 6개월, 브로커 김 씨도 징역 1년 6개월을 선고받았다. 투자 회의에 참석하지는 않았지만 스포츠서울의 김광래 회장도 징역 3년을 선고받았다. 그런데 부당이득금 110억 원 중 가장 많은 수익인 20억 원을 챙긴 유준원은 기소조차 되지 않았다. 유준원의 주식 계좌를 관리했던 브로커 김 씨가 얻은 수익은 2억 6천만 원에 불과했음에도 구속이 됐는데 20억 원을 챙긴 유준원은 무사했던 것이다. 심지어 유준원은 단 한 차례의 참고인 조사조차 받지 않았다.

검찰의 수사 기록을 보면 검사가 유준원을 '잠깐' 의심하는 대목이 있다. 검사는 유준원의 주식 계좌 관리인이었던 브로커 김 씨를 조사하면서 유준원도 시세조종을 알고 있지 않았냐고 추궁한다. 하지만 김 씨는 완강히 부인했다.

"피의자의 전주 유준원도 스포츠서울 시세조종이 이뤄지고 있다는 점을 알았을 것으로 보이는데, 어떤가요?"

"(고개를 흔들면서) 몰랐습니다."

"시세조종이 있다는 사실을 몰랐는데도, 수익금의 5:5 방식 내지 수익금의 30%만을 주겠다는 말이 오고 갔다는 말인가요?"

—주가조작 브로커 김○○ 검찰 진술조서 중

결과적으로 유준원이 스포츠서울 주가조작 사건에서 무사할 수 있었던 이유 중 하나는 주식 계좌 관리인이었던 브로커 김 씨가 검찰 조사에서 끝내 유준원의 공모를 인정하지 않았기 때문이다. 그런데 바로 이 중요한 대목에서 박수종이 등장한다. 브로커 김 씨는 2014년 12월 2일 검찰에 긴급체포 됐는데 체포 과정에서 누군가에게 급히 전화를 걸어 변호사를 구해달라고 요청했다. 긴급체포 당일 오전 10시 반에 이뤄진 1차 피의자 조사의 조서에 나오는 검사와 김 씨 사이의 문답이다.

"체포되어 오는 과정에서 피의자의 부인과 통화한 이외에 또 다른 사람과 통화한 사람이 있는가요?"

"예 그렇습니다."

"누구와 통화를 하였는가요?"

"유준원 씨와 통화를 하였습니다. 전화가 왔습니다."

"위 유준원이라는 사람이 피의자가 체포된 사실을 어떻게 알고 전화를 한 것인가요?"

"제 처와 통화를 하여 검찰청으로 들어가고 있다는 사실을 알려주었고 유준원으로 하여금 변호사를 선임해달라고 부탁을 하여서 전화를 하였습니다."

—브로커 김 모 씨의 검찰 진술조서(2014. 12. 2.)

그리고 오후 4시부터 시작된 두 번째 조사,

"피의자는 1회 피의자 신문이 끝난 후 변호인 접견을 하였지요?"
"예, 박수종 변호사와 접견을 하였습니다."

—브로커 김 모 씨의 검찰 진술조서(2014. 12. 2.)

긴급체포라는 위기 상황에서 김 씨는 유준원에게 '변호사를 선임해달라'고 구조를 요청했고 이 급박한 구조 요청을 받은 유준원은 자신의 친구 박수종을 변호사로 보내주었다. 물론 김 씨는 검사에게 "박수종을 선임한 건 유준원이 아니라 나다"라고 주장했지만 믿기 어려운 얘기다. 박수종은 김 씨를 접견하면서 무슨 얘기를 했을까. 무슨 일이 있더라도 끝까지 누군가를 보호해야 한다는 얘기를 하지 않았을까? 그리고 약속을 지킬 경우 먹고 살게 해주겠다는 약속도 하지 않았을까? 물론 이건 추측일 뿐이지만 추측을 뒷받침하는 정황이 있다. 브로커 김 씨는 스포츠서울 사건의 1심 재판을 받던 중인 2016년 2월 또다시 유준원 계좌로 모다 주식을 부정거래해서 금감원의 조사를 받는데, 그 과정에서 유준원도 조사를 받았다. 유준원은 조사관과 이런 문답을 주고받는다.

"아무리 친한 사람이라도 5억을 맡기면서 무슨 종목을 거래하는

지 왜 거래하는지 물어보지도 않았다는 게 보통 사람의 기준으로는 이해가 가지 않는데 어떤가요?"

"딱 5억 정도 생활비 먹고 살게 해주려고 준 것입니다. 3천만 원 빚을 진 걸 탕감해주었고, '5억을 운용해서 수익이 나면 용돈 좀 줘' 그래서 5억 계좌를 맡기게 된 것입니다."

—유준원의 금감원 조사 문답서 중

브로커 김 씨 얘기다. 그냥 '먹고 살라고' 5억 원이 들어 있는 계좌를 맡겼다는 것이다. 주식 계좌에서 수익이 나면 나누어 주되 손실이 발생하면 책임을 묻지 않았다고 했다. 김 씨의 빚 3천만 원을 조건 없이 탕감해주기도 했다. 이런 금전적 이득을 제공한 건 스포츠서울 사건에서 김 씨가 끝까지 유준원을 보호한 것과 무관할까?

물론 검찰이 유준원을 불기소하고 참고인 소환조차 하지 않은 데는 브로커 김 씨의 침묵 말고 다른 이유도 있을 것이다. 우리는 수천 쪽에 달하는 검찰 수사 기록을 분석했는데 유준원이라는 이름은 피의자와 참고인 진술에서 무려 147번이나 등장했다. 아무리 김 씨가 입을 열지 않았다 해도 이 정도로 자주 이름이 나오는데 소환 조사도 하지 않은 것은 아무리 생각해도 이상한 일이다.

여기서 우리가 잠시 잊고 있었던 중요한 사실을 하나 상기해야 한다. 당시 스포츠서울 사건을 수사했던 것은 바로 서울남부지검 증권범죄합수단이었다는 점이다. 그렇다. 박수종 변호사의 또 다른 친구 김형준 검사가 단장으로 있던 바로 그 합수단이다. 김형준의 합수단장 재직 기간은 2015년 1월에서 2016년 1월까지다. 브로커 김 씨가 체포된 게 2014년 12월이었고 기소된 게 2015년 2월이었으니 스포츠서울 사건의 수사기간과 일부 겹친다.

정리해보자. 스포츠서울 주가조작 사건에서 가장 큰 수익을 올린 유준원은 기소가 되지 않았고 참고인 조사조차 받지 않았다. 그가 주가조작에 개입하지 않았다는 결정적인 진술을 한 브로커 김 모 씨의 변호인은 박수종이었다. 그리고 박수종은 이 사건의 수사책임자인 김형준에게 자주 향응을 제공하는 사이였다. 결국 박수종 자신의 금융 범죄 사건도 유야무야됐고 유준원도 무사했다. 이게 정말 단순한 우연일까? 서울남부지검에 당시 수사에서 유준원이 왜 배제됐는지 물었다. 남부지검 차장검사는 "당시 브로커 김 씨와 어떤 공모가 있었다고 인정할 어떤 구체적인 진술은 없었다"라며 "공범이라고 보기는 좀 어려웠다"라고 답했다. 하나마나한 얘기다.

스포츠서울 주가조작 사건은 유준원과 박수종 두 사람이 자본시장에서 왜 막강한 '콤비'로 불렸는지를 보여주는 하나의 사례다. 유준원에게는 자본이라는 무기가, 박수종에게는 검사들과의 네트워크라는 무기가 있었다. 두 사람이 단기간에 쌓아올린 막대한 부는 두 무기의 결합이 얼마나 강력한지를 보여주는 방증이다.

합법과 불법의 경계를 아슬아슬 오가며 금융 시장의 최정점에 오른 유준원과 그의 친구 박수종, 검찰은 무엇 때문인지 두 사람이 연루됐던 여러 차례의 금융 범죄에서 그들을 한 번도 제대로 수사하지 않았다. M&A 시장에서 수십 년 일했던 한 전문가는 검찰이 일부러 눈감아 준다는 게 이미 업계에는 잘 알려진 사실이라고 주장했다.

"유준원은 검찰에서 마음만 먹으면 한두 가지 잘못돼 있는 게 아니에요. 거기는 그냥 뭐 뜯어내면 그냥 바로 나올 수 있는 정도. 그

건 검찰에서 마음만 먹으면 이미 나올 수밖에 없는 일들이 많아요, 안 할 뿐이지."

"그럼 유준원한테 문제가 있는데 검찰에서 봐주고 있다. 이런 얘기를 시장에 있는 분들은 거의 다 알고 있나요?"

"알죠, 다 알죠. 유준원하고 거래해 본 애들이 한둘이 아니거든요."

—M&A 시장 전문가 인터뷰 중

검찰은 왜 수사하지 않을까. 그는 배경에 검찰과 전관 변호사들의 유착이 있을 거라고 의심했다. 검찰 출신 전관 박수종이 가진 네트워크 외에도 수많은 전관 변호사들이 유준원을 도운 대가로 막대한 이득을 챙겼을 거라는 얘기다. 이런 상황에서 검찰이 유준원을 제대로 수사하면 그를 둘러싼 전관 변호사들의 이익도 사라진다는 것이다. 그러면서 그는 검찰과 전관 변호사, 유준원의 관계를 악어와 악어새에 비유했다.

"오픈이 되면 안 돼, 이런 사건들은. 그래서 서로 악어하고 악어새들처럼 관계만 갖고 가는 거지, 서로가. 이 현상들이 유지돼야 되거든. 그래야 서로 간에 실익이 생기는 거죠. 이제는 유준원이가 그 레벨에 가 버렸어. 악어인데 잡을 이유가 없는 거지."

—M&A 시장 전문가 인터뷰 중

3장

22명의 검사들과 무오류의 검찰

박수종의 통화 기록

지금까지 살펴본 박수종과 유준원의 금융 범죄는 자본시장을 크게 어지럽히는 행위다. 취재로 드러난 것만 이 정도이니 물밑에서는 얼마나 더 많은 범죄가 있을지 추측하기도 어렵다. 그런데도 검찰은 뉴스타파 보도 전까지 이들을 제대로 수사하지 않았다. 박수종에 대해서는 금융위가 적발한 범죄 행위 4건 중 1건을 불기소했고 나머지 3건을 약식기소 했을 뿐이다. 유준원은 기소는커녕 단 한 차례 소환조차 하지 않았다. 자본시장 주변에서 이들의 강력한 '배경'에 대한 추측이 나돈 것은 당연하다. 제보자 X는 남부구치소의 교도관으로부터 '박수종 뒤에는 청와대가 있다'는 얘기를 들었고 다른 제보자들 역시 이름만 들으면 알만한 권력자나 검찰 전관들의 이름을 들었다고 증언했다. 그러나 근거가 박약한 증언들만 가지고 기사를 쓸 수는 없었다. 그렇다고 이들의 배경에 대한 어떤 언급도 하지 못한다면 전체 보도의 힘이 확연히 떨어지게 될 것이었다.

우리에게는 박수종의 1년 치 통화 내역이 있었다. 검찰은 김형준 사건을 수사하면서 통신사를 상대로 압수수색 영장을 집행해 김형준과 박수종의 통화 내역을 받아냈다. 이후 죄수 K가 박수종 변호사를 상대로 한 소송 과정에서 법원의 명령에 따라 이 자료를 합법적으로 입수했다. 기간은 김형준 검사 스폰서 사건이 터진 시점부터 직전 1년, 즉 2015년 9월 15일부터 2016년 9월 15일까지다. 나는 이 통화 내역에 박수종과 유준원 두 사람의 '배경'을 취재할 수 있는 단서가 있을 거라고 생각하고 여기에 상당한 취재력을 쏟았다.

통신사가 검찰에 제출한 통화 내역의 원자료는 난삽했다. 검찰이 집행한 영장에 따라 그때그때 따로 보낸 자료들이기 때문이다. 최상위에 모두 5개 폴더가 있는데, 각각의 폴더 밑에 또 몇 개의 폴더가 들어 있고 그 밑에 가면 전화번호별로 4~5개의 엑셀 파일이 들어있는 식이다. 통신사별로 나누어진 엑셀 파일 안에는 발신 번호, 착신 번호, 통화 시작 시간과 통화 지속 시간, 통화의 종류(음성통화인지 SMS 발신인지) 등의 정보가 나열되어 있었다. 일단 이 자료를 하나의 통합본으로 알아볼 수 있게 만드는 데 뉴스타파의 데이터 팀이 큰 도움을 주었다.

자료를 겨우 하나의 파일로 정리했지만 역시 의미 있는 것은 찾아낼 수 없었다. 통화 내역의 원자료에는 번호만 나와 있을 뿐 해당 번호의 명의자가 누구인지는 안 나와 있기 때문이다. 결국 박수종과 연락했을 것으로 의심되는 사람을 일일이 추려낸 뒤 이들의 휴대전화 번호를 하나하나 알아내 비교하는 지난한 작업을 거쳐야 의미를 찾아낼 수 있는 상황이었다.

나는 가급적 많은 검사들의 휴대전화 번호를 수집해 통화 내역과 대조해보기로 했다. 만만치 않은 작업이었다. 내가 기존에 알고 있는 검사들의 휴대전화 번호는 백여 명 남짓이었다. 법조인 대관에는 현근무처의 사무실 번호만 나와 있을 뿐이어서 아무런 도움이 되지 않았고 검사들의 휴대전화 번호를 모아놓은 데이터베이스 같은 게 있을 리도 없었다. 결국 자존심을 버리고 구걸을 선택했다. 취재원들에게 "당신이 알고 있는 검사들의 휴대전화 번호를 다 달라"라는 뻔뻔한 부탁을 했다. 취재원들 입장에서는 정말 황당했을 것이다. 대부분은 거절했지만 몇몇 취재원이 도움을 주었다. 친한 기자들에게도 부탁했다. "정말 미안하지만 당신이 지금까지 모아놓은 검사들의 휴대전화 번호를 한꺼번에 다 달라"라고. 기자들 사이에서 이런 부탁은 그야말로 뺨 맞을 정도로 황당한 부탁이다. 취재 자산을 한꺼번에 다 넘겨달라는 것과 다름없기 때문이다. 고맙게도 친한 기자 몇몇이 도움을 주었다. 이렇게 구걸하듯 한 개씩, 때로 몇십 개씩 검사들의 휴대전화 번호를 모아 결국 천 3백 개에 이르는 전 현직 검사들의 휴대전화 번호 데이터베이스를 만들어낼 수 있었다.

박수종이 사용하던 휴대전화는 최소 2대 이상, 통화와 문자메시지 수발신 건수는 총 3만 2천 건이었다. 이 3만 2천 건의 데이터를 우리가 확보한 검사 휴대전화 천 3백 개와 대조해보았다. 그 결과 통화 당시 현직 검사였던 이들 22명의 번호가 확인됐다. 우리가 확보한 통화기록에는 수발신 기록만 있을 뿐 문자메시지의 내용은 포함돼 있지 않다. 따라서 검사들과 박수종이 연락을 주고받은 이유를 직접적으로 알 수는 없었다. 그러나 추정은 가능했다. 이들의 통화 시점이 박수종의 금융 범죄 혐의 수사 시점과 맞물려 있기 때문이었다. 우리는 검사별로 통화기록을 정리하고 박수종의 금융 범죄 혐의 조사 및 수사 일지와 교차 비교했다.

청와대의 꼬리를 잡다

박수종의 통화 내역에 등장하는 22명의 검사 중 단연 눈에 띄는 인물은 통화 당시 박근혜 정부 청와대 민정수석실에서 행정관으로 근무했던 주진우 검사였다. 주진우 검사의 번호는 우리가 처음으로 입수한 천 3백 명의 검사 번호에는 포함돼 있지 않았다. 다른 취재를 진행하면서도 '한 명만 더, 한 명만 더' 하는 심정으로 검사들의 휴대전화 번호를 조금씩 계속 수집했는데 이렇게 추가로 수집한 검사 번호 가운데 주진우 검사의 번호가 있었다. 박수종의 통화 내역에서 주진우 검사의 휴대전화를 검색한 결과가 수십 개 나오고 주진우 검사의 청와대 근무 경력을 확인했던 순간의 감정을 지금도 기억한다. 도저히 그 너머를 들여다볼 수 없을 것 같던 높은 벽의 빈틈을 찾아내 거기에 눈을 들이댔을 때, 벽 너머에 내가 생각하던 괴물의 꼬리가 정확히 보이는, 그래서 예상이 맞았다는 기쁨과 괴물에 대한 두려움이 동시에 밀려오는 그런 느낌이었다.

주진우 검사는 박근혜 정부 시절인 2014년 청와대 민정수석실 행정관으로 파견돼 2017년 2월까지 근무했다. 박근혜 대통령이 탄핵 심판을 받기 한 달 전에 사표를 내고 검찰로 복귀했다. 이후 부산지검, 청주지검을 거쳐 문재인 정부가 들어선 뒤에는 서울동부지검 부장검사로 재직했다. 이때 주진우 전 검사는 '환경부 블랙리스트' 사건을 맡아 청와대 압수수색을 진행하기도 했다. 윤석열 검찰총장이 임명되고 처음으로 단행된 검찰 간부 인사에서 안동지청장으로 좌천되자 검사직을 사직했다. 그러니까 우리가 취재를 하던 시점에는 현직 검사였고, 보도 시점에는 전직 검사였던 셈이다.

주진우 검사는 2015년 9월 21일부터 2016년 4월 12일까지 박수종과 65차례 통화를 하고 13차례 문자를 주고받았다. 당시 주진우 검사는 청와대 민정수석실 행정관으로 근무했는데 그의 상관인 청와대 민정수석은 우병우였다. 당시 민정수석실은 검사 출신 우병우의 지휘 아래 검찰을 완전히 장악했다는 평가를 들었다. 그 말은 청와대 민정수석실이 개별 사건의 수사에도 영향력을 행사했을 가능성이 있다는 뜻이다.

의미심장한 사실은 박수종의 금융 범죄에 관한 검찰 수사가 진행되던 시기인 2015년 10월부터 2016년 1월 사이 두 사람의 통화 빈도가 가장 잦았다는 점이다. 2015년 9월 1차례에 불과했던 두 사람의 통화 기록은 2015년 10월에는 20차례, 11월에 12차례, 12월에 17차례, 2016년 1월 13차례로 늘어났다. 이후 2016년 2월 8차례, 3월 4차례, 4월 3차례로 줄어들었다. 과연 청와대 민정수석실의 주진우는 박수종과 관련된 수사에 개입한 것일까.

두 사람 간의 통신 기록을 박수종 수사의 중요한 분기점이 되는 날과 교차해봤다. 2015년 10월 29일 금융위는 대검찰청에 박수종 수사를 의뢰했다. 그런데 바로 전날인 10월 28일 저녁 5시 41분 박수종은 청와대에 근무하던 주진우에게 전화를 걸어 3분 43초 동안 통화했다. 그리고 8시 9분 주진우 검사에게 문자메시지를 남겼다. 11월 5일

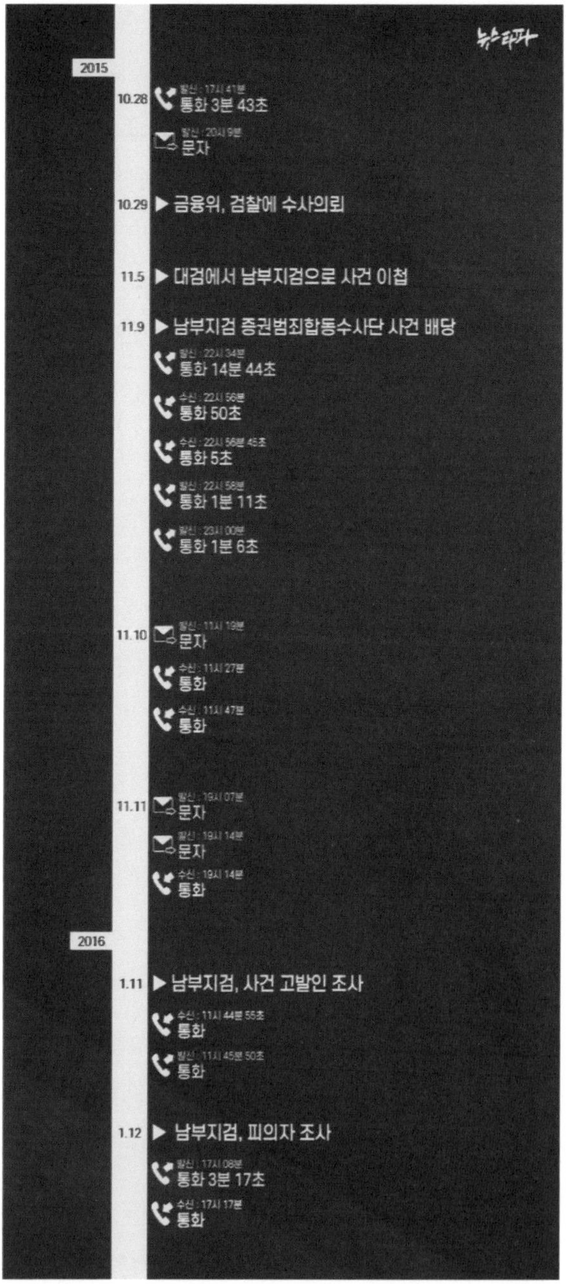
뉴스타파
2015
10.28
발신 : 17시 41분
통화 3분 43초
발신 : 20시 9분
문자
10.29 ▶ 금융위, 검찰에 수사의뢰
11.5 ▶ 대검에서 남부지검으로 사건 이첩
11.9 ▶ 남부지검 증권범죄합동수사단 사건 배당
발신 : 22시 34분
통화 14분 44초
수신 : 22시 56분
통화 50초
수신 : 22시 56분 45초
통화 5초
발신 : 22시 58분
통화 1분 11초
발신 : 23시 00분
통화 1분 6초
11.10
발신 : 11시 19분
문자
수신 : 11시 27분
통화
수신 : 11시 47분
통화
11.11
발신 : 19시 07분
문자
발신 : 19시 14분
문자
수신 : 19시 14분
통화
2016
1.11 ▶ 남부지검, 사건 고발인 조사
수신 : 11시 44분 55초
통화
발신 : 11시 45분 50초
통화
1.12 ▶ 남부지검, 피의자 조사
발신 : 17시 08분
통화 3분 17초
수신 : 17시 17분
통화

대검찰청은 박수종 사건을 서울남부지검에 이첩했고 남부지검은 나흘 뒤인 11월 9일 증권범죄합동수사단의 안광현 검사에게 이 사건을 배당했다. 그런데 바로 이날도 박수종은 청와대 민정수석실 주진우 검사와 5차례 통화했다. 밤 10시 34분 박수종이 먼저 주진우에게 전화를 걸어 14분 44초 통화하고 20분 뒤인 10시 56분에는 주진우가 박수종에게 두 차례 전화를 걸어 각각 50초와 5초씩 통화를 했다. 1분 뒤에는 다시 박수종이 주진우에게 두 차례 전화를 걸어 각각 1분씩 통화를 했다. 이날은 뭔가 급박한 의사소통이 진행된 것으로 보인다. 검사 배당이 이루어진 직후 즉 다음 날인 11월 10일과 그 다음 날인 11월 11일에도 박수종과 주진우는 3차례 통화를 하고 3차례 문자메시지를 주고받았다.

그리고 두 달 뒤인 2016년 1월 12일 박수종은 서울남부지검에 피의자 신분으로 첫 검찰 조사를 받으러 나간다. 조사를 하루 앞둔 1월 11일에도 두 사람은 두 차례 통화를 했고, 조사 당일인 1월 12일 두 차례 통화를 했다.

2부 1장에서 쓴 것처럼 박수종은 이날 남부지검 증권범죄합수단장이었던 김형준과도 통화를 했다. 이날 박수종, 김형준, 주진우 세 사람 사이의 통화를 시간대별로 정리해보면 이렇다. 우선 오후 1시 38분에 박수종과 김형준이 서로 문자메시지를 주고받았다. 그리고 오후 4시 38분, 박수종이 김형준에게 전화를 걸어 6분간 통화를 했다. 그리고 20분 뒤인 5시 8분, 박수종이 주진우 검사에게 전화를 걸어 통화했다. 그리고 9분 뒤인 5시 17분, 주진우가 다시 박수종에게 전화를 걸었다.

추측을 섞어 정리해보자. 피의자인 박수종은 남부지검 안광현 검사에게 조사를 받으러 가기 전이나 조사를 받던 중인 오후 1시 38분에 수사책임자인 김형준에게 문자메시지를 보냈고 김형준도 답신을 했다. 조사를 마친 오후 4시 38분, 피의자 박수종은 다시 수사책임자인 김형준에게 전화를 걸어 뭔가 얘기한다. 그리고 20분 뒤 박수종은 검찰을 관할하는 청와대 민정수석실 행정관 주진우에게 전화를 걸어 뭔가를 부탁했고 9분 뒤 주진우는 박수종의 부탁에 답을 건네줬다. 피의자는 수사책임자에게 무슨 얘기를 했을까. 수사책임자와 통화를 마친 뒤 곧이어 청와대 민정수석실 행정관에게 전화를 건 이유는 무엇일까. 혹시나 압력을 행사해달라는 청탁 같은 것이 있지는 않았을까. 다시 한번 강조하지만 상당 부분 추측이 섞여 있다.

수사책임자였던 김형준과 청와대 민정수석실 행정관이었던 주진우 사이의 통화 내역도 짚고 넘어가야 한다. 이들은 박수종의 남부지검 조사를 나흘 앞둔 2016년 1월 8일 통화와 문자메시지를 주고받았다. 그리고 조사 1주일 뒤인 1월 19일에도 통화와 문자메시지를 주고받았다. 혹시 두 사람이 박수종의 금융 범죄혐의 사건에 대한 얘기를 나누지는 않았을까.

우리는 당시 수사 검사였던 안광현 검사에게 청와대로부터의 외압이 있었는지 물었다. 그는 긍정도 부정도 하지 않았다. 외압이 있었냐는 취재진의 질문에 "없었다, 맞다, 이런 부분은 모르겠다. 답변드릴 수 없는 점 양해 바란다"라고 말했다.

청와대 행정관이었던 주진우 검사는 왜 박수종이 검찰 조사를 받던 시기 중요한 변곡점마다 피의자인 박수종과 통화를 했을까. 우리는 주진우 검사에게 전화도 걸고 질의서도 전달하고 찾아가기까지 하며 그 이유를 물었다. 그는 취재에 응하지 않겠다는 입장만 밝힌

채 질의서를 수령하는 것도 거부했다. 보도 이후에 주진우 검사는 뉴스타파를 상대로 5천만 원의 손해배상 소송을 청구해왔다. 그리고 검찰이 박수종에 대한 수사를 개시하자 주진우는 박수종의 변호인으로 선임됐다.

통화 기록에 나온 22명의 검사

통화기록에 나온 다른 검사들 얘기를 해보자. 통화 기록이 가장 많았던 것은 당연히 김형준 검사다. 김형준 검사와 박수종은 1년 동안 379차례 통화와 문자를 주고받았다. 그 다음은 1부 2장에서 언급한 손영배 검사다. 김형준의 비위가 언론에 보도되는 것을 막기 위한 뒷거래에 현직 검사 신분으로 개입한 손영배는 1년 동안 박수종과 196차례의 통화와 문자를 주고받았다.

박수종과 20차례 이상 통화를 하거나 문자메시지를 주고받은 다른 현직 검사들로는 당시 수원지검 안양지청의 차장검사였던 전형근 현 김앤장 변호사(191회 연락), 당시 서울중앙지검 형사1부장이었던 심우정 현 법무부 기획조정실장(37회 연락), 당시 서울중앙지검 특수1부장이었던 이원석 현 수원고등검찰청 차장 검사(33회 연락), 당시 서울중앙지검 특수2부장이었던 조상준 현 법무법인 율우 대표변호사(24회 연락) 등이 있다. 이들 모두에게 민감한 시기에 피의자 신분이었던 박수종과 자주 연락한 이유를 물었다. 검사들은 답변을 거부하거나 "박수종이 피의자로 조사받고 있던 사건에 대해 전혀 몰랐다"라고 답변했다. 박수종과의 연락 횟수가 20회 이하였던 검사들은 따로 공개

하지 않는다.

박수종은 검사 출신이다. 당연히 과거 사법 연수원 동기나 검찰에 함께 근무했던 이들과 사적인 관계를 가질 수 있고 연락을 주고받을 수 있다. 그것 자체를 문제 삼는 것은 아니다. 그러나 박수종이 오랫동안 자본시장을 횡행하며 저지른 범죄들을 뉴스타파 보도 전까지 검찰이 계속 눈감아왔던 점을 감안하면 박수종과 자주 연락을 주고받던 검사들이 모종의 역할을 하지 않았을까 하는 의심을 지울 수 없다. 상식적으로 생각해봐도 아주 가까운 사이가 아닌 이상 1년에 30차례 이상 연락하는 건 어떤 '용건'이 있었기 때문일 거라고 보는 게 합리적이다.

2부 1장 첫머리에 소개한 정보기관 관계자의 얘기도 곱씹어볼 만하다. "박수종이 검사들한테 작전주의 주식 정보를 주고 검사나 수사관들은 이 정보를 받아 차명으로 투자를 한다"라는 확인되지 않은 얘기 말이다. 혹시 그렇게 통화가 잦았던 이유는 박수종이 자신과 통화한 검사들에게 작전 중인 주식에 관한 정보를 건넸기 때문은 아닐까. 그리고 그들은 그 대가로 수사에 영향력을 행사하지는 않았을까. 그러한 거래 과정에서 잦은 통화가 필요했던 것은 아닐까.

공익의 대변자라는 검사들에게 이런 의심을 품는다는 것 자체가 어쩌면 비극이다. 그러나 그동안 발각된 검사들의 범죄와 제 식구 감싸기는 이런 불경스러운 의심을 합리적 의심으로 바꾸어놓는다.

대표적인 예가 지난 2012년 세상을 떠들썩하게 했던 김광준 부장검사 사건이다. 김광준 검사는 희대의 사기꾼 조희팔의 측근 강 모씨와 건설업자인 스폰서, 자신이 수사하던 대상자로부터 10억 원이 넘는 금품을 받아 징역 7년 형을 선고받았다.[34] 김광준 검사는 10억 원이 넘는 금품을 받으면서 모두 자신의 계좌가 아닌 차명계좌를 사용했다. 차명계좌의 소유주는 김광준에게 돈을 준 조희팔 측근 강 모씨의 부하 직원이었다.

김광준 검사 사건은 워낙 유명하지만 사건의 디테일 가운데 잘 알려지지 않은 내용이 있다. 당시 중앙지검 특수3부장이었던 김광준은 자신이 수사를 했던 유진기업의 주식에 4천만 원을 투자했는데, 이 돈에는 김광준의 부하였던 특수3부 후배 검사 2명의 돈이 포함돼 있었다. 부장 김광준을 포함해 특수3부 검사 3명은 당시 셋 중 막내 검사의 계좌에 돈을 모은 다음 이 돈을 다시 김광준의 계좌로 옮겨 주식 투자를 했다. 대담하다고 해야 할까 멍청하다고 해야 할까. 그러나 김광준 검사 사건이 터진 뒤에도 당시 함께 주식 투자를 했던 두 특수부 검사는 전혀 처벌받지 않았다. 그리고 지금까지도 검사로 잘나가고 있다. 작년까지 대검찰청의 부장검사를 지내다 현재는 청주지검 검사장으로 있는 노정환 검사와 현재 대구지검 포항지청장을 하고 있는 김경수 검사가 그들이다.

김광준 검사 사건은 검사들이 차명계좌 사용에 얼마나 능숙한지, 그리고 부적절한 주식 투자에 얼마나 거리낌이 없는지, 그리고 설령 발각이 되더라도 '그 정도는 할 수 있지'라며 서로 봐주는 문화가 얼마나 일상화되었는지를 보여준다. 김광준 검사 사건을 생각하면 위 검사들이 박수종으로부터 주식 정보를 공유 받고 차명으로 주식 투자를 했던 게 아닐까 하는 '불경스러운' 의심이 전혀 무리하게 느껴

34 재판에서 인정된 뇌물 액수는 4억 5천만 원이다. 2014년 5월 대법원에서 형이 확정됐다.

지지 않는다.

우리가 입수한 박수종의 통화 내역은 김형준 검사 스폰서 사건을 수사하던 대검 특별감찰팀이 2016년 수사 당시에 이미 확보한 자료다. 당시 대검 특별감찰팀은 박수종과 김형준의 유착과 그에 따른 사건 왜곡을 의심하고 있었다. 그런 상황에 박수종 변호사의 통화 내역에서 수많은 검사들의 휴대전화 번호가 나온 것이다. 그런데도 검찰은 이 검사들을 전혀 조사하지 않았다. 당시 막강했던 청와대 민정수석실의 힘 때문이었을까, 아니면 검사 수십 명이 더 연루됐을지도 모르는 조직의 위기를 사전에 방지하기 위해서였을까.

박수종 유준원, 구속되다

뉴스타파 〈죄수와 검사〉 첫 번째 시즌은 2019년 8월 12일 시작해 매주 한두 편의 방송이 업로드 됐다. 1편과 2편을 동시에 방송한 첫날 검찰의 해명 자료가 나왔다. 1부에서 언급했듯 검찰은 제보자 X를 수사에 참여시킨 부분은 사실상 인정했지만 가석방을 약속했다거나 제보자 X에게 전용 사무실을 제공한 사실은 부인했다. 우리는 보유하고 있던 자료를 통해 즉각 반박 기사를 작성해 보도했다. 검찰의 재반박은 없었다. 검사들의 성매매 은폐와 현직검사 사건 개입을 다룬 3, 4편 이후부터 검찰은 아예 보도에 대한 해명 자체를 내놓지 않았다. 무대응 전략이었다. 검찰이 무대응으로 일관하니 기성 언론사의 법조 기자들 역시 별다른 관심을 기울이지 않았다. 우리의 보도를 보고 '취재를 해보고 싶다'며 자료를 부탁한 언론사는 KBS가 유일했다. KBS 기자는 스포츠서울 주가조작 사건을 수사했던 담당 검사를 만나는 등 나름대로 열심히 취재를 한 것으로 안다. 다만 사건의 내용이 복잡하고 기록이 방대해 지상파라는 틀에서 짧은 시간 안에 보도를 하기는 어려웠던 것으로 짐작된다.

법조 기자들의 무관심 속에서 외롭게 시리즈 보도를 끌고 갔다. 그런데 〈죄수와 검사〉가 7편까지 방영되었을 무렵인 9월 22일 MBC 〈PD수첩〉 팀으로부터 연락이 왔다. 지금까지 보도한 내용과 앞으로 보도할 내용을 묶어 〈PD수첩〉에서 방송을 하고 싶다는 얘기였다. 조국 법무부장관 가족 의혹을 검찰이 전방위적으로 수사하고 언론이 융단폭격을 하며 여론이 들끓던 시기였다. 〈죄수와 검사〉 보도 일정은 조국 장관 수사를 둘러싼 논란과 전혀 무관하게 정해졌으나 우연히 시기가 맞아떨어졌다. 〈PD수첩〉 제작진은 아마도 조국 장관 수사와 관련된 당시의 논란과 맞물려 우리의 보도가 검찰의 민낯을 보여주기에 적절한 아이템이라고 생각했던 것 같다.

한 달가량의 준비 끝에 뉴스타파와 MBC가 공동으로 제작한 〈PD수첩〉 '검사범죄 2부작'의 1편이 10월 22일 방송됐다. 1편에는 이 책의 1부에 해당하는 내용 그러니까 남부지검에서 수사관 노릇을 한 죄수 제보자 X의 이야기와 김형준 검사 스폰서 사건에서 드러난 검찰의 제 식구 감싸기에 관한 내용이 담겼다. 〈PD수첩〉 방송 전에도 〈죄수와 검사〉 시리즈는 매 편 10만 회가량의 유튜브 조회수를 기록하며 나름의 파장을 불러일으켰지만 지상파 방송의 위력은 확실히 더 컸다. 이날 방송은 6.2%의 시청률을 기록했다(AGB 닐슨 조사, 수도권 기준). 2019년 〈PD수첩〉 방송 가운데 세 손가락 안에 드는 시청률이라고 했다. 뉴스타파의 유튜브 채널에 올린 영상은 하룻밤 사이에 50만 회 이상의 조회수를 기록했다.

10월 29일, 〈PD수첩〉 '검사범죄' 2편 방송을 앞두고 박수종 변호사는 서울서부지법에 방송금지 가처분신청을 제기했다. 박수종은 "〈PD수첩〉이 신뢰할 수 없는 제보자의 진술에 의존해 자신의 명예를 심각하게 훼손하는 허위 사실을 방송할 예정"이라고 주장하며 방송을 강행할 경우 자신에게 하루 1억 원을 지급해야 한다고 요구했다. 그러나 법원의 판단 결과는 기각이었다. 재판부는 '박수종과 관련된 내용이 공공의 이해에 관한 사항이고 박수종 및 다른 관련자의 반론도 포함될 것으로 보인다'라면서 가처분신청을 기각했다. 다만 박수종의 실명을 거론해서는 안 된다고 결정했다. 그러나 〈PD수첩〉 검사범죄 2편과 비슷한 시점에 별도로 제작해 올린 뉴스타파 〈죄수와 검사〉 9편과 10편에서는 이미 박수종 변호사와 유준원 상상인 그룹 대표를 모두 실명으로 보도했기 때문에 실명을 보도하지 말라는 법원의 명령은 사실을 알리는 데 큰 장애가 되지 못했다. 그렇게 우여곡절 끝에 방송된 2편도 5.5%의 높은 시청률을 기록했다. 2편은 이 책의 2부에 해당하는 박수종과 유준원의 금융 범죄에 관한 내용을 토대로 했다. 〈PD수첩〉과 함께 한 공동 보도 이후 기성 언론들도 박수종과 유준원에 대한 기사를 쓰기 시작했다. 다만 대부분의 기사는 검찰을 출입하는 법조 기자들보다는 금융업계에 출입하는 경제부 기자들이나 이슈를 발 빠르게 기사로 작성해 클릭을 유발하는 인터넷 기자들로부터 나왔다.

마침내 금감원이 움직이기 시작했다. 방송 이틀 뒤인 2019년 10월 31일 금감원은 상상인플러스저축은행에 기관 경고라는 제재를 내리고 유준원 회장에게는 직무정지 처분을 내렸다.[35] 금감원은 동시에 검

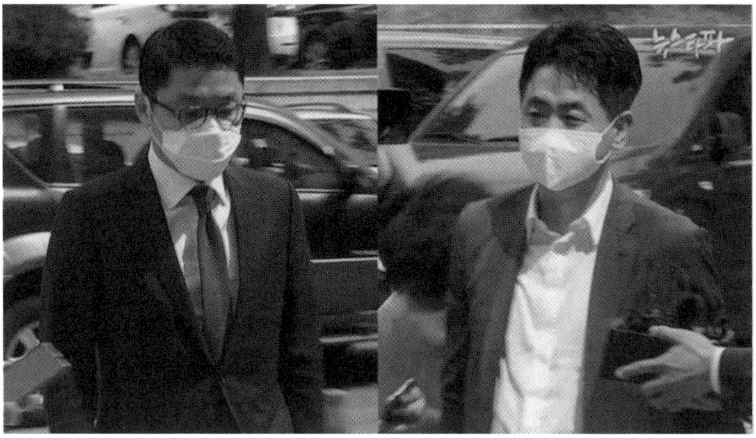

유준원과 박수종이 영장실질심사를 받기 위해 법원에 출석하는 모습

찰에 수사를 의뢰했다. 금감원의 수사 의뢰를 받은 검찰도 신속하게 움직였다. 서울중앙지검 조세범죄조사부는 금감원의 수사 의뢰 12일 만인 2019년 11월 12일 상상인저축은행 본사와 행남자기 본사, 박수종 변호사의 사무실 등을 압수수색했다. 유준원과 박수종 두 사람은 출국금지됐다. 5개월 뒤인 2020년 4월에는 상상인 본사 등에 대한 두 번째 압수수색이 이뤄졌다. 그리고 두 달 뒤인 2020년 6월 20일 마침내 유준원과 박수종 두 사람이 구속됐다. 뉴스타파가 〈죄수와 검사〉 첫 보도를 시작한 지 열 달 만이었다. 법원은 구속 영장을 발부하면서 "이들의 행위는 자본시장의 공정성과 신뢰성을 크게 훼손한 것으로 사안이 중대하다"라고 밝혔다.

35 그러나 유준원은 서울행정법원에 금감원이 내린 직무정지명령의 집행을 정지해달라는 가처분 신청을 냈고 행정법원이 이를 받아들여 2020년 1월 22일부로 대표직을 회복했다.

개미들을 밟고 올라선 성공 신화

검찰 공소장에 나온 유준원의 혐의는 크게 네 가지다.

첫째는 부실기업에 허위 전환사채를 발행해 투자자들을 속인 혐의다. 전환사채란 회사가 자금을 조달하기 위해 발행하는 사채인데 여기에 나중에 주식으로 전환할 수 있는 권리를 붙여서 발행하기 때문에 '전환'사채라고 부른다. 어떤 회사가 전환사채 발행에 성공했다는 건 자금 조달에 성공했다는 뜻이라서 주식시장에서 호재로 작용한다. 특히 별도의 담보나 보증 제공 없이 전환사채 발행에 성공했다면 더욱 그렇다. 사채를 인수한 쪽 즉 돈을 빌려주는 쪽이 위험을 감수하면서 투자할 정도로 그 회사의 신용과 능력을 높게 평가한 것으로 인식되기 때문이다.

그런데 유준원 대표와 상상인 계열 저축은행은 이면계약을 했다. 앞에서는 부실기업이 발행한 전환사채를 담보나 보증 없이 인수하는 것처럼 계약서를 쓰면서 뒤로는 담보나 보증을 잡은 것이다. 해당 기업은 상상인이 써 준 허위 계약서를 근거로 마치 담보와 보증 없이 전환사채 발행에 성공한 것처럼 공시를 한다. 그리고 새로 조달한 자금으로 새로운 사업 영역에 진출한다거나 좋은 회사를 인수한다고 발표한다. 이면계약의 내용을 알 리가 없는 개인 투자자들은 회사의 발표를 믿고 주식을 매입한다. 주가는 가파르게 치솟는다. 그러나 신규 사업에 진출하거나 다른 회사를 인수하는 건 애초부터 불가능하다. 이면계약에 따라 상상인저축은행이 담보를 잡고 있어 빌린 돈을 함부로 쓸 수 없기 때문이다. 주가가 오르면 고점에서 경영진은 주식을 팔아버린다. 그 뒤 회사의 부실이 드러나면 거래정지나 상장폐지의 수순으로 간다. 결국 아무것도 모르던 개인 투자자들만 손해를 보는 것이다. '투자한 책임이 있지 않느냐'고 말할 수 있지만 이들은 투자에 앞서 왜곡된 정보를 제공받았다. 애초부터 불공정한 게임이었던 것이다. 자본시장의 근간인 공시 제도의 취지가 전면 부정됐다. 유준원과 경영진이 이런 식으로 '장난'을 쳤다고 검찰이 기소한 회사들의 명단은 다음과 같다.

—**씨그널엔터테인먼트**: 2015년 4월 상상인이 전환사채 30억 인수, 2018년 5월 상장폐지
—**금성테크**: 2015년 10월 상상인이 전환사채 40억 인수, 2017년 5월 상장폐지
—**케이티롤**: 2015년 10월 상상인이 전환사채 40억 인수, 2020년 2월 상장폐지
—**인터불스**: 2017년 7월 상상인이 전환사채 40억 인수, 2020년 3월 거래정지
—**아리온테크놀로지**: 2016년 8월 상상인이 전환사채 50억 인수, 2020년 3월 거래정지
—**에스에프씨**: 2017년 5월 상상인이 전환사채 150억 인수, 2020년 6월 상장폐지
—**더블유에프엠**: 2018년 7월 상상인이 전환사채 100억 인수, 2019년 9월 거래정지
—**컨버즈**: 2018년 8월 상상인이 전환사채 70억 인수, 2020년 3월 거래정지
—**에치디프로**: 2017년 10월 상상인이 전환사채 100억 인수, 이후

세 차례 대주주 변경

—**한프**: 2017년 5월 상상인이 전환사채 180억 인수, 2020년 4월 거래정지

부실기업 전환사채 대출 가운데 범죄로 처벌할 수 있는 것만 따져도 무려 10개다. 이 10개 회사에 투자한 소액주주들은 전환사채 발행에 성공했다는 회사의 공시를 철썩같이 믿고 투자했을 테지만 결국 이면계약을 맺은 유준원과 경영진의 '물량받이'로 희생양이 되었을 뿐이다. 달리 보면 상상인의 전환사채 인수는 다 죽어가는 기업 경영진이 마지막 한탕을 시도하는 데 '총알'을 쥐어주는 역할을 한 셈이다. 그리고 그 마지막 한탕 이후 수많은 소액주주는 거래정지나 상장폐지라는 아픔을 맛봐야 했다.

이 중에 '한프'라는 회사의 사례는 특히 악질적이다. 상상인저축은행이 한프의 전환사채 180억 원을 인수한 2017년 5월 당시 유준원은 한프의 숨겨진 2대 주주였다. 한프는 전환사채 발행에 성공했다는 공시와 함께 태양광 사업에 진출한다고 발표했고 주가는 치솟았다. 그리고 유준원은 그 기회에 개인 보유 주식을 모두 팔아 50억 원가량의 시세차익을 봤다. 장외에서 전환사채 형태로 팔아서 남긴 50억 원의 시세차익은 별도다.

여기까지가 검찰이 기소한 유준원의 첫 번째 혐의다. 10개 기업의 경영진도 함께 기소됐다. 유준원의 나머지 세 개 혐의는 뉴스타파가 기사로 의혹을 제기한 것들이다. 뉴스타파 기사와 검찰의 공소장은 큰 틀에서 거의 같다. 하나씩 되짚어 보자.

두 번째 혐의는 주가조작이다. 자신이 대주주인 상상인의 주가를

조작한 혐의다. 유준원은 골든브릿지증권 인수가 완료된 2019년 3월 경부터 상상인 주가를 방어하기 위해 상상인의 회사 자금으로 상상인 주식을 사들이는 자사주 매입을 실행했다. 이 자사주 매입 과정에서 허수매수 주문, 고가매수 주문, 물량소진 주문 등 주가조작을 했다는 것이 검찰의 공소장 내용이다.

세 번째 혐의는 금산분리 위반이다. 금융사가 금감원의 사전 승인 없이 비금융사의 대주주가 됐기 때문이다. 이 책 2부 2장에서 다룬 행남자기와 관련한 내용이다(두 사람이 '해 먹은' 또 하나의 회사/ 116~119쪽 참조).

마지막 네 번째 혐의는 역시 이 책 2부 2장에서 다룬 모다와 관련한 미공개정보 이용 부정거래다(검찰이 써준 무죄 증명서/ 126~129쪽 참조). 모다의 인수합병을 앞두고 이 정보를 미리 알게 된 유준원이 브로커 김 씨가 관리하던 자신의 개인 계좌로 모다 주식을 단타 매매해 1억 천 2백만 원의 시세차익을 얻은 혐의다.

유준원의 혐의는 하나같이 우월한 정보와 지위를 이용해 주식시장의 소액 투자자들을 우롱하고 등친 것이다. 금융 부티끄에서 상장사 대표를 거쳐 증권사의 오너까지 이르는 그의 성공 신화는 결국 개미들의 희생을 바탕으로 한 것임이 검찰의 공소장에서 드러났다.

'무오류의 검찰'이라는 신화

그런데 유준원의 네 번째 혐의는 이미 검찰이 한 번 불기소했던 사안이다. 앞에서 쓴 것처럼 검찰은 2019년 2월 21일 "검찰의 수사 때문에 증권사 대주주 변경 승인을 받지 못하고 있으니 무죄인지 유죄인지 빨리 판단해 달라"라는 유준원의 민원이 들어오자 단 하루 만에 '무죄 증명서'를 발급해주었는데 그때 검찰이 무죄라고 판단한 사안이 바로 이 혐의였던 것이다. 뉴스타파 보도 이후 검찰이 수사해 작성한 공소장 내용은 이미 2년 전 금감원이 작성해 검찰에 수사 의뢰했던 보고서의 내용과 거의 토씨 하나 틀리지 않고 똑같다. 새롭게 드러난 증거도 새로 조사된 내용도 없는데 1년 5개월 전에는 불기소했던 사안을 보도 뒤에는 기소 사안으로 180도 뒤바꿔버린 것이다.

이번에는 검찰 공소장에 나온 박수종의 혐의를 살펴보자. 검찰이 기소한 박수종의 범죄는 세 가지인데 모두 박수종이 상상인 주식을 사들인 것과 관련돼 있다. 첫째, 상상인 주식을 5% 이상 보유하고 있으면서 이를 차명 법인의 외피로 숨기고 제대로 보고하지 않은 대량보유보고의무 위반 혐의, 둘째, 상상인 주식을 사고팔면서 주가조작을 한 혐의, 마지막으로 상상인 주식을 회삿돈으로 사고팔아서 회사에 손해를 끼친 배임 혐의다. 검찰은 행남자기에 대한 배임은 452억 원, 파티게임즈 계열사에 대한 배임은 360억 원에 이른다고 봤다. 두 회사에 대한 배임 액수를 합치면 무려 812억 원이다.

검찰은 뉴스타파가 의혹을 제기한 박수종의 과거 금융 범죄를 재수사 하지 않았다. 박수종의 통화 기록에 나온 현직 검사들도 별다른 조사를 하지 않았다. 검찰은 김형준 스폰서 검사 사건 당시 "김형준이 박수종 사건에 영향력을 행사해 사건 처리가 왜곡되었는지를 검토했으나 왜곡된 점을 발견할 수 없었다"라고 주장했다. 이미 한 번 그렇게 판단을 내렸으므로 뉴스타파의 구체적인 의혹 제기 이후에도 재수사를 하지 않은 것이다. 그러나 과거에 불기소 처리했던 사건을 검찰이 재수사해 기소한 사례는 셀 수 없이 많다. 대표적인 게 전직 대통령 이명박 씨의 '다스' 차명 소유 의혹이다. 2008년 대선 직전 검찰은 다스가 이명박의 소유라는 어떤 증거도 발견할 수 없었다며 무혐의 처리했다. 이 결정은 이명박의 대선 승리에 결정적인 역할을 했다. 그러나 문재인 정부가 들어서자 검찰은 똑같은 사안을 재수사해 이명박을 구속했다. 그때도 검찰은 과거의 무혐의 처리에 단 한마디 해명이나 사과를 하지 않았다.

검찰의 이 같은 행태는 '무오류의 검찰'이라는 신화와 직접 연결된다. 노무현 대통령 시절 경찰과 국정원은 과거사위원회를 발족해 과거의 잘못을 바로잡으려고 노력했지만 유독 검찰만은 과거사위원회 설치를 거부했다. 10년이 지나 문재인 정부에서 드디어 검찰 과거사위원회를 설치해 활동했으나 검찰의 비협조로 이렇다 할 성과를 내지 못한 채 용두사미로 끝나버렸다.

애초 우리가 유준원과 박수종 두 사람과 관련된 의혹을 제기했던 것은 두 사람의 범죄를 드러내 처벌하자는 취지에 국한되지 않았다. 그동안 자본시장을 어지럽혀 온 두 사람의 금융 범죄가 왜 견제되거나 처벌받지 않았는지 그 구조에 대한 문제제기였다. 이들의 범죄가 묵인되어온 정황으로 볼 때 그 구조의 핵심은 금융 시장과 법조 시장의 유착과 공생관계일 것이다. 유준원과 박수종은 두드러지게 드러난 하나의 '현상'에 지나지 않는다. 그러나 검찰의 수사는 구조의 본질을 전혀 건드리지 못했다. 드러난 꼬리 두 개만 잘랐을 뿐이다. 우리는 검찰 역시 그 구조의 일부라는 애초의 의심을 거두어야 할 이유를 전혀 발견하지 못했다. 의심은 오히려 더 짙어졌다.

유준원과 박수종 두 사람은 검찰 기소 이후 초호화 변호인단을 꾸렸다. 유준원의 변호인단에 이름을 올린 변호사는 무려 11개 법률사무소의 변호사 54명이다. 서울고검 검사장 출신인 조은석, 대검 중수부장 출신이자 이재용 재판에서 삼성준법감시위원회의 전문심리단을 맡았던 김경수, 윤우진 뇌물 사건[36]에서 윤석열 총장이 윤우진에게 소개해 준 이남석 변호사 등의 이름이 눈에 띈다. 박수종의 변호인단도 만만치 않다. 9개 법률회사의 변호사 24명을 선임했는데 과거 이명박 씨의 내곡동 사저 특검을 맡았던 이광범, 검사 출신으로 금감원 부원장보를 역임한 조두영, 대검 반부패부장을 지낸 김우현 그리고 청와대 민정수석실 행정관 시절 박수종과 자주 연락을 주고받던 주진우 변호사 등이 포함돼 있다. 이들 전관 출신 변호인단의 막강한 영향력 때문일까. 유준원과 박수종은 구속된 지 6개월이 채 지나지 않은 2020년 12월 14일 보석으로 풀려났다. 이들이 전관 변호사들을 등에 업고 보석으로 풀려난 사실이야말로 우리가 〈죄수와 검사〉 보도로 제기한 문제가 여전히 현재 진행형이라는 방증이다.

36 2011년 당시 서울 용산세무서장이었던 윤우진이 육류 수입업자로부터 수천만 원의 뇌물을 받은 혐의를 포착한 경찰이 수사에 나서면서 불거진 사건이다. 검찰은 경찰이 신청한 영장을 잇따라 기각하고 윤 전 서장의 해외 도피를 사실상 방조했을 뿐 아니라 이해할 수 없는 이유로 불기소했다. 검찰의 이같은 사실상의 수사 방해는 윤우진 전 서장이 친동생인 엘리트 검사 윤대진을 통해 쌓은 검찰 인맥 때문이라는 해석이 지배적이다. 윤석열 검찰총장은 이 사건에서 윤우진 전 서장과 함께 골프를 쳤던 멤버 중 한 명이었다는 의혹을 받았고 이남석 변호사를 소개해준 사실이 드러나 인사청문회에서 위증 논란이 불거지기도 했다.

3부 검찰의 썩은 꽃, 특수부

1장 삼각 사건 거래

검찰의 꽃, 특수부

특수부는 검찰의 꽃이라고 불린다.[37] 부패 정치인이나 재벌 등 이른바 거악(巨惡)을 상대로 수사를 하기 때문이다. 원래 거악이라는 말은 1980년대 일본 검찰총장을 지낸 이토 시게키라는 사람의 회고록에서 비롯됐다고 한다. 그는 회고록에서 "거악이 발을 뻗고 잠들지 못하게 하라"라는 말을 했다. 우리나라 검사들도 이를 따라 '거악 척결'이라는 말을 자주 쓰는데 바로 그 거악을 전담해 수사하는 곳이 특수부이니 과연 검찰의 꽃이라고 불릴 만하다. 2013년 4월 대검찰청 중앙수사부가 폐지되고 난 이후부터는 서울중앙지검 특수부가 그 역할

37 지난 2019년 특수부의 명칭이 반부패수사부로 바뀌었다. 이 책에서 다루고 있는 사건은 개칭 전의 사건인 관계로 반부패수사부 대신 특수부라는 명칭을 쓴다.

을 대신해 왔다.

특수부 검사는 숫자가 매우 적다. 전체 검사 2천 2백여 명 가운데 특수부 검사는 50명 정도밖에 되지 않는다. 대검찰청이나 법무부의 각종 보직과 함께 특수부는 출세를 지향하는 검사들이 반드시 거쳐야 하는 자리로 인식되어 있다. 누군가 고소하거나 고발한 자잘한 사건을 수백 건씩 쥐고 골머리를 앓아야 하는 평범한 형사부 검사와 달리 큰 사건에 집중해 수사를 하고 수사가 끝난 뒤에는 언론의 스포트라이트를 받는다. 빛이 나는 자리이니 출세 코스가 된 건 당연하다. 과거에는 검사들의 출세 코스가 '공안통'과 '특수통'으로 나뉘어져 있었는데 특수부 출신인 윤석열 검찰총장 취임 이후 '특수통' 일색이 되었다.[38]

특수부는 인지수사를 한다. 인지수사를 한다는 건 고소나 고발 없이 수사기관이 자체적으로 범죄를 알아차려서 즉 '인지'해서 수사를 한다는 뜻이다. 앞에서 특수부 검사가 '거악'을 상대한다는 것, 그 수가 매우 적다는 것, 출세 코스라는 것을 설명했다. 이 같은 배경에 인지수사를 해야 한다는 것을 결합해보면 특수부 검사들이 얼마나 스트레스를 받을지 짐작할 수 있다. 당신이 검사라고 상상해보라. 몇 년 동안 지방검찰청을 전전하며 형사부에서 밤을 새워가면서 빛도 안 나는 고소 고발 사건을 다뤄왔다. 그런데 어느 날 누군가 나를 잘 봐줘서 서울중앙지검 특수부에 발령이 났다고 치자. 그런데 막상 특수

38 윤석열 검찰총장과 추미애 법무부장관이 대립한 이후부터는 그동안 소외되었던 형사부 검사들이 중용되는 추세다. 그런데 형사부 검사들은 그 숫자가 워낙 많으므로, 여전히 특수부는 검사의 출세코스로 유효하게 남아 있다.

부에 와보니 지금까지와는 달리 가만히 앉아 있으면 사건이 떨어지는 게 아니다. '인지'를 해야 한다. 그게 누가 됐든 거악이라고 불릴 만한 '센 놈'을 하나 집어넣어야 앞으로도 좋은 보직을 거치며 쭉쭉 엘리트 코스를 밟을 텐데 그런 사건이 쉽게 생길 리 없다. 당신이라면 어떻게 하겠는가?

대한민국에서 가장 많은 범죄 정보가 모이는 곳은 아마도 구치소나 교도소일 것이다. 구치소나 교도소에 모여 있는 죄수들은 물론 현재의 범죄가 아니라 과거의 범죄로 재판이나 처벌을 받고 있는 사람들이다. 그런데 그 범죄는 그들이 과거에 저질렀던 여러 건의 범죄 중 일부일 가능성이 크다. 예를 들어 정치인 A에게 뇌물을 줬던 죄수는 정치인 B에게도 뇌물을 줬을 가능성이 크고, 주가조작을 하다 붙잡혀 온 죄수는 또 다른 주가조작에 가담했을 가능성이 크다. 꼭 자기 사건이 아니라도 죄수들은 범죄 정보를 많이 알고 있는 경우가 많다. 큰 사업을 하다 횡령 배임으로 붙잡혀 온 죄수는 정관계에 네트워크가 많기 때문에 정치인이나 공무원의 비리를 많이 알고, 금융 시장에서 활동하다 불법을 저질러 붙잡혀 온 죄수는 누가 자신과 비슷한 짓을 벌이고 다니는지 훤히 알 것이다. 하다못해 마약범들마저도 누가 마약을 유통하고 그의 고객은 누구인지 잘 아는 경우가 많다.

그런데 검사는 죄수들을 마음대로 좌지우지할 수 있다. 어떤 죄수의 아직 드러나지 않는 죄 즉 여죄를 파헤쳐 수감 기간을 연장할 수도 있고 반대로 여죄가 드러난 죄수를 봐줄 수도 있다. 갇혀 있는 죄수를 출정이라는 명목으로 검사실로 불러내 편의를 제공해줄 수도 있다. 바깥 음식을 먹거나 담배를 피우거나 술을 마시는 사소한 편의도 죄수에게는 크게 느껴지겠지만 그보다 절실한 것은 외부와 자유롭게 연락할 수 있는 편의다. 어떤 죄수는 그 편의를 활용해 중차대한 사업상의 기회를 붙잡을 수도 있고 또 다른 죄수는 자신을 기다리다 지쳐 포기하려는 배우자의 마음을 되돌릴 수도 있다.

이제 모든 조건을 다 설명한 것 같다. 검찰의 출세 코스인 특수부, 인지수사의 부담, 범죄 정보의 보고인 구치소, 절박한 죄수들, 그리고 죄수들에게 편의를 제공해줄 수 있는 검사의 막강한 권한. 이 모든 조건이 합쳐지면 어떤 일이 벌어질까. 검찰 특수부의 하수도에는 오수가 흐르게 되고 그 자양분을 먹고 자라난 독초에서는 썩은 꽃이 피게 된다. 3부에서 다룰 얘기는 바로 이런 조건에서 배양된 검찰 특수부의 하수도와 썩은 꽃에 관한 얘기다.

죄수 K의 분노

이 책의 1부와 2부에서 등장한 죄수 K를 기억할 것이다. 검사들의 성매매 은폐와 뇌물 축소 등을 제보한 김형준의 고교 동창 스폰서 말이다. 앞에서 쓴 것처럼 죄수 K는 한때 법조인을 꿈꿨지만 고시에 실패한 뒤 사업에 투신했다. 사업을 하면서 세 차례 구속됐다. 2003년 사기죄로 징역 1년 4개월, 2004년 역시 사기죄로 징역 1년, 그리고 2009년 또다시 사기죄로 징역 3년 6개월.

그런데 3년 6개월을 선고받은 세 번째 구속에는 사연이 있다. 당시 그를 고소했던 고소인이 담당 검사에게 천 6백만 원의 뇌물과 470만 원어치의 향응을 제공한 사실이 뒤늦게 밝혀진 것이다. 그 검사는 당시 서울서부지검에 재직 중이던 김형진이다. 고소인으로부터 뇌물을 받은 검사가 사건을 공정하게 처리했다고 믿기는 어렵다. 그러나 뇌물이 드러난 것은 죄수 K가 이미 형을 확정받은 뒤였다. 검찰은 뇌물을 받은 것과는 별개로 김형진이 처리한 사건에는 문제가 없다고 했다. 따라서 재심 사유도 되지 못했다. 죄수 K는 꼼짝없이 형을 다 살고 나왔다. 반면 뇌물을 받은 김형진은 2심에서 집행유예로 감형돼 석방됐고 이후 변호사 개업까지 했다. 죄수 K는 김형준 검사 사건 이후 네 번째로 구속돼 수감되어 있던 2018년 서울구치소 변호사 접견실에서 김형진과 마주쳤다. 김형진은 변호사로서 다른 죄수를 접견하러 온 상황이었다. 뇌물을 받고 자신을 구속했던 검사가 버젓이 변호사로 활동하는 모습을 죄수의 신분으로 직접 지켜본 그 기분이 어땠을지는 차마 상상하기 어렵다.

고소인으로부터 돈을 받은 검사에게 구속을 당하고도 아니 어쩌면 그랬기 때문에 죄수 K는 검사들을 계속 가까이했다. 검사의 위력을 실감했기 때문이리라. 김형준과 다른 검사들에게 밤낮없이 향응을 베풀었고 돈까지 줬다. 그런데 막상 사건이 터지자 검사들은 자신을 보호해주지 않았다. 1부에서 쓴 것처럼 현직 검사들과 검찰 조직, 그리고 전관 변호사까지 '신성가족'은 똘똘 뭉쳐 자신들의 죄를 덮기 위해 죄수 K를 버렸다. 죄수 K는 네 번째로 감옥에 들어간 뒤 자신의 사건을 복기했고 신성가족의 배신을 알게 됐다. 배신감에 절망한 그는 지금까지 자신이 경험한 모든 것, 그리고 자신의 치부마저도 폭로하기로 결심했다. 증거를 모으고 때를 기다렸다. 그리고 우연히도 바로 그즈음에 나는 그에게 편지를 보냈다. 죄수 K가 과거에 경험했던 특수부 검사들의 그릇된 수사 관행과 그가 최근에 알아낸 현재 진행 중인 검사와 재소자 간의 사건 거래가 뉴스타파 〈죄수와 검사〉 세 번째 시즌의 시작이 되었다.

> "심 기자님, 나는 지금 내 과오가 심히 부끄럽기에 이 부끄러움을 감추기보다는 드러냄으로써 조금이나마 부끄러움을 감하려는 것입니다. 단언컨대 30년 친구가 고위 검사이고, 경제범죄자로 구속이 되었음에도 검찰의 실적을 위해 검사의 불법에 협조하며 온갖 편의를 누렸으며, 검사가 돈을 받고 구속한 피해자이며 검사 친구의 배신과 변호인들의 배신으로 체포되어 그 모습 그대로 전 국민에게 노출된 유일한 사람일 겁니다. 이제 겨우, 수감생활을 하면서도 부당함에 맞서 저들과 싸우고 있습니다. (중략) 심 기자님의 몫이 큽니다. 갇혀 있는 저의 한계를 넘어서 주십시오."
>
> —죄수 K의 편지 중(2019.11.16.)

은밀한 제안

이야기는 2017년 12월 서울구치소에서 시작된다. 죄수 K가 김형준 검사 스폰서 사건 이후 구속된 게 2016년 9월이니 그로부터 1년 3개월 뒤의 일이다. 구치소 내에서 전방을 갔는데 마침 바로 옆방에 과거부터 알고 지내던 죄수 이 모 씨가 있었다. 죄수 K가 2009년 세 번째로 구속되었을 당시 인천구치소에서 만나 알게 된 인물이었다. 12월의 어느 날 운동 시간, 이 씨가 죄수 K에게 은밀한 제안을 하나 했다.

"운동시간에 이○○이 제게 말하기를 자신이 '김영일 검사실에 계속 나가는데 (김 검사가) 방산수사부에 있다가 이번에 특수1부로 옮겨 실적이 필요하니 뇌물 사건 있으면 1억 줄테니 하나만 하자, 그리고 너 개인 일 보도록 접견 변호사도 제공하겠다'고 하였습니다."

—죄수 K의 편지 중

죄수 이 씨의 제안은 이 장의 앞부분에서 지적한 특수부의 부적절한 수사 관행을 여러 가지 면에서 떠올리게 한다. 하나씩 따져보자.

우선 죄수 이 씨가 "김영일 검사실에 계속 나간다"라는 부분이다. 1부에서 썼던 것처럼 출정이라는 제도는 원래 검사가 특정 사건을 조사할 필요가 있을 때 그 사건에 관계된 죄수를 부르기 위한 것이다. 그런데 이 씨의 말은 자신이 관계된 사건이 있어서 한시적으로 출정을 다닌다는 게 아니라 사건의 유무와 관계없이 지속적으로 출정을 나간다는 뜻이다. 즉 특정 사건을 수사할 필요 때문에 이 씨를 부르는 것이 아니라 일단 이 씨를 계속 부르면서 수사할 사건을 찾는다는 것이다.

이 씨의 다음 얘기, 즉 김영일 검사가 "특수1부로 옮겨 실적이 필요하다"라는 말이 그걸 증명한다. 자신과 연관된 사건이 있어 출정을 나가는 것이라면 왜 또 다른 사건을 필요로 하겠는가? 더구나 검사가 특수부로 자리를 옮겨서 실적이 필요한데 왜 출정을 다니는 죄수가 검사의 실적을 걱정하는가? 이는 죄수 이 씨가 출정이라는 혜택을 계속 받기 위해 검사에게 자신의 효용을 증명해야 하는 상황임을 보여준다.

그 다음으로 "뇌물 사건 있으면 1억 줄 테니 하나만 하자"라는 부분. 일단 사건을 돈으로 사겠다는 발상 자체가 일반인들은 상상하기 어려운 일이다. 더구나 사건을 제보 받는 것은 김영일 검사인데 왜 죄수 이 씨가 돈을 내는가? 단순 사기범으로 구속된 죄수 이 씨가 감옥 안에서 1억 원이라는 거액을 어떻게 마련한다는 것인가?

마지막으로 "개인 일 보도록 접견 변호사도 제공하겠다"라는 부분이다. 원래 변호사 접견 제도의 취지는 재판이 끝나지 않은 미결수가 법적인 방어권을 행사할 수 있도록 변호사의 조력을 받을 길을 열어 놓는 것이다. 미결수에게는 변호사 접견이 상당히 폭넓게 허용되고 이미 재판이 끝난 기결수에게는 변호사 접견이 거의 허용되지 않는 것도 그런 이유다. 물론 변호사가 재소자의 개인적인 일을 도와줄 수도 있다. 그러나 그것은 어디까지나 법적인 조력을 주로 하면서 부수적으로 할 수 있는 일이다. "개인 일을 봐주는 접견 변호사"라는 것은 변호사 접견 제도의 취지를 악용하는 것이다. 이어질 내용을 보면 알겠지만 이런 접견 변호사의 존재는 특수부의 부적절한 수사 관행이 작동하는 데 보조 장치로 기능한다.

죄수 K는 제안을 받아들였다. 죄수와 검사 사이에 벌어지는 사건 거래의 증거를 잡기 위해서였다는 게 죄수 K의 주장이다. 일단 제안을 수락하자 이 씨의 약속대로 접견 변호사가 그를 찾아오기 시작했다. 서울 서초동의 한 법무법인 소속인 L 변호사였다. 그녀는 주 2~3회, 15분 정도씩 접견을 하는 대가로 월 150만 원을 받았는데 이 돈은 죄수 이 씨가 지불하니 신경쓰지 말라고 했다. 죄수 K는 가족에게 연락을 하거나 필요한 물건을 사서 받는 등 개인적인 일을 L 변호사에게 부탁했다. 죄수 K의 변호사 접견 기록을 보니 L 변호사는 2018년 1월 말부터 1년 동안 69번 접견을 온 것으로 확인됐다.

물론 L 변호사의 임무는 죄수 K의 개인적인 일을 봐주는 것만은 아니었다. L 변호사는 "검찰 특수부에 제보할 사건을 얘기해주면 1억 원을 주겠다"라는 죄수 이 씨의 제안을 재차 전달하며 죄수 K를 설득했다. 죄수 K는 마침 제보할 만한 공무원 뇌물 사건을 알고 있었다. 자신이 사업을 하면서 공무원들에게 뇌물을 준 사건인데 이미 다른 검사실에 제보해 수사보고서가 작성이 됐지만 어떤 이유에서인지 더 이상 수사 진행이 되지 않은 사건이었다. 죄수 K는 다른 검사실이 작성한 수사보고서를 L 변호사에게 넘겨주었다. L 변호사는 "김영일 검사가 무척 좋아한다"라며, "때가 되면 진행하겠다고 한다"라는 이 씨의 반응을 전해왔다.

그리고 얼마 뒤 실제로 돈이 지급됐다. 당초 이 씨가 약속한 1억 원에서 2천만 원이 모자란 8천만 원이었다. 물론 죄수 K는 감옥에 있었으므로 직접 현금을 건네받을 수는 없었다. L 변호사가 매개 역할을 했다. L 변호사가 돈을 보관하고 있다가 죄수 K가 원하는 방식으로 돈을 지출하는 방식이었다. L 변호사는 돈의 입출금 내역을 죄수 K에게 보고했다. L 변호사가 작성한 입출금 내역에는 실제로 죄수 이 씨로부터 8천만 원이 들어온 입금 내역과 도서 구입비, 변호사비, 가족 선물비, 사정이 어려운 동료 죄수의 영치금 등 죄수 K가 지시한 대로 돈을 쓴 지출 내역 등이 적혀 있었다. 죄수 K에 따르면 L 변호사는 수수료 명목으로 2천만 원을 챙겼다.

L 변호사에게 사건 거래에 개입하고 돈 심부름을 한 것이 맞는지 묻기 위해 전화도 걸고 사무실도 찾아갔다. L 변호사는 응하지 않았다. 대신 보도 직전 이메일을 보내 "금액과 시기, 명목 등이 모두 사실과 다르나 의뢰인과 연관된 사안이라 비밀 준수 의무 때문에 사실

관계를 밝힐 수 없다"라고 답변했다. 어떤 부분이 사실과 다른지를 묻는 추가 질의를 보냈으나 답변을 받지 못했다.

삼각 사건 거래

나는 김영일 검사와 죄수 이 씨, 죄수 K 사이에서 벌어진 사건 거래에 '삼각 사건 거래'라는 이름을 붙였다. 삼각형의 첫 번째 꼭짓점인 죄수 이 씨가 두 번째 꼭짓점인 죄수 K에게 돈을 주고 사건을 산 다음 이걸 세 번째 꼭짓점인 검사에게 상납했기 때문이다. 죄수 K가 제시한 증거와 우리가 확인한 사실만으로도 일단 삼각 거래의 한 축, 즉 죄수 사이의 거래는 확인된 셈이다. 삼각 거래의 나머지 한 축인 죄수 이 씨와 김영일 검사의 거래를 확인할 차례였다.

우선 김영일 검사와 죄수 이 씨가 이런 거래를 할 만한 관계인지를 알아봐야했다. 그래서 국회의원을 통해 김영일 검사실의 출정 내역을 확보하기로 했다. 죄수 이 씨가 얼마나 자주 김영일 검사실에 드나들었는지를 알면 두 사람의 관계를 짐작할 수 있을 거라고 생각했기 때문이다. 처음에는 더불어민주당 법사위 위원인 모 의원실에 부탁했다. 의원실을 찾아가 대략의 전후 관계를 설명하고 반드시 필요한 자료이니 꼭 좀 받아내 달라고 부탁했다. 그러나 열흘 정도 뒤에 실망스러운 답변이 돌아왔다. "대검에서 자료를 안 줍니다. 죄송합니다."

그러나 포기할 수는 없었다. 출정 내역을 확보하지 못하면 삼각 거래의 다른 축을 입증할 수 없었기 때문이다. 이번에는 열린민주당의 김진애 의원실을 찾아갔다. 그런데 김진애 의원실의 이도희 비서관이 좋은 아이디어를 떠올렸다. “출정 기록이라면 법무부 교정본부에도 있지 않을까요?” 죄수들이 출정을 나갈 때는 교도소와 구치소에 있는 교도관들이 항상 동행을 하도록 돼 있다. 그리고 법무부 교정본부는 전국에 있는 교도소와 구치소를 모두 관할한다. 당연히 검사실별로, 죄수별로 정리된 출정 기록을 갖고 있을 것이다. 더구나 교도관들은 일부 검사들의 무분별한 출정 요구를 큰 업무 부담으로 느끼기 때문에 좋아하지 않는다. 이런 사정이 있기에 법무부 교정 본부라면 자료를 내놓지 않을까 판단한 것이다. 그렇게 하자고 했다. 그리고 대략 2주 뒤쯤 이도희 비서관으로부터 낭보가 전해졌다. 김영일 검사실의 3년 치 출정 기록을 확보한 것이다. 죄수들의 이름은 익명 처리 돼 있었지만 나는 다른 취재로 죄수 이 씨가 출정을 간 날짜 몇 개를 알고 있었기에 죄수 이 씨의 출정 내역을 특정할 수 있었다.

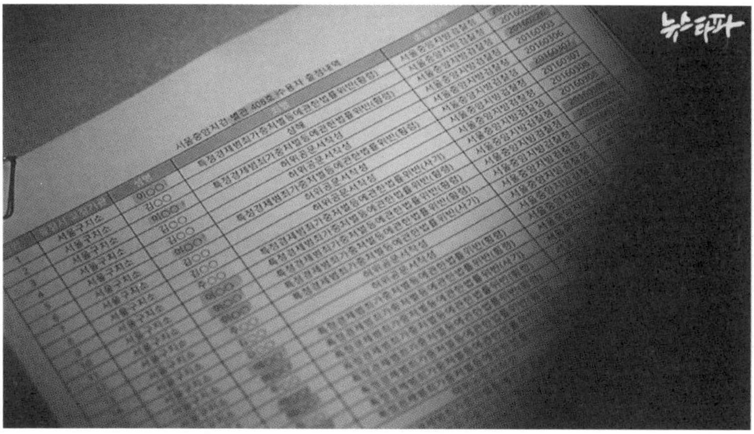

김진애 의원실 이도희 비서관을 통해 입수한 김영일 검사실의 출정 기록

이렇게 해서 김영일 검사가 2016년부터 근무했던 서울중앙지검 방위사업수사부 408호와 2017년 옮겨간 서울중앙지검 특수1부 1003호의 출정 내역을 입수했다. 출정 내역에 따르면 죄수 이 씨는 2016년 한 해에만 김영일 검사실에 94번이나 출정을 갔다. 주 1.8회 꼴이다. 주말을 제외하면 닷새의 평일 가운데 이틀 정도를 구치소가 아닌 검사실에서 지낸 것이다. 2017년에는 47번, 2018년은 7월까지만 23번의 출정을 나갔다. 이 정도면 죄수가 아니라 검사실 직원이라고 해도 과언이 아니다. 죄수 이 씨의 혐의는 특가법상 횡령이다. 횡령범에 불과한 죄수 이 씨가 고도의 전문성이 요구되는 방위사업수사부나 특수부 수사에 그토록 자주 출정을 나간 이유는 김영일 검사와 죄수 이 씨가 '특수관계'라는 점을 빼면 설명이 되지 않는다. 즉 죄수 이 씨는 김영일 검사에게 사건 정보를 물어다 주는 역할을 하는 '브로커 죄수'일 가능성이 높다는 뜻이다. 당시 서울구치소에 있던 복수의 죄수가 이런 소문을 확인해주었다. 죄수들 사이에서는 이 씨가 김영일의 '사건 브로커'였다는 게 공공연한 비밀이었다는 것이다.

그 다음으로는 죄수 이 씨가 김영일 검사로부터 거래의 대가로 무엇을 받았는지 확인해야 했다. 이 책의 1부에서 다룬 제보자 X나 '조브라더스'처럼 검사실에서 여러 가지 특혜를 누렸을 것이고 아마 그 이상의 무엇도 있을 것이라고 추측했다. 그러나 추측을 가지고 기사를 쓸 수는 없다. 아주 작더라도 뭔가 물증이 있어야 했다. 그런데 의외의 곳에서 실마리가 풀렸다.

나는 죄수 이 씨가 연관된 다른 사건의 취재 과정에서 통화 녹음 파일 4개를 입수했는데 알고 보니 이 파일은 모두 죄수 이 씨가 통화한 것이었다. 여기에 표시된 발신 번호는 모두 02-530-4426번이었다. 2018년 당시 검사실의 배치표를 구해보니 이 번호는 예상대로 서울중앙지검 특수1부의 부부장실 즉 김영일 검사실이었다. 통화 녹음 파일의 통화 시각은 2018년 6월 중순부터 7월 초순까지였는데 모두 김진애 의원실에서 입수한 출정 내역에 나온 날짜와 일치했다. 통화 내용은 모두 수사와 전혀 무관한 개인적인 용무였다. 즉 죄수 이 씨가 김영일 검사실에 출정을 나와 최소 4차례 검사실 전화로 외부의 지인에게 전화를 걸어 개인적인 용무를 본 사실이 확인된 것이다. 물론 죄수 이 씨가 김영일 검사실에서 받은 혜택이 전화 통화만도 아닐 것이고, 전화 통화가 4차례에 그치지도 않았을 것이다. 그럼에도 확실한 물적인 증거를 확보한 데 큰 의미가 있었다. 우연한 발견이었지만, 브로커 죄수 이 씨의 행동반경이 그만큼 넓었기 때문에 우리의 취재망에 흔적이 포착된 것이라고 보면 우연이 아니라 필연이었을지도 모르겠다.

이제 삼각 거래의 나머지 한 축이 그려졌다. 삼각 거래의 마지막 꼭짓점인 김영일 검사에게 확인을 할 차례다. 김영일 검사에게 전화를 걸어 죄수 이 씨를 왜 그렇게 많이 출정시켰는지를 물었지만 답변하지 않았다. 결국 김영일 검사를 직접 만나러 갈 수밖에 없는 상황, 비행기를 타고 그가 근무 중인 제주지검으로 날아가 한참을 기다렸다. 문제는 김영일 검사의 임관 시절인 20여 년 전의 사진밖에는 갖고 있지 않았다는 것이다. 마스크까지 썼을 텐데 코앞을 지나간다 해도 알아볼 수 있을까. 점심시간, 검찰청사 밖으로 나오는 검찰청 직원들의 얼굴을 하나씩 뚫어져라 쳐다보며 기다렸다. 검찰 특유의 위계적인 조직 문화를 감안하면 제주지검 검사장이 나간 뒤 곧이어 김영일 검사가 나올 거라고 생각했다. 아니나 다를까, 검사장이 관용차를 타고 나간 지 몇 분 지나지 않아 4, 5명의 젊은 남성을 거느린 중년 남성이 나왔다. 정확한 이유는 설명할 수 없지만 느낌이 팍 왔다. 저 사람이다. 가까이 다가가 "김영일 검사님"이라고 부르자 그가 반응했다. 빙고. 그를 뒤따르던 젊은 검사들이 카메라를 막아섰다. 그는 사전 약속도 하지 않은 채 카메라를 들고 나타나는 법이 어디 있냐며 화를 냈다. 그래서 정식 인터뷰를 요청했다. 정식 인터뷰를 수락하면 일단 철수하고 다시 오겠다고 했다. 그는 거절했다. 이런 사정으로, 힘들게 만난 것에 비하면 너무나 짧은 문답을 주고받을 수밖에 없었다. 준비한 몇 가지 질문을 던졌다. 그는 죄수 이 씨를 그렇게 많이 출정시킨 것이 "정확히 어떤 사건 때문인지 기억이 나지 않는다"라며 "나중에 답을 주겠다"라고 답변하고는 사라졌다. 그러나 이후에도 끝내 답변을 주지는 않았다.

김영일 검사가 자백하지 않은 이상 삼각 거래가 완전히 확인되었다고는 할 수 없다. 그러나 모든 증거와 정황들은 특수부 검사와 죄수들 사이의 삼각 거래가 실제로 있었다는 것을 가리키고 있었다.

죄수들이 주고받은 3억 수표

있어서는 안 될 일이었지만 어쨌든 거래의 당사자들 입장에서 보면 첫 번째 삼각 거래는 성공적이었다. 죄수 K는 사건 정보를 넘기는 대신 8천만 원을 받았고 브로커 죄수 이 씨는 김영일 검사에게 자신의 필요성을 입증했다. 김영일 검사는 죄수에게 '사소한' 혜택을 준 대가로 자신의 특수부 경력을 더 빛내 줄 사건 정보를 얻었다.

첫 번째 거래의 성공에 힘입어 곧 두 번째 거래가 시작된다. 2018년 5월경, 죄수 이 씨는 자신이 접견 변호사로 붙여준 L 변호사를 통해 죄수 K에게 이런 제안을 했다. "어떤 죄수가 형집행정지를 받을 수 있도록 도와주면 3억 원을 주겠다."

형집행정지란 형사소송법이 정한 인도적인 사유가 있을 때 형의 집행을 잠시 정지시켜주는 것이다. 죄수가 받는 형이란 감옥에 갇혀 있는 것이므로 형집행정지는 법이 정한 사유가 있을 때 일시적으로 죄수를 풀어주는 것을 말한다. 형집행정지를 가능하게 하는 인도적인 사유에는 본인이 중병에 걸린다거나 아픈 부모나 어린 자녀를 돌볼 사람이 없는 경우, 임신 6개월 이상이거나 출산 뒤 2개월 이내인 경우 등이 있다. 중요한 것은 형집행정지가 검사의 지휘 사항이라는 것이다. 외부위원이 포함된 형집행정지 심의위원회에서 심사를 하기는 하지만 형식적이다. 검사가 형집행정지가 필요하다는 보고서를 써서 제출하면 심의위원회에서는 그대로 추인하는 경우가 대부분이기 때문이다.

브로커 죄수 이 씨는 왜 형집행정지를 검사도 아닌 죄수 K에게 부탁한 걸까? 죄수 K의 출정 기록에서 그 배경을 추측할 수 있다. 출정 기록을 보면 죄수 K는 2017년 10월부터 이듬해 6월까지 대검찰청으로 6번 출정을 갔다. 대검에 출정을 가면 먼저 중앙지검 구치감에 도착하고 대검 직원이 별도의 차량으로 이동시킨다. 정해진 절차이지만 다른 재소자가 보기에는 대단하게 보일 수 있다. 죄수들 사이에서 대검에 출정을 다니는 것은 하나의 특권이자 검찰 권력의 중심부와 가깝다는 것을 보여주는 징표로 여겨지기 때문이다. 죄수 K는 뉴스타파에 보낸 편지에서 이렇게 썼다.

"(브로커 죄수) 이○○ 눈에도 그리(대단하게) 보였을 겁니다. 대검은 기본적으로 수사 기능이 없는데 대검을 다니니까 더욱 그리 보였을 겁니다. (이 씨가 제공해준) 변호사와 접견할 때도 구체적으로 얘기한 바는 없지만 대검 출정 계속 다니는 뉘앙스로 얘기했습니다."

—죄수 K의 편지 중

어쨌든 죄수 K는 "어떤 죄수의 형집행정지 로비를 해 달라"라는 죄수 이 씨의 두 번째 제안을 또 받아들였다. L 변호사가 다시 한번 돈 심부름을 했다. L 변호사는 죄수 K에게 1억 원짜리 수표 3장의 사본을 보여주었다. 그리고 그중 3천만 원을 죄수 K의 계좌로 입금했다. 나머지 2억 7천만 원은 자신이 돈을 보관하고 있다는 보관증을 써 주었다. 우리는 L 변호사가 제시한 1억 원짜리 수표 3장의 사본과

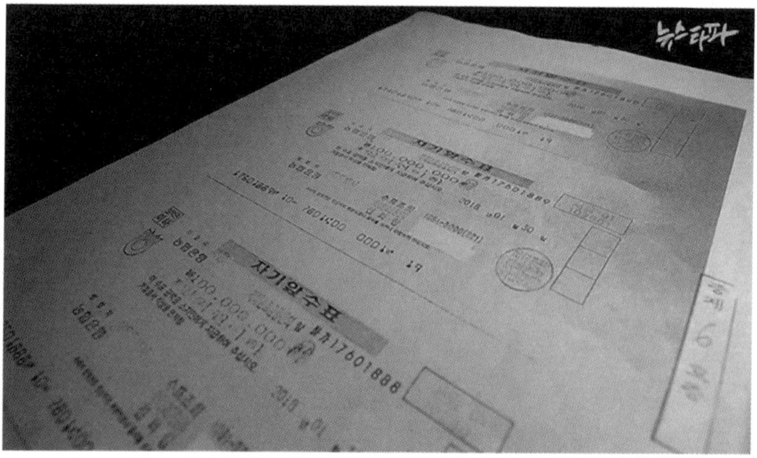

브로커 죄수 이 씨가 L 변호사를 통해 죄수 K에게 제시한 1억짜리 수표 3장의 사본

3천만 원의 입금 내역, L 변호사가 써준 보관증을 모두 직접 확인했다. 감옥 안에 있는 죄수들 사이에서 벌어진 억대의 금품 거래가 확인된 것이다.

제안을 수락하기는 했지만 죄수 K는 브로커 죄수 이 씨에게 부탁받은 형집행정지 로비를 실행할 의사가 처음부터 없었다고 한다. 애초부터 죄수와 검사가 연관된 비리의 증거를 확보하기 위한 목적이었고, 어차피 이 씨가 지불할 돈은 부정한 돈일 테니 받아써도 괜찮다고 생각했다는 게 죄수 K의 주장이었다. 로비를 할 수 있는 처지도 못 됐다. 사실 죄수 K가 대검에 출정을 다닌 것은 김형준 검사 스폰서 사건의 뒤처리 때문이었다. 이 사건을 수사한 대검 특별감찰팀이 죄수 K를 대검으로 몇 차례 출정시켜 추가 조사를 한 것이다. 이런 사정을 몰랐던 죄수 이 씨는 죄수 K가 대검찰청의 검사들과 친하다고 오해를 했고 죄수 K는 그 오해를 굳이 바로잡지 않았다. 어쩌면 죄수 이 씨는 죄수 K와 대검찰청 검사들의 관계를, 자신과 김영일 검사의 관계와 비슷한 것으로 추측했는지도 모른다. 죄수 K는 형집행정지 로비를 하기는커녕 자신을 조사하던 대검 감찰팀의 검사에게 '김영일 검사를 감찰해야 한다'고 말했다. 그가 대검 감찰팀 검사에게 보냈던 편지가 그 증거로 남아 있다.

검사실인가 흥신소인가

브로커 죄수 이 씨는 죄수 K에게 일을 맡겨 놓은 채 손을 놓고 있지만은 않았다. 앞 절에서 언급한 그의 통화 녹음 파일 가운데 하나를 들어보면 이 씨가 외부의 지인에게 형집행정지 로비가 제대로 추진되고 있는지 확인하는 대목이 나온다.

—**브로커 죄수 이 씨**: ○○이 관련 건… 그쪽은 오늘 들어갔었어?

—**지인**: 들어갔다 왔죠. 그런데 뭐라고 그랬나면 김○○(죄수 K)이 김형준 부장 죽인 사람이잖아요. 그러니까 검찰에서는 고깝게 보죠.

—**브로커 죄수 이 씨**: 그래서 안 한대?

—**지인**: 아니요 안 하는 게 아니고요. 그런데 김○○ 씨(죄수 K)가 대검도 왔다갔다 좀 하고 말이 많은 사람이에요.

—2018년 6월 27일 브로커 죄수 이 씨의 통화 내용

이 통화가 이루어진 건 서울중앙지검 1003호 특수1부 김영일 검사실에서였다. 감옥에 있는 죄수가 특수부 검사실에서 검사실 전화로, 다른 죄수의 형집행정지 로비가 어떻게 진행되고 있는지 알아본 것이다. 검사실이 불법 로비 흥신소의 사무실이 된 셈이다.

1년 가까운 시간이 흘러도 형집행정지 로비는 아무런 진척이 되지 않았다. 돈을 받은 죄수 K가 움직이지 않았으니 당연한 일이었다. 그 사이 다른 구치소로 이감을 간 브로커 죄수 이 씨는 독촉하는 편지를 보내기 시작했다.

"5월 말까지 형집(행정지)을 네가 마무리한다고 최종 이야기했다. 너가 형 체면 살리려면 5월 말까지 처리해줘라."

—브로커 죄수 이 씨의 편지 중(2019. 4. 5.)

아무리 기다려도 형집행정지가 성사되지 않자 돈을 돌려달라고 요구하기 시작한다.

"너가 진행하던 형집(행정지) 일은 L 변호사 통해 계속 듣고 있었다. 수차례 네가 약속한 것이 이행이 안 되고 있어 부득이 형이 너에게 서신한다. (로비자금) 상환에 대해 너의 계획을 알려주기 바란다."

—브로커 죄수 이 씨의 편지 중(2020. 1. 4.)

이 편지를 받고 한 달 뒤쯤 죄수 K는 경찰에 불법 로비 자금을 받았다고 자수하고 관계자들을 고발했다. 경찰의 수사가 진행되면 죄수 K 역시 부적절한 로비 명목으로 돈을 받은 부분은 변호사법 위반, 돈을 받고 로비를 전혀 하지 않은 것은 사기 혐의로 처벌받을 수 있는 상황이었다. 죄수 K의 고발장에는 이러한 혐의는 어떤 변명도 하지 않고 처벌받겠다는 대목이 적혀 있었다. 혹자는 죄수 K가 일단 돈을 받아쓰고 나서 상환을 독촉받게 되자 이판사판으로 경찰에 자수를 한 것 아니냐고 생각할 수도 있겠다. 그러나 죄수 K가 우리에게 불법 로비의 증거를 수집하고 있다며 사건의 개요를 처음 얘기한 것은 그가 자수하기 7개월 전인 2019년 7월의 일이다. 죄수 K의 범법 혐의와는 별개로 그의 의도만큼은 거짓이 아니라고 생각한 이유다.

죄수 K의 자수와 고발 이후 경찰의 수사가 시작되었다. 수사를 맡은 곳은 서울지방경찰청 지능범죄수사대. 수사 결과 전혀 뜻밖의 새로운 인물이 등장한다.

암호명 '길동이'

"우리 회사 비전은 여러분들을 다 부자로 만들어드리는 게 비전이에요. 이미 부자가 되신 분도 있고 부자가 되려고 오신 분도 있고… 딴 데 쳐다보면 안 된다고 했죠? 시야를 가리고 앞에 보시고. 저를 철통같이 신뢰를 하시고 따라오시면 돈은 제가 벌어드리겠습니다."

수천 명이 모인 자리에서 누군가 앞에 나와 이런 얘기를 한다면 듣는 사람들은 어떻게 생각할까? 아마 전형적인 사기꾼 멘트라고 생각할 것이다. 하지만 이날 모인 수천 명의 투자자들은 큰 박수와 환호로 답했다. 마치 유명 목사가 이끄는 부흥회 같은 분위기였다. 2014년 3월 14일 서울 여의도 63빌딩에서 열린 IDS홀딩스라는 회사의 창립 7주년 기념회에서 벌어진 일이다. 이 말을 한 사람은 IDS홀딩스의 전 대표 김성훈이다.

IDS홀딩스는 투자자들의 돈을 유치해 그 돈을 굴려 수익을 낸 뒤 투자자들에게 원금과 수익을 돌려주는 일종의 투자회사였다. 홍콩의 FX 마진 거래에 투자해 수익을 낸다고 했다. FX란 Foreign Exchange, 즉 외환이다. 홍콩의 외환거래에 투자해 어떻게 돈을 번다는 얘기일까. 홍콩의 외환시장에서는 날마다 수십 조 원어치의 외환을 사고파는 거래들이 일어나는데, 이 일을 하는 사람들이 외환 딜러다. 딜러들은 특정 외환의 등락을 예측해 외환을 사고팔면서 그 차익을 노리는데 마치 도박판처럼 짧은 시간에 큰돈을 벌 수도 잃을 수도 있다. IDS 김성훈은 투자자들의 돈으로 이 외환 딜러들에게 종잣돈을 낸다고 했다. 외환 딜러는 돈을 따든 잃든 종잣돈에 대한 수수료를 내는데 이 수수료율이 일반적인 대출 금리와는 비교할 수 없이 높다고 했다. 마치 도박판에서 하우스 측이 제공하는 꽁지 돈처럼 말이다. 그 수수료가 주요 수익이기 때문에 딜러가 돈을 따든 잃든 IDS는 높은 수익을 올릴 수 있다고 했다. 그 결과 투자자들에게는 원금 손실의 위험 없이 월 1%에서 4%의 수익을 지급할 수 있다는 것이다.

그러나 홍콩의 FX 마진 거래에 투자해 수익을 낸다는 말은 새빨간 거짓말이었다. 홍콩에다 법인을 설립하고 뭔가 하는 척은 했지만 실제로는 아무것도 하지 않았다. 그저 새로운 투자자들의 돈으로 기존 투자자들의 돈을 메꿔주는 전형적인 폰지 사기[39]였을 뿐이다. 폰지 사기가 늘 그렇듯 IDS홀딩스 투자자들 가운데는 실제로 상당 기간 높은 수익을 지급받은 이들도 많다. 부흥회에 모인 신도들처럼 믿음이 강해진 이유다. 하지만 고인 돌을 빼내 위에다 쌓은 탑인지라 무너지기 시작하면 걷잡을 수가 없다. IDS홀딩스 사건도 그랬다. 검찰 수사로 밝혀진 전모에 따르면 이 사건의 피해자는 만 2천 명, 이들이 투자한 금액은 무려 1조 855억 원에 달했다.

2016년 9월 IDS홀딩스의 대표였던 김성훈이 구속됐다. 죄수가 된 것이다. 이 이야기가 〈죄수와 검사〉와 이어지는 지점이다. 브로커 죄수 이 씨는 죄수 K에게 누군가의 형집행정지 로비를 해달라고 부탁

39 1920년대 미국에서 찰스 폰지라는 인물이 고안해 낸 사기 수법이라 '폰지 사기'로 불린다. 수법은 본문에서 설명한 IDS홀딩스 사건처럼 고수익을 창출하는 사업에 투자한다고 속여 투자금을 유치하되 새로운 투자자의 돈으로 기존 투자자의 수익을 지급하는 눈속임으로 장기간 사기를 지속하는 것이다. 대표적인 사건으로는 2008년 금융위기로 인해 발각된 버나드 메이도프 사건이 있고, 한국에서는 조희팔 사건이 유명하다.

했는데, 그 누군가가 바로 1조 원대 사기범 김성훈이었던 것이다. 브로커 죄수 이 씨와 L 변호사는 김성훈을 '길동이'라는 암호명으로 불렀다. 구치소나 교도소에 오가는 서신은 모두 검열이 되기 때문에 암호명을 사용한 것으로 보인다. L 변호사는 죄수 K만 접견한 게 아니고 죄수 이 씨와 김성훈을 차례로 접견하면서 연락책 역할을 했다. L 변호사가 김성훈을 접견한 뒤 죄수 K에게 보낸 편지 내용이다.

> "오늘 길동이 접견했습니다. 전달내용 전해드립니다.
>
> '사실 여러 번 이런 일들이 반복되니 화가 나고 신뢰가 떨어지는 건 사실이다. 일이 연기가 된 거라면 중단하지 말고 추진해 달라. 그래도 안 되면 말일까지 한다고 했으니 금원은 이 회장(브로커 죄수 이 씨)과 정리하면 되는 거다. 안 되더라도 원망하는 마음 없다.'
>
> 이런 입장이십니다. 저도 일이 추진되고 있다고 한다면 끝까지 하면 좋겠다는 생각입니다."
>
> —L 변호사가 죄수 K에게 보낸 인터넷 서신 중(2019. 7. 5.)

이 편지는 브로커 죄수 이 씨가 죄수 K를 통해 추진했던 형집행정지 로비를 김성훈과 L 변호사도 알고 있었다는 증거다.[40] 그렇다면 형집행정지 로비 명목으로 지급된 돈의 주인은 누구였을까.

40 L 변호사는 우리에게 "형집행정지 관련 일은 알지 못 한다"고 해명했는데 이 편지로 그 해명은 거짓임이 드러났다.

삼각 거래에서 사각 거래로

죄수 K의 고발로 수사에 착수한 경찰은 먼저 수표를 추적했다. 죄수 K가 받은 1억 원짜리 수표 3장. 수사 결과 이 수표들은 한 법무법인의 계좌에서 발행된 것으로 확인됐다. 이 법무법인의 대표는 조 모 변호사로 조 변호사는 김성훈이 IDS홀딩스 사기를 치던 당시 법률 자문을 맡았던 김성훈의 측근이다. 조 변호사가 한 일은 법률 자문에 그치지 않았다. 투자자들 앞에 직접 나서 김성훈이 하고 있는 일이 법적으로 문제가 되지 않는다는 사실을 강변해 투자자들을 현혹하는 데 일조하기까지 했다. 조 변호사의 사무실에서 발행된 수표는 모두 29억 원어치, 이 29장 가운데 석 장이 L 변호사를 통해 죄수 K에게 제시된 것이었다.

조 변호사의 사무실 계좌로 입금된 29억 원을 거슬러 추적해보니 이번에는 '유콘파트너스'라는 법인의 계좌가 나왔다. 그런데 이 유콘파트너스의 이사로 L 변호사가 다시 등장한다. L 변호사는 경찰조사에서 김성훈의 측근 정 모 씨에게 돈을 받아 유콘파트너스 법인계좌에 입금했다고 진술했다.

간단히 정리하면, 김성훈의 측근이 준 29억 원을 L 변호사와 조 모 변호사가 두 차례 세탁한 다음 그중 일부를 김성훈의 형집행정지 로비 자금으로 죄수 K에게 준 것이다. 이쯤 되면 돈의 주인이 누구인지 말하지 않아도 짐작할 수 있을 것이다. 경찰 수사에서는 한 가지 중요한 사실이 더 확인됐다. 앞 절에서 쓴 삼각 사건 거래에서 죄수 이 씨가 죄수 K에게 사건 거래의 대가로 지급한 8천만 원 역시 김성훈의 돈이었다는 사실이다. 우리가 삼각 거래라고 생각했던 것이 알고

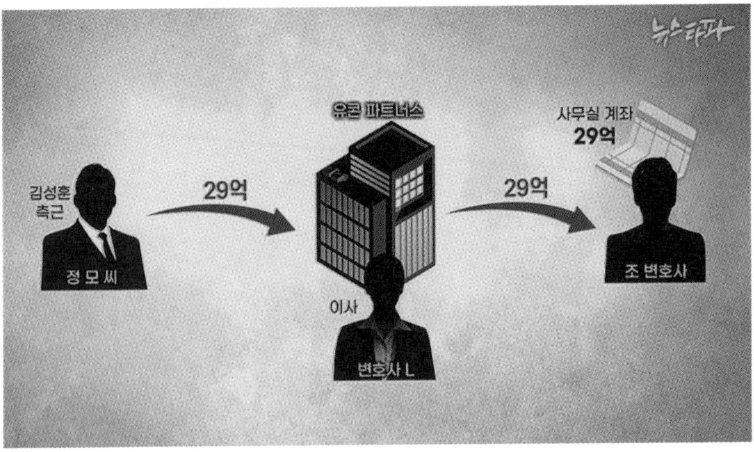

보니 김성훈까지 끼어 있는 '사각 거래'였던 셈이다. 이 사각 거래에 걸려있던 것은 오직 사건 정보와 형집행정지 로비뿐이었을까? 의문은 다음 장에서 더 풀어보기로 한다.

삼각 거래가 사각 거래임이 드러난 이상 죄수 이 씨의 역할도 다르게 규정되어야 한다. 돈도 정보도 없이 오로지 김영일 검사와의 가까운 관계 하나만을 밑천으로 삼아 죄수들 사이, 그리고 죄수와 검사 사이의 거래를 중개한 말 그대로 '브로커'임이 확실해진 것이다. 죄수에 의존하는 특수부 검사의 불법 수사 관행이 감옥 안의 브로커가 활약하는 어두운 생태계를 키워낸 것이다.

그런데 브로커 죄수 이 씨는 어떤 경위로 김성훈을 알고 그의 형집행정지 로비를 추진하게 된 걸까. 우리가 입수한 김영일 검사실의 출정 기록에 그 답이 있었다. 김성훈이 구속될 당시 김영일 검사는 서울중앙지검 방위사업수사부 소속이었다. 그런데 2017년 1월 12일 김영일 검사는 구치소에 있는 김성훈을 중앙지검 방위사업수사부

408호로 부른다. 브로커 죄수 이 씨가 1년에 94번 출정을 갔던 그 검사실이다. 김성훈은 2017년 4월까지 모두 35번 출정을 갔다. 2017년 하반기 김영일 검사가 서울중앙지검 특수부로 옮기고 나서도 출정은 계속됐다. 중앙지검 특수1부 1003호 출정 기록에 따르면 2017년 10월부터 2018년 7월까지 김성훈은 34번 출정을 갔다.

이렇게 자주 출정을 다니던 김성훈은 역시 김영일 검사실에 상주하다시피 출정을 다녔던 브로커 죄수 이 씨와 만나게 된다. 김성훈과 이 씨가 김영일 검사실에 동반 출정을 나간 건 2017년 1월부터 2018년 7월까지 모두 21번에 이른다. 검사실에서의 만남을 거듭하면서 두 사람은 김성훈의 형집행정지 방법을 모색했고 그 결과 죄수 K에게 돈을 주고 로비를 부탁한 것으로 추정된다. 결국 죄수들 사이에서 추진된 불법적인 형집행정지 로비의 출발점 역시 특수부 검사실이었던 것이다. 김영일 검사는 김성훈과 이 씨를 각각 다른 사건으로 불러 조사했을 뿐이라는 입장만 밝혔다.

1조 사기범과 검찰

피해자들 앞에 나타난 백마 탄 왕자

2016년 9월 김성훈이 구속된 뒤 IDS홀딩스 사건 피해자들은 분열했다. 모든 것이 사기였음을 받아들이고 김성훈을 엄중히 처벌해달라는 강경파들이 있는 반면 '검찰이 뭔가를 오해해서 김성훈을 구속했지만 결국은 김성훈이 무죄를 입증하고 나와서 우리의 돈을 갚아줄 것'이라는 믿음을 유지한 온건파들도 있었다. 제3자 입장에서 보면 그런 믿음을 유지한다는 게 비합리적으로 보일지 모른다. 그러나 잃은 돈이 많고 그 돈이 절실하면 할수록 그런 생각에 빠지기 쉬운 법이다. 흔히 말하는 '매몰비용의 오류'다. 더군다나 상대는 세 치 혀로 1조 원을 끌어 모은 희대의 사기꾼이 아닌가. 숫자로 따지면 강경파보다 온건파가 훨씬 많았다. 김성훈의 재판정에서는 양측의 말다툼과 몸싸움이 벌어지기도 했다.

2017년 2월 김성훈은 1심 재판에서 징역 12년을 선고받는다. '김성훈이 풀려나와야 돈을 돌려받을 수 있다'고 믿었던 온건파는 크게 실망했다. 반면 강경파들은 '형량이 너무 적다'고 반발했다. 그런데 이렇게 대립된 입장으로 갈라져 우왕좌왕하던 투자자들 앞에 마치 백마 탄 왕자처럼 한 사업가가 나타났다. 2017년 5월의 일이었다.

스스로를 '한 회장'이라고 부르던 사업가 한 씨는 온건파의 리더들에게 접근했다. 온건파의 리더 가운데는 IDS홀딩스의 중간 모집책들이 섞여 있었다. 이들은 '지점장'이라고 불렸다. 스스로도 투자금을 집어넣어 손해를 보기도 했지만 다른 사람들의 투자금을 적극 유치해 피해를 주기도 한, 피해자이면서 가해자인 사람들이다. 이들은 지난 몇 년 동안 자신들을 먹고 살게 해 준 김성훈에게 신뢰가 특히 높았다. 사업가 한 씨는 먼저 이들을 만나 스스로를 8천 억대의 자산가라고 소개했다. 서울 청담동 대로변 빌딩의 한 층을 전부 임대한 자신의 사무실을 보여주었고 룸살롱에 데려가 수백만 원어치의 향응을 접대했다. 누가 봐도 성공한 사업가의 외양이었다. 그러면서 그는 이렇게 제안했다. 김성훈과는 17년 지기인데 그동안 신세진 것이 많아 어려움에 빠진 걸 모른 척할 수가 없다, 그래서 김성훈을 대신해 IDS홀딩스 피해자들이 투자한 돈을 갚아주겠다. 이른바 '대위변제'를 해주겠다는 제안이었다. 온건파의 입장에서는 김성훈을 향한 무한 신뢰가 드디어 보답 받는 순간이었을 것이다.

대위변제의 구체적 방법은 이렇다. 일단 SPC, 즉 특수목적법인을 설립한 뒤 그 SPC를 통해 '울트라 캐퍼시터'라는 축전지의 판매권을 보유한 '알텀캡'이라는 회사를 인수한다.[41] 그 다음에 SPC의 지분을 피해자들에게 나누어준다. SPC의 이름은 자신의 이름을 따서 'H&

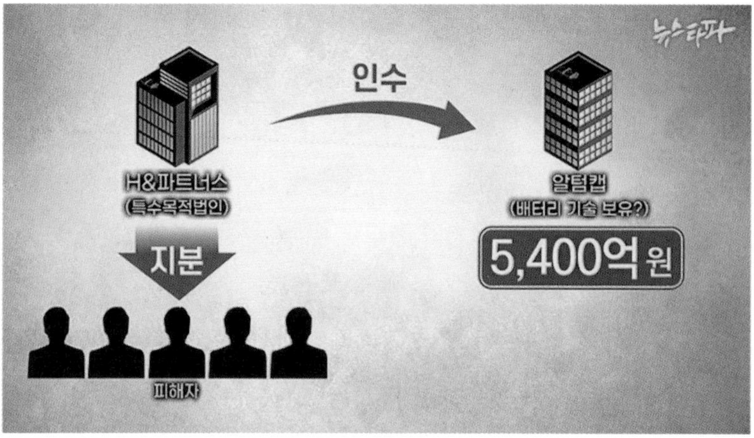

파트너스'로 지었다. 일종의 지주회사다. 인수 대상인 알텀캡이라는 회사의 가치는 무려 5400억 원에 이르는데다 앞으로 사업이 잘 되면 1조 원 이상이 될 수도 있어 피해금액을 모두 회복하고도 남을 거라고 했다. 그 근거로 알텀캡의 가치를 5400억 원으로 평가한 유명 회계법인의 보고서를 제시했다.

사업가 한 씨는 김성훈의 측근들 즉 지점장들과 미리 이런 대위변제안을 상의한 뒤 피해자들 수백 명을 모아 계획을 발표했다. 이 자리에 한 씨는 나타나지 않았고 대신 그의 측근들이 나와 피해자들을 설득했다. 자신을 최대한 드러내지 않는 용의주도함이다.

"돈을 얼마나 잘 버냐면, 우주선 뜨고 인공위성 뜨고 그리고 어

41 '알텀캡'은 이 기술을 보유한 미국 회사 FastCap과 아시아 독점 판매 계약을 체결했다고 했다. '울트라 캐퍼시터' 기술이란 극한 상황에서도 작동하는 에너지 저장용 축전지를 만드는 기술이다.

떤 극한 환경에서 하는 탱크라든지 무기들, 시추기들처럼 땅 끝 깊은 곳에서도 전력을 발생시켜야 하는 그런 곳에서도, 극한 상황에서도 견뎌낼 수 있는 '캐퍼시터'를 가지고 있는 거예요. 그러니까 돈을 얼마나 잘 벌겠어요. 부르는 게 값인데."

—IDS 피해자들을 상대로 한 설명회에서 한 씨 측근의 설명 내용 중(2017년 8월)

백마 탄 왕자의 사기

피해자들은 솔깃했다. 그 대가로 한 씨가 요구한 조건은 단 한 가지, 김성훈에 대한 처벌불원서와 합의서를 써달라는 것이었다. 물론 자세히 따져보면 이들의 얘기에는 허술한 점이 많았다. 이들은 피해자들에게 캐퍼시터 기술에 관한 특허 내용이라며 두터운 영문 자료를 제시했는데 알고 보니 이 자료는 이 회사와 관계없는 논문이었다. 알텀캡은 직원이 5명밖에 되지 않는 회사였고, 국내에 영업망도 갖고 있지 않았다. 그러나 투자한 돈을 하루라도 빨리 되찾아야 한다는 절박함이 피해자들의 눈을 가렸다.

김성훈의 측근들도 바람을 잡았다. "일단 김성훈을 석방시키고 난 뒤에 욕을 하든지, 돈을 갚으라고 요구하자"라는 얘기였다. 감옥에 갇힌 김성훈이 석방된다한들 이미 써버린 돈을 갚을 뾰족한 수가 있을 리 없었지만 그래도 피해자들은 한때 신의 사자처럼 믿었던 김성훈을 다시 한번 믿고 싶었다. 감옥에 갇혀 있던 김성훈 자신도 편지를 보내 피해자들을 설득했다.

"당장 쓸 수 있는 현금으로 합의가 이루어지지 않는 것에 실망하실 수 있겠습니다만 제가 갚아야 할 투자금의 담보라고 생각해 주십시오… (중략) … 여러분 제가 포기하지 않는 이상 절대 포기하지 마십시오. 저는 이번 사건으로 구속될 때까지 거의 10여년을 사업해오면서 여러분과의 약속을 단 한 번도 어긴 적이 없습니다. 얼마가 걸리든 변제하기 위해서 최선의 노력을 다할 것입니다. 저를 믿고, 힘들더라도 따라주십시오."

—대위변제안 설명회에서 대독된 김성훈의 편지 중(2017년 8월)

김성훈의 측근이었던 지점장들은 조직적으로 움직였다. 이름과 주소를 쓰고 인감증명서만 첨부하면 바로 제출할 수 있도록 모든 양식을 출력해 현장에서 나누어주었고 사람을 고용해 현장에 오지 않은 피해자들의 자택을 찾아 다녔다. 결국 피해자들 대부분이 이 대위변제안에 설득됐다. 만 2천 명 가운데 8천여 명, 금액 기준으로는 86%의 피해자가 합의서와 처벌불원서를 써준 것이다. 김성훈의 2심 판결을 불과 한 달도 남기지 않은 시점에 이 합의서와 처벌불원서가 재판부에 제출됐다.[42]

사업가 한 씨의 제안처럼, 정말로 한 씨가 5400억 원짜리 회사를 인수해 그 지주회사의 지분을 IDS홀딩스 사건의 피해자들에게 나누

42 김성훈의 2심 재판에서, 재판부는 이 합의서와 처벌불원서를 양형 사유 중의 하나로 고려했다. 그럼에도 불구하고 "범행으로 인한 피해가 막대한데도 피고는 반성하는 모습을 보이지 않고 있다"면서 1심보다 높은 징역 15년형을 선고했다. 결과적으로 2심에서 감형을 이끌어내고자 했던 사업가 한 씨의 대위변제안 계획은 실패한 것처럼 보이지만, 사실 피해자들이 써 준 합의서와 처벌불원서가 없었더라면 15년보다 더 높은 형량을 받았을 가능성이 높았기에 반드시 실패라고는 볼 수 없다.

어주었더라면 김성훈에게도, 피해자들에게도 윈-윈이 되었을 것이다. 그러나 한 씨가 IDS홀딩스 사건 피해자들에게 접근해 한 말은 새빨간 거짓말이었다. 그가 5400억 원에 이른다고 주장했던 회사의 가치는 아무리 높게 쳐봐야 35억 원 정도밖에 되지 않았다. 심지어 원천기술을 보유했다는 미국 회사도 연매출이 25억 원 정도밖에 되지 않는 중소기업이었다. 기업가치평가가 5400억 원에 이른다는 회계법인의 보고서는 조작된 것이었다. 회계법인은 기업가치평가서가 아니라 사업타당성 검토보고서를 작성했는데, 이를 기업가치평가서로 변조한 것이다. 사업타당성 검토보고서는 회사가 제시하는 자료를 근거로 쓰여지기 때문에 실제보다 매우 낙관적이다. 결국 피해자들은 액면가 100원에 불과한 SPC의 주식을 18만 원짜리로 계산해 합의서를 써준 꼴이 됐다. 합의서를 써주었기 때문에 김성훈에게 민사소송을 걸더라도 불리할 가능성이 높다.

이뿐이 아니었다. 한 씨는 지점장들에게 이른바 '지급보증 수수료' 명목으로 14억 원을 받아 챙겼다. '만에 하나 중간에 문제가 생기더라도 문제없이 피해자들에게 돈을 갚아주려면 지급보증 상품에 가입을 해야 하는데, 거기에 수수료가 필요하다'는 명목으로 돈을 뜯어낸 것이다. 대위변제 사기뿐 아니라 피해자들에 2차 사기 사건이 발생한 것이다. 피해자들은 사업가 한 씨를 자신들을 도와주기 위해 하늘에서 내려온 '백마 탄 왕자'처럼 여겼는데 알고 보니 이미 폭삭 망한 피해자들의 등을 한 번 더 치러 지옥에서 온 야차 같은 존재였던 것이다.

뒤늦게 속았다는 사실을 깨달은 IDS홀딩스 사건 피해자들은 한 씨를 고소했다. 한 씨는 경찰 수사를 피해 병원에 입원해 있던 중 피해자들에게 붙잡혔다. 피해자들이 밤을 새우며 미행을 하는 등 집요한 추적으로 병원에 입원해 있던 한 씨를 발견해 경찰에 신고한 것이다. 한 씨는 결국 다시 구속됐고 사기와 범죄수익은닉 혐의로 징역 5년 형을 선고받았다.

대체 사업가 한 씨는 누구이며, 왜 IDS홀딩스 사건의 피해자들에게 접근했을까. 김성훈과는 대체 어떤 관계이기에 김성훈의 형량을 낮추기 위해 사기까지 친 것일까. 이 의문을 풀기 위해 우리는 다시 서울중앙지검, 김영일 검사실로 돌아가야 한다.

감옥에서 만난 귀인

서울중앙지검 별관에 있는 방위사업수사부는 굵직한 방위산업 비리를 전문적으로 수사하는 조직이다. 그런데 지난 2016년 방위산업 비리와는 아무 관계가 없는 죄수들이 중앙지검 별관 408호 김영일 검사실을 수시로 드나들었다. 앞 장에서 설명한 '사각 거래'와 형집행정지 로비의 주역인 브로커 죄수 이 모 씨, 그리고 IDS홀딩스 사건의 주범 김성훈이 그들이다. 그런데 당시 김영일 검사실에 이들보다 더 자주 드나들었던 죄수가 한 명 더 있었다. 죄수 한 모 씨. 그렇다. IDS홀딩스 사건의 피해자들에게 스스로를 8천억 자산가로 소개했던 그 한 씨다. 지금부터는 그를 사업가 한 씨가 아니라 죄수 한 씨라고 부르겠다.

한 씨가 죄수가 된 사연을 알아보자. 그는 2015년 지인에게 돈 2억 원을 빌린 뒤 그 가운데 1억 원을 갚지 못해 사기 혐의로 고소를 당했다. 특수 강도와 사기 등 전과가 워낙 많은 탓인지 실형을 받아 2016년 9월 구속이 됐다. 그런데 그는 구속 한 달 만인 11월부터 방위사업수사부 김영일 검사실에 출정을 다니기 시작했다. 2017년 3월 초 출소할 때까지 넉 달 반 동안 그의 출정 횟수는 무려 50회에 달했다. 일주일에 두세 번꼴이다. 이렇게 열심히 출정을 다니던 한 씨는 2017년 3월 초 고소인에게 1억 원을 갚고 합의해 보석으로 석방됐다. 단순 사기범이었던 한 씨가 방위사업수사부에 그토록 자주 출정을 다닌 이유는 뭘까? 불과 다섯 달 전 1억 원을 갚지 못해 구속까지 됐던 그가 감옥 안에서 어떻게 돈을 마련해 빚을 갚고 보석으로 풀려났을까?

우리는 한 씨의 출소 뒤 한 씨에게 동업 제안을 받고 한 달 반 동안 같은 사무실을 썼던 사업가 김 모 씨를 만났다. 동업했던 한 달 반 동안 한 씨는 그에게 많은 얘기를 해줬다. 아래는 그가 전해준 얘기를 정리한 것이다.

"김성훈이 구속되고 한 달 뒤 브로커 죄수 한 씨가 구속됐다. 그런데 우연히 두 사람은 서울구치소의 같은 방에 수감됐다. 그런데 한 씨는 수감되자마자 김영일 검사실에 밥 먹듯 출정을 다니기 시작한다. 한 씨가 김영일 검사실에 출정을 갔던 것은, 그 역시 죄수 이 씨처럼 김영일 검사에게 사건 정보를 물어다주는 '브로커'였기 때문이다.[43] 김성훈의 입장에서 보면, 한방에 있던 한 씨가 신기하

43 김영일 검사와 한 씨의 인연은 2010년경 인천지검에서 시작이 됐다. 이에 대해서는 다음 장에서 자세히 다루도록 하겠다.

고 부러웠을 것이다. 자신은 무려 1조원이나 해먹은 '범털'이고 죄수 한 씨는 보잘것없는 잡범인데다가 새로 들어온 '신병'인데 어떻게 검사실을 드나들며 거물 행세를 한단 말인가? 김성훈은 한 씨에게 접근했다. 자신도 출정을 갈 방법이 없는지 물어봤다. 한 씨는 김성훈이 자신에게 도움이 되는 정보를 갖고 있는지 '간'을 봤다. 둘의 이해관계가 맞아떨어졌다. 한 씨는 김영일 검사에게 '김성훈에게 좋은 사건 정보가 있으니 김성훈도 출정을 시켜 달라'고 요구했다. 김영일 검사는 과거 실적이 좋았던 한 씨를 다시 한번 믿어줬다. 그래서 김성훈도 한 씨와 함께 출정을 시키기 시작했다.[44]"

사업가 김 씨가 한 씨에게 들었다는 얘기들은 사실일까. 우리가 확보한 김영일 검사실 출정 기록을 보면 사실일 가능성이 높아 보인다. 한 씨는 구속 한 달 뒤인 2016년 11월 20일부터 2017년 1월 11일까지 두 달 동안 16번, 일주일에 두 번꼴로 김영일 검사실에 출정을 나갔다. 이 시기는 한 씨 혼자서만 출정을 나갔다. 아마 이때가 김성훈이 한 씨를 관찰하다 접근한 시기였을 것이다. 그리고 1월 12일부터 한 씨와 김성훈이 함께 출정을 나가기 시작했다. 이때쯤 한 씨가 김영일 검사에게 김성훈의 얘기를 하면서 허락을 받았을 것이다. 이후 한 씨가 출소한 2017년 3월 초까지, 두 사람은 40여 일 가운데 무려

44 김영일 검사는 특수1부로 옮긴 뒤 김성훈의 제보에 근거해 구은수 전 서울지방경찰청장과 이우현 전 자유한국당 의원의 보좌관의 뇌물 사건을 수사했다. 다만 구은수 전 청장은 뇌물혐의에 대해 무죄를 선고받았다.

열은 색은 죄수 한 씨, 짙은 색은 김성훈의 출정 일자다. 처음에는 죄수 한 씨만 출정을 다니다 1월 12일부터 두 사람이 함께 출정을 다니기 시작했다.

23일 동안 함께 출정을 나갔다.

사업가 김 씨가 한 씨에게 직접 들었다는 얘기를 더 조금 더 들어보자.

"김성훈과 한 씨는 함께 김영일 검사실에 드나들면서 더욱 가까워졌다. 한 씨는 김성훈에게 아직 돈이 있다는 것을 알게 된다. 그 돈은 김성훈이 IDS홀딩스로 벌어들인 돈 가운데 일부를 은닉해놓은 범죄 은닉자금이다. 김성훈은 한 씨에게 '브로커'의 재능이 있다는 걸 알아본다. 두 사람의 필요가 다시 한번 맞아 떨어진다. 김성훈은 한 씨에게 자신의 2심 형량을 낮추기 위한 작업을 맡긴다. 2심 형량을 줄이기 위해서는 IDS 피해자들로부터 합의서를 받아내야 했는데 이 일의 적임자가 한 씨라고 본 것이다. 한 씨는 '작업비'

를 요구했다. 그래서 김성훈은 일단 한 씨가 출소할 수 있도록 1억 원을 합의금으로 지불했고, 출소 뒤에도 '작업'에 필요한 돈을 한 씨에게 줬다. 물론 이 돈은 김성훈의 범죄수익 은닉자금 가운데 일부였다."

이 얘기도 사실일까. 한 씨 구속 이후 진행된 검찰 수사로 김성훈이 홍콩에 숨겨두었던 27억 원을 한 씨에게 송금한 사실이 확인됐다. 이 돈으로 한 씨는 거물 사업가 행세를 하며 피해자들에게 접근했고 다시 한번 사기를 쳤다. 검찰은 한 씨를 사기 혐의뿐 아니라 범죄수익 은닉 혐의로도 기소했다. 김성훈으로부터 받은 27억 원이 피해자들에게 사기를 쳐서 벌어들인 범죄수익이었기 때문이다. 피해자들 입장에서 보면 정말이지 기가 막힌 일이다. 애초에 자신들의 돈이었던 범죄수익이 다시 자신에게 사기를 치는 자금으로 사용된 것이니 말이다.

그러나 한 씨와 김성훈의 입장에서 보면 두 사람은 서로에게 '귀인'이었다. 한 씨는 김성훈 덕분에 합의금을 지불한 뒤 출소해 사업가 행세를 하면서 또 한 번 사기를 칠 수 있었고, 김성훈은 한 씨 덕분에 피해자들로부터 합의서와 처벌불원서를 받아냈으니 말이다. 한 씨의 검거 이후 형식적으로 보면 김성훈은 27억 원을 뜯긴 피해자임에도 불구하고 한 씨를 고소하지 않았다. 이 점으로 미루어보면 김성훈은 처음부터 한 씨의 대위변제안이 사기라는 것을 알고 있었을 가능성이 크다.

검사실에서 범죄를 모의하다

이 모든 일이 일어난 배경은 바로 김영일 검사실이었다. 김성훈과 한 씨 두 사람이 구치소에서 같은 방을 썼다고 해도 이들이 함께 검사실에 출정을 나가지 않았다면 대위변제사기와 피해자들에 대한 2차 사기는 불가능했을 것이다. 이런 범죄를 모의하려면 외부와 수시로 소통을 해야 할 뿐 아니라 숨겨놓은 돈을 움직여야 하기 때문이다. 김영일 검사는 "김성훈과 한 씨는 각자의 사건이 있어서 따로 부른 것일 뿐"이라고 해명했다. 두 사람이 어떤 범죄를 모의했든 자신이 부른 것과는 무관하다는 주장이다.

그런데 우리는 취재 과정에서 IDS홀딩스의 자금 담당 총책, 즉 김성훈의 금고지기가 김영일 검사실에서 김성훈과 독대를 하는 것을 봤다는 목격자의 진술을 입수했다. 목격자는 IDS홀딩스 사건에서 정관계 로비를 담당했던 인물로 한때 구속이 됐다. 그 역시 죄수의 신분으로 김영일 검사실에 출정을 나갔는데 이때 김성훈의 금고지기가 김영일 검사실에 불려와 김성훈과 독대를 하는 모습을 봤다는 것이다. 이 금고지기는 홍콩에 있던 김성훈의 범죄은닉자금 27억 원을 죄수 한 씨에게 전달하는 데 핵심 역할을 했던 인물이다. 따라서 범죄수익을 한 씨에게 줘서 가짜 대위변제 계획을 실행하라는 지시, 즉 피해자들을 향한 2차 사기 지시가 김영일 검사실에서 이뤄졌을 가능성을 배제할 수 없다.

김영일 검사의 보다 적극적인 개입이 있었음을 시사하는 진술도 있다. 죄수 한 씨는 김성훈의 도움으로 합의금을 마련해 출소한 뒤 접견 변호사를 한 명 고용했다. 이 접견 변호사를 김성훈에게 보내 수시로 상의를 했다. 당시 접견 변호사로 고용됐던 최 모 씨가 IDS 사건 피해자들에게 한 말이다.

"한○○ 씨가 김영일 검사한테 김성훈 씨 출정을 부탁하면 제가 접견에 들어가서 이날은 출정 나간다, 이날은 못 나간다, 그거 전해주는 일이 주요 업무였어요. 예를 들어 어떤 날 출정이 가능하다고 했는데 갑자기 안 된다고 하면 저를 통해서 그날은 안 된다는 걸 제가 전달을 했던 거예요. 이런 것도 처음에는 신기했죠. 그래서 한○○ 씨가 이런 사람인지를 모르고, 아 되게 재력도 그렇고 힘이 센 사람인가보다…"

—한 씨가 고용했던 접견 변호사 최 모 씨 진술 중

그러니까 최 변호사의 얘기는 이런 거다. 먼저 한 씨가 김영일 검사와 통화를 한다. 이 통화에서 한 씨와 김영일 검사는 김성훈의 출정 일정을 조율한다. 일정이 정해지면 접견 변호사 최 씨가 김성훈을 찾아가 정해진 출정 일정을 전달한다. 김성훈은 출정 일정에 따라 자신의 자금 담당이나 가족을 검사실로 불러달라고 최 변호사에게 지시한다. 최 변호사의 말이 사실이라면 감옥에 있던 김성훈과 출소한 한 씨가 범죄를 모의하는 데 김영일 검사가 확실한 소통 채널을 마련해주었다는 뜻이 된다.

우리는 이 두 가지 사실, 즉 김영일 검사실에서 김성훈과 금고지기가 독대를 했다는 목격자의 진술과 김영일 검사가 한 씨와 사전에 김성훈의 출정 일정을 조율했다는 최 변호사의 진술을 김영일 검사에게 전달하고 다시 한번 입장을 물었다. 김영일 검사는 "허위 사실이 보도될 경우 법적 조치를 취하겠다"라는 답변만을 전해왔다.

죄수 한 씨와 김성훈이 얽힌 지금까지의 이야기는 특수부 검사가 죄수들을 브로커로 활용하는 것이 얼마나 위험한지를 보여준다. 앞 장에서 다룬 브로커 죄수 이 씨의 사례가 그런 관행 때문에 배양된 지저분한 감옥 안의 생태계를 보여준다면, 한 씨와 김성훈의 사례는 그 생태계가 얼마든지 감옥 바깥의 세상도 혼탁하게 만들 수 있다는 것을 증명한다. 검찰에 정의를 기대했던 피해자들은 오히려 검사의 협조 아래 모의된 2차 범죄의 피해를 입었다. IDS홀딩스 사건 피해자 가운데 일부는 지난 2018년 브로커 죄수 한 씨의 범죄 행각이 드러나자 검찰에 김영일 검사를 감찰해 달라는 진정서를 접수했다. 그러나 검찰은 2년이 넘도록 아무런 결과를 내놓지 않고 있다. 김영일 검사는 이 사건 이후에도 승승장구했다. 그는 서울남부지검 부장검사를 거쳐 대검 수사정보담당관으로 영전했다가 2020년 8월에야 제주지검 형사1부장으로 좌천됐다. 그러나 그가 좌천된 배경은 추미애 법무부장관이 윤석열 검찰총장의 측근인 특수통 검사들을 일괄적으로 좌천시킨 것으로 IDS홀딩스 2차 사기 사건 책임과는 관련이 없다.[45]

45 뉴스타파 <죄수와 검사> 세 번째 시즌 2편이 보도된 이후 IDS 사건 피해자들은 보도 내용을 근거로 김영일 검사를 고발했다. 2020년 10월 19일 서울중앙지검에 접수된 고발장에 적시된 혐의는, 직권남용 권리행사방해와 직무유기다.

은닉자금은 나의 힘

죄수들에게 돈은 힘이다. 돈이 있으면 그걸 영치금으로 넣어서 음식도 사먹을 수 있고 신문도 마음껏 구독할 수 있다. 내의도 추가로 구매해 교도소 안의 추운 겨울을 그나마 좀 따뜻하게 날 수도 있다. 그보다 돈이 많으면 접견 변호사를 몇 명씩 두고 거의 매일같이 변호사 접견을 나갈 수도 있다. 그런데 이런 자잘한 효용보다 더 중요한 돈의 효용은 바로 검사와 브로커 죄수들 사이에 벌어지는 '거래'에 한몫 낄 수 있다는 것이다. 아는 검사가 없어도, 검사에게 제보할 사건 정보가 없어도 돈만 있으면 삼각 거래나 사각 거래의 한 축이 되어 검사실에 출정을 다닐 수 있다.

이 장에서 설명한 죄수 이 씨를 중심으로 한 '사각 사건 거래'와 죄수 한 씨를 중심으로 벌어진 대위변제 사기 역시 김성훈의 돈을 중심으로 벌어진 일이었다. 김성훈은 감옥에 갇힌 죄수의 신분이었지만 출정이라는 명목으로 김영일 검사실에 수시로 나가 만나고 싶은 사람을 만나고 먹고 싶은 음식을 먹었다. 그리고 브로커 죄수 이 씨와 한 씨를 자신의 형집행정지나 감형을 위한 '작전'에 마치 아랫사람처럼 동원했다. 힘의 근원은 역시 그가 가지고 있던 돈이다.

그런데 김성훈은 공식적으로는 돈이 없다. 없어야 한다. 검찰이 IDS홀딩스 사건을 수사하면서 범죄수익을 모두 몰수했기 때문이다. 그러나 김성훈은 김영일 검사에게 상납할 사건을 사기 위해서 8천만 원을 썼고 자신의 형집행정지 로비를 위해서는 3억 원을 제시했다. 브로커 죄수 한 씨를 출소시키기 위해 1억 원을 내줬고 2심에서 감형을 받아내기 위한 작전 비용으로 27억 원을 줬다. 대체 그 돈은 어디서 나온 걸까.

김성훈의 1심 판결문을 보면 짐작되는 바가 있다. 김성훈이 피해자들로부터 끌어 모은 돈은 1조 855억 원이다. 이 가운데 4834억 원은 피해자들에게 투자 원금과 수익금으로 지급했다. 폰지 사기의 특성상 상당 기간 피해자들에게 정상적으로 수익금을 지급해야만 사기가 유지되기 때문이다. 3163억 원은 신규 투자자 유치와 각종 프로모션 비용으로 썼다. 그리고 FX 마진 거래라는 사기의 외양을 갖추기 위해 국내와 해외의 각종 법인을 설립하거나 인수하는 데 든 돈이 838억 원이다. 이렇게 사용처가 규명된 돈이 8844억 원이므로 전체 투자금 1조 855억 원 가운데 2011억 원이 남아 있어야 했다. 그러나 검찰이 김성훈에게 압수한 돈은 910억 원 뿐이었다. 1101억 원은 사용처가 규명되지도 않고 압수되지도 않은 채 사라져 버렸다. 이 돈이 바로 김성훈의 은닉자금으로 추정된다.

김성훈이 브로커 죄수 이 씨와 죄수 K를 이용해 형집행정지 로비를 추진할 때 죄수 K는 이런 얘기를 들었다고 한다. "형집행정지가 성사되어서 며칠만이라도 나갈 수 있으면 홍콩에 숨겨놓은 3백억 원을 움직일 수 있다. 형집행정지가 되기만 하면 추가로 성의표시를 하겠다." 감옥 안에 갇힌 상태에서도 검사실에 출정을 나가면서 만난 금고지기를 통해 돈을 움직였지만 아무래도 자신이 직접 나가야만 움직일 수 있는 자금도 있었을 것이다. 즉 김성훈이 그토록 간절하게 형집행정지를 원했던 이유는 역시 은닉자금 때문일 가능성이 높다. 그렇다면 합리적으로 이런 추론을 해볼 수 있다. 어딘가에 적게는 수백억 원, 많게는 천백억 원에 이르는 범죄수익 은닉자금의 저수지가 있고, 김성훈은 그 저수지에서 필요할 때마다 돈을 꺼내 쓰고 있는 것이 아닐까 하는 추론이다. 우리는 취재 과정에서 이 저수지, 그러니까 아직 드러나지 않은 김성훈의 범죄수익 은닉자금 단서들을 입수했다.

그들이 흘린 '저수지'의 물방울들

2018년 4월 어느 날 IDS홀딩스 피해자 모임의 대표[46] 정은희 씨는 누군가를 자동차로 미행하고 있었다. 브로커 죄수 한 씨의 어머니였다. 정은희 씨가 한 씨의 어머니를 미행했던 것은 한 씨를 잡기 위해

46 피해자 모임은 여러 개로 갈라져 있다. 정은희 씨가 대표를 맡고 있는 모임은 'IDS피해자 비대위'다.

서였다. 대위변제안이 사기라는 것을 알게 된 피해자들이 한 씨를 경찰에 고소하자 한 씨가 어디론가 숨어버린 것이다. 경찰도 그의 행방을 찾지 못했다. 피해자들은 한 씨의 누나가 경찰에 참고인으로 출석하는 날 경찰서 앞에서 조용히 기다렸다. 조사를 마친 한 씨의 누나는 기다리고 있던 승용차에 올라탔다. 한 씨 어머니의 차였다. 피해자들은 조용히 승용차를 미행했다. 어디선가 한 씨를 만나지 않을까. 그러나 한 씨의 어머니는 한 씨의 누나를 병원에 내려주고는 경기도 여주의 집으로 갔다. 피해자들도 따라갔다. 그러나 집 앞에 주차된 한 씨 어머니의 승용차는 더 이상 움직이지 않았다. 아, 오늘도 허탕인가. 그러나 그날만큼은 더 있어 보기로 했다. 밤새 차에서 잠복하며 기다렸다. 아침이 되자 다시 승용차가 움직이기 시작했다. 바로 전날 한 씨의 누나를 내려줬던 병원이었다.

"어라? 이 병원을 왜 오지? 뭔가 있는 것 같아요. 병실마다 다 한 씨를 찾아봐라. 한 씨라고 써 있는 사람을. 그래서 우리가 찾은 거예요. 그 뒤에 경찰한테 전화해서 한○○을 검거했죠."

—IDS 피해자 비대위 정은희 대표 인터뷰 중

병원에 입원 중이던 한 씨는 그렇게 검거됐다. 그런데 한 씨는 경찰 병원으로 이송되는 과정에서 봉투를 하나 떨어뜨렸다.

"봉투가 땅에 떨어졌는데 우리는 이제 그게 얘(한 모 씨) 건지도 몰랐죠. 뭐 당시에 막 난장판이었으니까. 그래서 우리 앞에 가던 다른 환자에게 가져다주려고 했는데 그 환자가 병실에 들어가 버

브로커 죄수 한 씨가 떨어뜨린 봉투에서 나온 서류. 김성훈의 은닉 자금을 추적할 수 있는 단서다.

리고 문이 닫히는 바람에 없어져버렸어요. 그래서 '뭔가 보자'하고 열어봤는데 이게 웬걸? 우리랑 관련된 것이더라고요."

—IDS 피해자 비대위 정은희 대표 인터뷰 중

이렇게 입수된 봉투에는 브로커 죄수 한 씨가 돈을 어디에 얼마나 쓰고 다녔는지를 말해주는 자료들이 들어 있었다. 자료는 크게 두 묶음으로 나뉜다. 첫 번째 묶음은 한 씨가 대납한 김성훈의 변호사 비용 내역이다. 한 씨는 2017년 3월 출소하자마자 김성훈의 변호사 비용을 내기 시작했다. 김성훈의 변호를 맡은 법무법인 태평양에 2017년 3월 10일 5천 5백만 원을 보낸 것을 시작으로 서너 달에 걸쳐 모두 6억 2천 6백만 원의 변호사비를 보냈다. 두 번째 묶음은 한 씨 개인 채무 상환 영수증이다. 한 씨는 출소하자마자 어디서 돈이 났는지 오래된 빚을 갚고 다녔는데 채권자들에게 '빚을 갚았다'는 증명으로 영수증을 받은 것이다. 2017년 4월 7일 한 씨는 채권자 이 모 씨에게 1억 7천만 원, 노 모 씨에게 1억 5천만 원, 그리고 전 모 씨와 유 모 씨에게 각각 8천만 원과 2천만 원을 갚았다. 그 외 자잘한 것까지 모두 합하면 한 씨 자신의 개인 채무를 해결하는 데 쓴 돈이 6억 3천만 원이다.

이게 왜 중요하냐면, 한 씨가 이 돈을 쓴 시점 때문이다. 한 씨가 IDS 홍콩법인으로부터 은닉자금 27억 원을 송금 받은 것은 이미 앞에서 설명했다. 판결문에 따르면 한 씨가 송금을 받기 시작한 건 2017년 6월 5일부터다. 그런데 한 씨가 돈을 쓰고 다닌 건 3~4월 경이다. 따라서 한 씨가 이 시기에 사용한 김성훈의 변호사 비용과 자신의 채무 변제 비용은 이 27억 원과는 무관한 돈이 된다. 즉 한 씨는 검찰이 수사해서 기소한 27억 원 외에도 김성훈의 돈을 더 받았다는 뜻이다. 그렇다면 아직 검찰이 건드리지 못한 김성훈의 은닉자금 저수지가 어딘가에 있을 가능성이 높다.

한 씨가 27억 원을 송금받기 전에 쓰고 다닌 돈이 더 있는지 추적했다. 검찰이 수사하지 않은 김성훈의 은닉자금이 얼마나 더 있는지를 가늠해보기 위해서였다. 동업 제안을 받고 한 달 반 동안 한 씨와 같은 사무실을 썼던 사업가 김 모 씨의 증언에 따르면 한 씨는 경기도 성남시의 공공임대아파트 건축사업을 추진한 적이 있다고 한다. 이 사업을 하기 위해서는 땅값의 10%인 50억 원을 예치해야 하는데 한 씨의 누나가 가방에 현금과 수표 20억 원을 들고 은행에 나타났다고 한다. 김 씨는 당시 이 돈을 은행에 예치하고 발급받은 잔고증명서를 보여줬다. 잔고증명서의 발급 날짜는 2017년 4월 11일, 역시 한 씨가 김성훈으로부터 27억 원을 송금받기 한참 전이다.

그런데 의미심장한 대목이 있다. 한 씨의 누나가 가져온 20억 원이 현금과 오래된 수표가 뒤섞인 돈이었다는 점이다. 그래서 은행에서 수표를 조회하느라 큰 소동이 벌어졌다는 것이다. 이와 관련해 주목할 만한 것은 IDS홀딩스 사기가 진행될 당시 김성훈이 '현금 프로모션'을 자주 했다는 피해자들의 증언이다.

> "두 달에 한 번꼴, 석 달에 한 번꼴로 현금 프로모션을 한 거예요. 고객 입장에서는 현금으로 투자를 하든 계좌이체로 투자를 하든 똑같잖아요? 그런데 현금으로 갖다 주면 그거에 대한 수익을 약정 이상으로 더 주는 거예요. 그러니까 천만 원 당 10만 원을 더 주는 거야. 그래가지고 당시에 아줌마들이 보자기에 막 돈 싸 가지고 와서… 지금 생각하니까 그게 너무 분하고 억울해요."
>
> —IDS 피해자 비대위 정은희 대표 인터뷰 중

IDS홀딩스가 건재할 무렵 즉 한창 사기를 칠 당시 김성훈이 피해자들에게 현금 투자를 유도했다는 것이다. 그렇게 모인 현금 가운데 일부를 비자금으로 조성했을 가능성이 엿보이는 대목이다. 그렇게 모은 현금과 수표를 계좌에 넣지 않은 채 어디엔가 현물로 보관을 했고 이 중 일부를 그대로 한 씨에게 건넨 것으로 보인다. 따라서 한 씨의 누나가 들고 온 20억 원은 결국 김성훈이 조성해 은닉해 둔 별도의 비자금에서 나온 돈일 가능성이 높다. 이 20억 원 외에도, 한 씨가

27억 원을 송금받기 전에 쓰고 다닌 돈은 더 있다. 한 씨는 2017년 4월 한 연예기획사에 투자를 한다며 5억 8천만 원을 송금했다. 그리고 역시 2017년 4월 초에는 누나의 주식 계좌로 무려 53억 원어치의 주식을 매입했다.

정리해보자. 브로커 죄수 한 씨는 출소한 직후인 2017년 3월부터 6월 사이 다음과 같은 돈을 쓰거나 보유했다. 1) 김성훈의 변호사비 6억 2천여만 원 2) 한 씨 본인의 빚을 갚거나 합의금으로 쓴 6억 3천만 원 3) 성남시 공공임대아파트 사업 계약금으로 한 씨의 누나가 들고 온 20억 원 4) 연예기획사에 송금한 5억 8천만 원 5) 한 씨 누나의 주식 계좌에 들어있던 53억 원. 이 돈을 모두 합하면 91억 원에 이른다. 사무실 임대료와 직원 인건비, 룸살롱 술값 등은 별도다.

앞에서 설명한 것처럼, 한 씨가 이 돈을 쓰고 다닌 것은 검찰이 수사해 기소한 27억 원이 송금되기 전이다. 검찰이 알아낸 IDS 홍콩법인의 저수지 외에 김성훈의 은닉자금 저수지가 더 있을 것으로 추정되는 이유다. 이 돈들은 천억 원가량이 숨겨져 있을 것으로 추정되는 그 저수지에서 흘러나온 '물방울'들인 셈이다.

검찰은 수사하지 않았다

물방울들을 따라가면 결국 저수지에 이르게 된다. 만약 경찰과 검찰이 이 자금의 출처를 파헤쳤다면 적게는 수백억 원, 많게는 천백억 원에 이르는 김성훈의 은닉자금 저수지를 찾을 수 있었을지도 모른다. 과연 수사는 제대로 이루어졌을까? 한 씨가 체포된 2018년 4월로 돌아가 보자.

한 씨를 체포한 서울 송파경찰서. 체포 뒤 본격적인 수사가 시작됐다. 한 씨와 한 달 반 동안 사무실을 같이 썼던 사업가 김 씨가 이 모 수사관에게 참고인 조사를 받고 있다. 그는 자신이 함께 일하면서 목격한 한 씨의 돈 씀씀이를 진술했다. 성남의 임대 주택 사업을 위해 한 씨가 누나를 통해 동원한 현금과 수표 20억 원 등에 관한 얘기다.

"그 돈이 다 얼마겠습니까. 이게 이해가 가십니까? 이거 하나만 파헤쳐도 수사관님 진급할 겁니다. IDS 사건 피해자들이 연명으로 도장 찍어서 다 진급시키라고 할 거란 말입니다."

"우리야 검찰에서 지휘하는 대로 할 수밖에 없어서요…"[47]

한 씨를 직접 체포해 경찰에 넘긴 IDS 사건의 피해자들도 송파경찰서를 찾아왔다. 이들의 가장 큰 관심사는 김성훈에게 뜯긴 피해금액을 한 푼이라도 회복하는 것이었기 때문에 이들은 한 씨가 쓰고 다닌 김성훈의 은닉자금을 적극적으로 제보했다. 한 씨 누나의 주식 계좌에 들어 있던 정체불명의 53억 원도 마찬가지, IDS 피해자들은 경찰에 자료를 제시하면서 김성훈의 범죄수익일 가능성이 높으니 수사해달라고 요구했지만 역시 이루어지지 않았다.

"'이게 증거물이니까 키움증권 가서 너네가 수사 영장을 쳐달라

47 사업가 김 씨의 진술에 따라 재구성한 대화 내용이다.

고 얘기하면 나올 거 아니냐' 그랬더니 이게 범죄 자금이 아니라는 거예요."

"결국 계좌 압수수색이나 이런 것도 못했어요?"

"못했어요. 뭐 수사 내부 사항이니까 안 알려준다 그러고. 그러니 내가 뭔 수로 그걸 알아내겠냐고요. 뭐 어떤 방법으로."

—IDS 피해자 비대위 정은희 대표 인터뷰 중

경찰 수사 단계에서 은닉자금 추적이 제대로 이루어지지 못한 것은 나름의 사정이 있다. 경찰이 피의자를 체포할 때는 구속 기간이 최대 10일이고 그 뒤에는 무조건 사건과 피의자를 검찰에 송치해야 하기 때문이다. 즉 경찰 입장에서는 한 씨를 체포한 뒤 충분한 수사 기간을 가질 수가 없었던 것이다.

한 씨의 체포 열흘 뒤 사건은 서울동부지검으로 넘어갔다. IDS 피해자들은 이번에는 검찰을 찾아갔다. 계속 자료를 제출하며 김성훈의 은닉자금 수사를 요청했다. 수사담당 검사를 만나서 자료를 제출하기도 했고 진정서를 접수하면서도 자료를 제출했다. 그러나 검찰은 움직이지 않았다. IDS 사건 피해자들은 수사 기간 연장을 요청했지만 그마저 받아들여지지 않았다. 결국 검찰은 IDS 사건 피해자들이 제출한 수많은 증거들을 무시하고 계좌 내역이라는 확실한 증거가 있는 27억 원에 대해서만 한 씨를 범죄수익 은닉 혐의로 기소했다. 기소 이후 IDS 피해자들은 공소장 변경을 요구하며 자료를 다시 한번 제출했지만 검찰은 꿈쩍도 하지 않았다. 김성훈이 숨겨놓은 범죄수익을 수사할 기회를 스스로 차 버린 것이다.

"걔(브로커 죄수 한 씨)는 또 별도의 은닉을 한 거예요. 뭐 집에서 현금 20억이 나올 정도인데. 그 어딘가에 얘도 더 은닉을 했다는 이야기지. 눈으로 본 금액이 뭐 20억 원이고 이런 식으로 100억에 가까운 돈을 (제가) 진술했는데 어떻게 기소를 27억만 하냐. 상식적으로 있을 수 없는 일이잖아요. 한○○ 주장에 의한, 딱 드러나 있는 그 홍콩에서 들어온 돈만 기소를 한 겁니다."

—한 씨 지인 사업가 김 모 씨 인터뷰 중

김성훈의 감춰진 범죄수익이 더 있을 것으로 강하게 의심되는 증거들에도 불구하고 27억 원만 기소한 이유를 대검찰청에 물었다. 대검은 "구속 기간 문제로 피의자 한 씨에 대한 사건을 우선 기소했고 김성훈의 추가 범죄수익 은닉 부분에 대해서는 현재 보완 수사 중"이라고 답했다. 그러나 검찰이 김성훈의 범죄수익 은닉자금에 대한 보완 수사를 시작한 건 2020년 3월부터로 확인됐다. 즉 브로커 죄수 한 씨가 구속된 2018년 5월부터 2020년 3월까지 1년 10개월 동안은 사실상 손을 놓고 있던 셈이다. 김성훈과 그 일당이 은닉한 범죄수익 자금을 다른 곳으로 옮겨 놓기에 충분한 시간이다. 여기서 우리는 특수부 검사 김영일과 김성훈, 죄수 한 씨의 관계를 떠올리지 않을 수 없다. 김영일 검사가 한 씨의 검거 이후 진행된 수사에 영향력을 행사했을 수도 있다는 것은 지나친 상상일까.

3장

악의 뿌리

2010년 인천지검

김영일 검사는 죄수 이 씨와 죄수 한 씨를 브로커로 활용했다. 다른 죄수들은 이 두 명의 죄수를 김영일의 '셰퍼드'라고 부르기도 했다. 이 씨와 한 씨는 언제 어떻게 김영일의 '셰퍼드'가 되었을까. 이번 장에서는 죄수와 검사 사이의 음습한 거래가 키워낸 악의 생태계가 시작된 지점을 파헤쳐본다. 일종의 프리퀄이라고 생각하면 되겠다. 특수부 검사들이 어떻게 '셰퍼드'를 만들어내는지, 그리고 이 생태계의 정점에 있는 특수부 검사가 과연 김영일 한 사람뿐인지가 드러날 것이다. 이야기는 2010년 서울 영등포구치소(현 서울남부구치소)에서 시작된다.

죄수 K는 2009년 3월 사기 횡령 혐의로 영등포구치소에 수감됐다. 검사가 고소인에게 뇌물을 받았던 바로 그 사건 때문이다. 2009

년 어느 날 죄수 K는 변호사를 접견하기 위해 변호사 접견실에 갔다가 이상한 풍경을 목격했다. 다른 죄수들이 변호사 접견실의 소파에 모여 앉아 떠들면서 이야기하고 외부에서 들여온 음식을 먹는 모습이었다. 원래 변호사 접견실에서는 물도 마실 수 없도록 돼 있다. 교도관의 묵인이 없이는 불가능한 특혜였다. 이때 변호사 접견실에 있던 죄수 중 한 명이 바로 브로커 죄수 한 씨였다.

그리고 얼마 뒤인 2009년 12월 인천지검 특수부가 영등포구치소를 압수수색했다. 알고 보니 한 씨 등이 변호사 접견실에서 누린 특혜는 교도관에게 뇌물을 주고 얻은 것이었다. 한 씨 등의 죄수가 교도관에게 뇌물을 준 사건을 인천지검 특수부가 수사했던 것이다. 브로커 죄수 한 씨는 수사를 받기 위해 인천구치소로 이감을 갔다. 수사 대상에는 또 다른 죄수 오 씨도 포함됐다. 오 씨 역시 변호사 접견실에서 특혜를 누렸던 죄수다. 죄수 K 역시 곧 인천지검에 참고인으로 소환됐다. 한 씨와 오 씨가 변호사 접견실에서 음식을 먹으며 떠들던 모습을 목격했기 때문이었다.

그런데 여기서도 브로커 죄수 한 씨가 브로커 실력을 발휘해 죄수 K에게 접근했다. 아마도 본인이 살기 위해서였을 거다. 얘기는 이렇다. 죄수 K는 영등포구치소 시절 한 씨에게 '과거에 국세청 직원에게 뇌물을 줬는데 구속되니까 모른 척 하더라, 괘씸하다'는 말을 했다. 지나가는 말이었다. 한 씨는 그 얘기를 잊지 않고 기억했다. 한 씨의 제안은 그 공무원 뇌물 사건을 인천지검 특수부 검사에게 제보하자는 것이었다. 그 대가는 자신과 함께 수사를 받고 있는 죄수 오 씨가 돈으로 주겠다고 했다. 익숙하지 않은가? 정보제공자는 죄수 K로 똑같다. 브로커는 이 씨에서 한 씨로 바뀌었고 돈을 내는 죄수는 김성훈에서 오 씨로 바뀌었을 뿐 1장에서 다룬 '사각 거래'와 똑같은 구조다. 죄수 K는 사정이 궁하기도 했고 국세청 공무원을 괘씸하게 생각하기도 해서 고민 끝에 제보를 하기로 마음먹었다. 검사에게 제보를 하고 오 씨에게 1억 2천만 원을 받았다고 한다. 당시 감옥 밖에서 오 씨의 돈을 관리하던 A 씨의 장부에는 이 주장을 뒷받침하는 거래 내용이 적혀 있다. 죄수 K가 제보를 결심하자 인천지검 특수부는 죄수 K를 영등포구치소에서 인천구치소로 이감시켰다.

'사각 거래'는 대성공이었다. 사건은 당시 지상파 방송사의 메인 뉴스에도 나올 정도로 대대적으로 보도됐다. '사각 거래'에 힘입어 인천지검 특수부가 큰 건을 한 셈이다. 당장 죄수 K에 대한 대접이 달라졌다. 죄수 K는 인천지검 특수부 1011호 장동철 검사실에 딸린 독방을 개인 사무실처럼 사용할 수 있었다고 주장했다. 방에는 전화와 컴퓨터, 소파, 침상까지 갖춰져 있었다고 한다. 여기서 외부 음식도 먹고 담배도 피우고 외부 지인들과 통화도 하고 직접 만나기도 했다. 검사는 또 다른 제보를 원하는 눈치였다고 한다.

> "이 사건의 성공으로 인천지검 특수부는 나를 애지중지(?)하며 온갖 편의를 봐주었다. 이유는 또 다른 뇌물 사건을 협조 받기 위해서. 나는 이때 병신같이 마치 내가 뭐라도 되는 양 우쭐했었다. 전화도 얼마든지. 먹고 싶은 거 다 시켜먹고 심지어는 소주와 고기도 구워먹었다. 지금 생각하면 참으로 부끄러울 따름이다."
>
> —죄수 K의 고발장 중

당시 인천지검 특수부 1011호에서 근무했던 장동철 검사에게 죄수 K의 말이 사실인지 물었다. 장 검사는 "국세청 뇌물 사건을 수사한 건 사실이지만 편의를 제공했다는 건 말이 되지 않는다"라고 주장했다. 죄수 K가 수십 차례 1011호로 출정을 나간 기록을 제시하자 "그 이유는 정확히 기억이 나지 않지만 수사 때문이었을 것"이라고 말했다.

죄수들의 놀이터가 된 특수부 검사실

브로커 죄수 한 씨와 돈을 댄 죄수 오 씨의 '신분'도 바뀌었다. 교도관 뇌물 사건의 피의자로 숨죽이고 있었던 한 씨와 오 씨는 '사각 거래'의 성공에 힘입어 주요 사건의 협조자로 신분이 격상됐다.

> "그때(교도관 뇌물 사건 수사 초기)만 해도 (검찰이) 한○○ 등을 죽일 듯이 했는데 며칠 뒤 김선규 검사실에 가보니 영상녹화실에 한 씨, 오 씨, A 씨(오 씨 애인), B 씨(한 씨 애인) 등이 앉아 있더군요. 상황이 변한 거지요. 검사와 재소자 간 사건 거래로."
>
> —죄수 K의 편지 중

브로커 죄수 한 씨와 오 씨는 주로 인천지검 특수부 1025호실에 출정을 갔다. 죄수 K도 자주 1025호에 가서 이들과 어울렸다. 죄수 K가 그린 1025호 그림을 보면 검사실에 딸려 있는 영상녹화실이 이들의 전용 방이었다고 한다.

죄수 K는 한 씨와 오 씨가 애인을 매일 같이 불러 위의 그 방에서

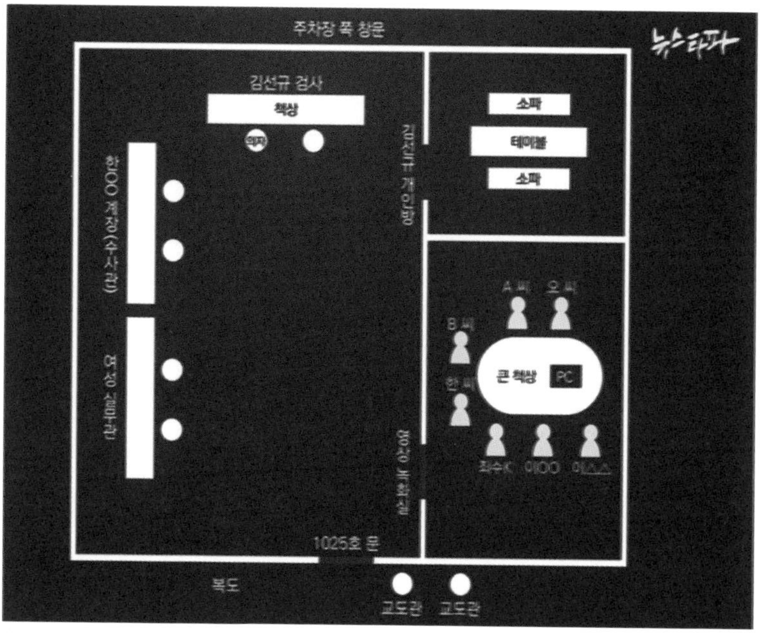

죄수 K가 그린 인천지검 1025호실. 죄수들은 검사실에 딸린 영상녹화실을 '놀이터'로 이용했다.

시간을 보냈다고 말했다. 검사실 계장이 일명 브루스타(휴대용 버너)를 준비해 애인이 사온 고기를 구워 먹고 담배를 피우고 술을 마셨다고 한다. 사실일까. 우리는 당시 검찰청에 자주 왔다는 오 씨의 애인 A 씨를 수소문해 접촉해봤다. A 씨의 증언은 더 구체적이었다. A 씨는 "각종 전을 구워가고, 고기 드시고 싶다고 해서 불판과 프라이팬 가져가서 구워먹고, 인천구치소 앞 식당들에서 시킬 수 있는 건 다 시켜 드셨다"라고 말했다. 담배와 관련해서는 검사실 방이 좁아서 "몇백만 원짜리 스위스 산 공기청정기를 갖다 놨다"라고 했다. 자신이 담배를 가져가면 한 씨와 오 씨가 담배를 목발에 넣어서 구치소로 밀

반입했던 것도 기억했다.

검사실에서 벌인 이들의 일탈 행위는 여기에 그치지 않았다는 게 죄수 K의 증언이다. 너무나 충격적인 얘기라 믿기 어렵지만 죄수 K는 검사실에서 이들이 성관계를 벌이는 것도 여러 차례 목격했다고 말했다. 검사가 알면서도 모른 척 했다고 죄수 K는 주장했다.

> "1025호 김선규 검사실 개인방에서 성관계 한 것이지요. (저는 아니니 오해 없길.) 김선규가 묵인한 거지요. 죄수와 애인이 검사 개인방에 들어가고 문을 잠그는 방식이었습니다. 김선규가 방에 없을 때. 일부러 피해준 듯해요."
>
> —죄수 K의 편지 중

그러나 죄수 오 씨의 애인이었던 A 씨는 검사실에서 성관계는 하지 않았다고 부인했다. A 씨가 스스로의 치부이기도 한 성관계를 부인한 것은 어찌 보면 당연한 일이다. 그런데 우리는 검사실에서 성관계가 있었다는 진술을 이전에도 들었다. 너무 충격적이라 취재 당시에는 과장된 얘기라고 여겨 기사에 쓰지 않았다. 죄수 한 씨와 한 달 반 동안 사무실을 같이 썼던 사업가 김 씨의 증언이다.

> "김성훈이 뭐 마누라하고 뭐 검사실에서 떡도 치고…"
>
> "검사실에서 성행위를 했다고요?"
>
> "뭐 마누라니까… 몇 년 동안 갇혀 있던 놈인데 하고 싶잖아요."
>
> —사업가 김 모 씨와의 인터뷰 중

물론 사업가 김 씨의 증언은 자신이 목격한 것에 대한 직접 진술이 아니다. 브로커 죄수 한 씨가 자신에게 한 말을 전한 간접 진술이다. 그러나 서로 전혀 알지 못하는 복수의 인물인 사업가 김 씨와 죄수 K가 검사실에서의 성관계라는 충격적인 진술을 공통으로 하고 있다는 점은 주목할 만하다. 이들에게는 굳이 그렇게 충격적인 얘기를 꾸며낼 이유도 없었다.

죄수 오 씨의 애인 A 씨는 검사실에서의 성관계는 부인했지만 추가 사건 거래 얘기도 들려주었다.

"검사실에 (출정) 나오려면, 사건을 사서 검사님한테 드려야지 검사님 실적이 올라가잖아요. 그래서 사건을 사요, 깡패들한테. 작게는 몇 백만 원부터 크게는 이태원에 루이비통 만드는 공장 급습하고 이런 거는 몇 천만 원 이상까지. 그래서 깡패들 끼고 검사님한테 선물 드리는 것처럼 사건을 사서 선물을 드리면… 거기(검사실) 나오면 점심시간에는 싹 다 비워줘서 거기서 드시고 싶은 거 뭐 이런 거는 다 드셨어요."

—죄수 오 씨의 애인 A 씨와의 인터뷰 중

A 씨의 말이 사실이라면 죄수 K가 제보한 사건 외에도 여러 가지 사건이 거래되었다는 뜻이다. 그러나 A 씨는 '검사님한테 사서 드렸다'는 사건들을 구체적으로 기억하지 못했다. 추가 취재도 할 수 없었다.

사건 거래의 진짜 대가

브로커 죄수 한 씨와 사건 거래에 돈을 댄 죄수 오 씨가 '사각 거래'를 기획한 것은, 애초에 자신들이 살기 위해서였다. 영등포구치소의 교도관들에게 뇌물을 준 사건으로 수사를 받고 있었기 때문이다. 구치소에 있는 죄수는 '추가'가 뜨는 것을 가장 두려워한다. '추가'가 뜬다는 것은 기존에 구속돼 있는 사건 말고 다른 사건으로 기소돼 징역 기간이 늘어나는 것을 의미한다. 이 사건은 어떻게 처리되었을까.

검찰은 한 씨와 오 씨에게 뇌물을 받은 교도관 3명을 구속기소했다. 이들 중 한 명은 징역 1년 6개월의 실형을 받았다. 다른 두 명 역시 집행이 유예되기는 했지만 각각 징역 1년 6개월, 징역 1년의 형을 받았다. 그런데 정작 뇌물을 준 죄수 한 씨는 벌금 300만 원, 오 씨는 벌금 200만 원으로 약식기소 됐다. 죄수 K가 공무원에게 뇌물을 준 사건도 마찬가지다. 검찰은 뇌물을 받은 국세청 공무원은 구속기소한 반면 죄수 K는 벌금 300만 원으로 약식기소했다. 물론 죄수 K는 뇌물공여자가 스스로 자수를 한 셈이어서 검사의 재량을 인정할 수 있다. 그러나 대대적으로 인지수사를 벌였던 교도관 뇌물 사건에서마저 한 씨와 오 씨를 약식기소한 것은 사건 거래의 대가였다고 해석할 수밖에 없다.

그런데 뜻밖의 일이 생겼다. 죄수 K의 제보로 국세청 공무원이 구속되자 국세청이 죄수 K가 운영하던 업체를 대대적으로 세무조사 한 것이다. 그 결과 국세청은 40억 원이 넘는 조세를 포탈했다며 죄수 K를 특가법상 조세 탈루 혐의로 고발했다. 특가법상 조세 탈루 혐의는 1년 이상의 징역에 해당하는 범죄다. 죄수 K는 '추가'가 뜰지도 모르는 절체절명의 위기에 처했다. 죄수 K는 검사들에게 하소연했다. "검사님들에게 협조한 대가가 겨우 이겁니까?"

검사들은 의리를 지켰다. 우선 국세청이 서울서부지검에 고발한 사건을 인천지검으로 가져왔다. 그리고 믿을 수 있는 검사에게 사건을 배당했다. 그 검사는 '특가법상 조세포탈' 대신 일반 조세범처벌법 혐의를 적용했다. 결국 인천지검은 죄수 K를 벌금 2천만 원으로 약식기소했다. 형량이 늘어나는 징역형에 비해 벌금형은 죄수에게 그다지 두렵지 않다. 그런데 또 한 번의 반전이 일어난다. 판사가 보기에도 이런 기소가 황당했는지 법원이 직권으로 죄수 K를 정식 재판에 회부한 것이다. 죄수 K는 다시 검사들에게 SOS를 쳤다. 검사는 공판에 출석해 죄수 K가 이른바 '사법 협조'를 했다고 판사에게 구구절절 설명했다. 결국 죄수 K의 최종 형량은 검찰이 구형한 대로 벌금 2천만 원이 됐다.

인천지검에서 일어난 이 이야기들은 앞에서 우리가 다룬 사각 거래 이야기에서 빠진 부분을 보충해준다. 출정은 사건 거래의 대가로 검사가 죄수에게 줄 수 있는 것 가운데 상대적으로 작은 것이다. 검사가 죄수에게 해줄 수 있는 가장 큰 것은 바로 기소 재량권을 이용한 '봐주기', 어쩌면 이것이 '사각 거래'의 원형에 가까울 것이다.

어떤 범죄에 대해서 약식기소를 하든 정식재판을 청구하든, 심지어 기소를 하지 않든 아무런 문제가 되지 않는 것일까. 검찰 내부에는 어떤 기준, 가이드라인이 없는 것일까. 검찰 출신인 이연주 변호사는 "전혀 놀랍지 않은 일이다. 증거가 다 있는데 무혐의를 해주고, 참고인 중지를 해주는 일도 있다. 검사들이 항상 하는 짓이다"라고 말했다. 실제로 중요한 것은 수사 단계에서부터 검사의 재량이 너무 크다는 것이 문제라고 이연주 변호사는 강조했다. "이게 구약식(약식재판을 청구하는 것), 구공판(정식재판을 청구하는 것)의 문제가 아니잖아요. 그 전에 수사를 하느냐 마느냐, 어느 정도의 수사 인력을 투입하느냐, 그것부터 마음대로 할 수 있는데. 그러니까 어떤 사건은 얕게 묻혀 있어도 안 파고 어떤 사건은 모든 인력을 동원해서 지구 끝까지 파는, 그게 우리 검찰이잖아요." 강력하고 넓은 재량권으로 검찰은 어떤 사건은 봐주고 어떤 사건은 철저하게 수사한다. 사건 거래도 본질적으로는 이 재량권에서 출발한다.

그 후로도 오랫동안

남은 얘기가 더 있다. 죄수 한 씨와 오 씨가 '나가서 놀던' 인천지검 특수부 1025호는 김선규 검사의 방이었다. 그는 2011년 2월 서울중앙지검으로 자리를 옮긴다. 그런데 김선규 검사는 그해 3월 공문을 보내 죄수 오 씨를 서울구치소로 이감시켰다. 우리가 입수한 공문에는 "한화그룹 비자금 사건 수사와 관련해 필요하다"라는 게 이감 사유로 나와 있다. 재벌 그룹의 비자금 수사에 교도관 뇌물 사건의 피의자였던 잡범 죄수가 왜 필요했던 것일까. 우스운 것은 한화그룹 비자금 사건 수사는 이미 두 달 전에 사실상 마무리가 됐다는 점이다. 아마도 그냥 자신이 직전에 수사했던 사건을 공문에 쓴 것으로 보인다.

김선규 검사는 그 후로도 계속해서 공문을 보내 죄수 오 씨가 서울구치소에 머물도록 해주었다. 2014년 1월까지 3년에 가까운 기간이다. 이 사이 김선규 검사가 보낸 공문은 무려 29장에 달한다. 일반

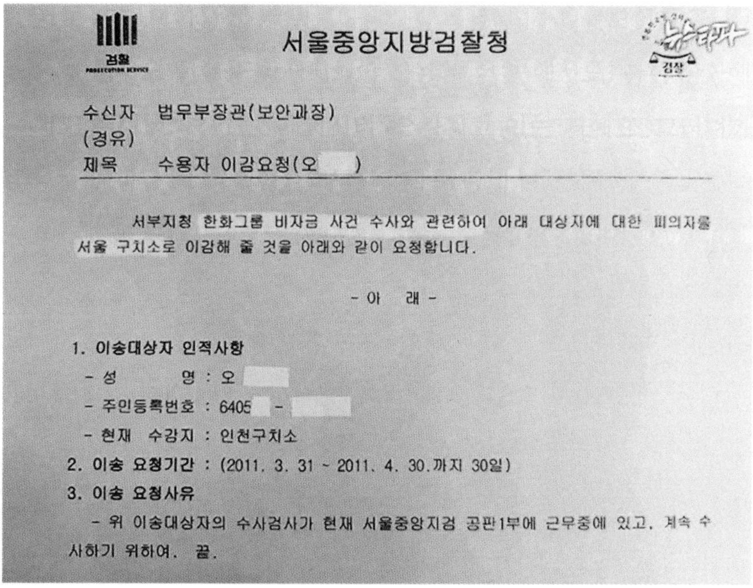

서울중앙지방검찰청

수신자 법무부장관(보안과장)
(경유)
제목 수용자 이감요청(오)

서부지청 한화그룹 비자금 사건 수사와 관련하여 아래 대상자에 대한 피의자를 서울 구치소로 이감해 줄 것을 아래와 같이 요청합니다.

-아 래-

1. 이송대상자 인적사항
- 성 명 : 오
- 주민등록번호 : 6405 -
- 현재 수감지 : 인천구치소
2. 이송 요청기간 : (2011. 3. 31 ~ 2011. 4. 30.까지 30일)
3. 이송 요청사유
- 위 이송대상자의 수사검사가 현재 서울중앙지검 공판1부에 근무중에 있고, 계속 수사하기 위하여. 끝.

적으로 서울구치소는 면회 등에 대한 편의성 때문에 재소자들이 가장 선호하는 곳이다.

잘 나가는 특수부 검사가 죄수 한 명에게 3년이나 계속 특혜를 베풀었던 이유가 무엇일까. 죄수 오 씨가 계속해서 쏠쏠한 정보를 제공해줬기 때문일까? 그런데 죄수 오 씨가 2010년 인천지검의 사각 거래에서 맡은 역할은 정보 제공자나 브로커가 아니라 '전주'였다. 사건 정보도 이렇다 할 네트워크도 없어서 그저 돈을 대는 역할을 했다는 것이다. 이후에도 오 씨가 브로커 재능을 발휘했거나 혹은 남들이 모르는 사건 정보가 있을 가능성은 높지 않다. 그렇다면 김선규 검사가 오 씨를 계속 이감시켜주었던 것은 금전적인 이유 때문이었을까? 아니면 과거의 인연 때문에 오 씨의 청탁을 아무 대가없이 그냥 들어

준 것이었을까?

김선규 검사는 현재 검찰을 떠나 변호사로 활동하고 있다. 우리는 김선규 검사에게 왜 죄수 오 씨를 3년이나 서울구치소에 머물게 해줬는지 물었다. 김선규 검사는 처음에는 오 씨를 전혀 모른다고 주장했지만 본인이 직접 작성한 공문을 증거로 제시하자 "검사 재직 중의 일을 언급하는 건 부적절하다"라고 말을 바꿨다. 보도가 나간 이후 김선규 검사는 기사 삭제 소송을 제기했다.

나는 이 장의 첫머리에서, "특수부 검사들이 어떻게 '셰퍼드'를 만들어내는지 그리고 이 생태계의 정점에 있는 특수부 검사가 과연 김영일 한 사람뿐인지가 드러날 것이다"라고 썼다. 이제 그 답을 할 차례다. 김선규 검사가 떠난 자리에 후임으로 온 것은 바로 김영일 검사였다. 김선규는 죄수 오 씨를 서울로 데려가는 대신 죄수 한 씨는 인천에 남겨두었다. 그렇게 김영일 검사는 자신의 선배인 김선규 검사로부터 브로커 죄수 한 씨를 인수받았다. 죄수 한 씨를 통해 곧 브로커 죄수 이 씨도 알게 됐다. 특수부 검사들은 이렇게 브로커 죄수를 만들어 수사에 활용하고 때로 브로커 죄수를 서로 물려주기도 한다. 죄수와의 사건 거래가 김영일 검사나 김선규 검사 등 한두 사람의 문제가 아니라 특수부의 수사 관행에 깊이 뿌리박힌 문제라는 뜻이다.

김영일 검사는 인천지검을 떠나고 한참 뒤 2016년에 서울중앙지검 방위사업수사부에서 다시 브로커 죄수 이 씨를 불러들였다. 이 씨는 그 사이 한 차례 출소했다 다시 수감된 상태였다. 곧이어 브로커 죄수 한 씨가 다시 구속되어 죄수 신분이 되었다. 그러자 김영일은 한 씨도 자신의 검사실로 불러들였다. 마치 이들 브로커 죄수가 없으면 도저히 수사를 할 수 없다는 듯이 말이다. 우리는 김성훈과 연관된 사건 외에도 당시 김영일 검사와 브로커 죄수 이 씨, 한 씨가 합작해 만들어낸 다른 사건을 제보 받았다. 이 사건은 아직 취재가 진행 중이다. 이 책이 출판될 즈음에는 어쩌면 그 사건에 대한 보도가 시작될지도 모르겠다.

4부 한명숙 사건은 끝나지 않았다

이상한 시절, 이상한 사건

2007년 대선에서 이명박이 당선됐다. 김대중-노무현, 민주당 계열 정권 10년이 끝났다. 말하자면 세상이 바뀐 셈이다. 여기저기 광풍이 불었다. 나는 당시 KBS에서 기자로 밥을 먹고 있었다. KBS도 미친 바람을 피할 수 없었다. 노무현 정부에서 임명된 정연주 KBS 사장을 쫓아내기 위한 이명박 정부의 움직임이 군사작전처럼 진행됐다.

정연주 사장을 내보내려면 KBS 이사회가 해임안을 의결해야 했다. 이사회는 모두 11명의 이사로 구성된다. 이 가운데 전임 정부 시절 여당 쪽에서 추천된 이사가 7명이다. 7대 4 구조. 새로운 여당 입장에서는 표가 부족했다. 7명 중 2명을 설득해서 정연주 사장 해임안에 찬성하게 만들어야 했다. 그래야 6대 5로 해임안을 통과시킬 수 있었다. 설득이 안 되면 이사 2명을 입맛에 맞는 인사로 교체하는 방법도 있었다.

2008년 5월 이사장이었던 김금수가 돌연 사퇴했다. 김금수는 전임 참여정부 측에서 추천한 이사였다. 김금수는 KBS 사장 교체를 진두지휘했던 최시중 방통위원장에게 정연주의 해임에 반대한다는 뜻을 명시적으로 밝힌 것으로 알려져 있었다. 그랬던 사람이 갑자기 왜 사퇴했는지 이유는 아무도 알 수 없었다. 모종의 압박이 있었을 것이라는 확인되지 않는 루머만 난무했다. 정 사장 해임에 찬성하는 유재천 교수가 이사장으로 들어왔다. 이제 한 명이 남았다.

신태섭 이사가 다음 타깃이었다. 신태섭은 호락호락 물러나지 않았다. 적당한 해임 사유가 필요했다. 이명박 정부는 꽤 창의적인 방법을 고안했다. 신태섭은 부산 동의대 교수였다. 먼저 동의대가 움직였다. 동의대는 KBS 이사직을 하면서 겸임신고를 하지 않았다는 이유로 신태섭 교수를 해임했다. 그다음 방통위는 신태섭을 KBS 이사에서 해임했다. 교수에서 해임됐으니 국가공무원 결격사유에 해당한다는 이유였다. 2008년 7월이었다. (신 교수는 이후 동의대를 상대로 해임 취소 소송을 내서 2009년 대법원까지 승소해 다시 대학으로 돌아갔다.)

이렇게 정족수를 채운 KBS 이사회는 2008년 8월 8일 (드디어) 정연주 사장 해임안을 의결했다. 유재천 신임 이사장은 경찰에 신변 보호를 요청했다. 경찰이 언론사 KBS에 난입하는 초유의 사태가 벌어졌다. 이사회 의결에 반대하는 KBS 직원들과 이사회를 보호하는 경찰 사이에 거친 몸싸움이 종일 계속됐다. 이사회가 열린 KBS 본관 3층 회의실 앞 복도에 경찰과 몸싸움을 하다 다친 KBS 기자들, 피디들이 널브러졌다. 8월 무더위가 기승이었다. 에어컨은 무용지물이었다. 복도 전체가 열기로 가득 찼다. 입으로, 땀구멍으로 뿜어내는 증기가 눈에 보였다. 사우나가 따로 없었다. 천장과 벽에는 물이 맺히다 흘러내렸다. 바닥은 땀과 체액으로 진창이었다.

8월 11일 이명박은 이사회 제청을 받아 즉각 정연주를 해임했다. 8월 12일 검찰은 기다렸다는 듯이 정연주를 체포했다. 배임 혐의였다. (정연주는 2012년 최종적으로 배임 혐의에 무죄 판결을 받았다. 해임 처분도 취소됐다. 하지만 KBS에 돌아갈 수는 없었다.) 당시 언론시민단체는 검찰의 행동을 '하이에나'라고 규탄했다. 나는 하이에나보다 '잘 훈련된 개'라고 하는 게 맞다고 생각했다. 당시 검찰은 정권의 뜻, 이른바 국정철학을 충실히 구현하는 충견이었다.

이병순, 김인규라는 낙하산 사장이 KBS에 차례로 투하됐다. 방송은 엉망진창이 됐다. 2010년 KBS에는 새로운 노조(언론노조 KBS본부)가 만들어졌다. 새노조는 파업에 들어갔다. 언론사에 저널리즘이 아니라 투쟁이 지배하던 시절. 2008년부터 2010년까지 KBS의 살풍경이다.

'한명숙 뇌물·정치자금법위반 사건(이하 한명숙 사건)'은 2009년 12월 1차 사건으로 시작돼 2010년 4월 2차 사건으로 이어졌다. KBS의 상황을 길게 설명한 이유가 있다. 나는 당시 한명숙 사건을 기자로서 경험할 수 없었다. 독자로서 시청자로서 사건을 간접적으로 간헐적으로 접했을 뿐이다. 뭔가 이상한 일이 벌어지고 있다는 느낌은 있었다. 하지만 당시 이상한 일은 한두 개가 아니었다. 세상이 이상했으니까. 한명숙 사건은 당시 벌어졌던 수많은 이상한 일 중 하나에 불과했다.

1장 한명숙 사건을 다시 만나다

죄수는 언제나 절박하다. 담배 한 개비에 절박하고 짜장면 한 그릇에 절박하다. 신선한 바깥 공기가 절실하고 자유로운 대화가 절실하다. 검찰의 구형량을 줄이기 위해서, 가석방을 받기 위해서, 형집행정지를 위해서, 독방에서 편하게 지내기 위해서, 죄수들은 필사적으로 노력한다. 이 모든 열쇠는 검사가 쥐고 있다.

2019년에 보도한 뉴스타파 〈죄수와 검사〉 시즌1은 검사가 죄수를 수사에 활용(혹은 동원)하는 방식에 대한 문제 제기였다. 검사는 '모든 것에 절실한' 죄수들을 손쉽게 동원할 수 있다. 반면 죄수들은 검사들이 혹할 정보가 많다. 죄수들은 범죄와 관련해서는 일종의 '전문가'다. 정보는 힘이다. 검사는 죄수들에게 각종 편의를 제공하고 범죄 정보를 얻는다. 외부와의 전화 통화, 인터넷 사용 등 작은 것부터 형량 거래까지 검사가 제공할 수 있는 '편의'는 다양하다. 죄수와 검사 간의 거래는 오랜 관행이다. 관행은 유착으로 귀결된다. 검사와 가깝다는 건 구치소 안에서 일종의 벼슬이다. 벼슬을 단 죄수는 구치소에서 브로커 역할을 한다. 브로커는 검사와 죄수 사이에 사건을 거간했다. 사건과 편의를 넘어서 금전까지 거래됐다. 검사 – 브로커 – 죄수의 먹이사슬이 형성됐다. 검사를 최상위 포식자로 둔 생태계가 조성됐다.

의도한 바는 아니지만 검찰개혁 국면과 맞물리면서 〈죄수와 검사〉 시즌1은 꽤 큰 반향을 불러일으켰고, MBC 〈PD수첩〉과 공동 제작도 진행했다. 2019년 말 보도를 마무리하고 다소 홀가분한 마음으로 뒤풀이를 했다. 그때까지만 해도 시즌2나 시즌3에 큰 의지는 없었다.

술이 거나하게 취할 무렵 시즌1에 등장했던 제보자 X가 이런 말을 했다. "한명숙 사건과 너무 비슷하다." 시즌1에서 검찰이 수사와 재판에 재소자들을 동원하는 방식이 한명숙 사건 때와 유사하다는 말이었다. 익히 알려진 사실이지만 한명숙에게 돈을 줬다고 검찰에 진술한 사람은 다른 사건으로 구속돼 있던 재소자 한만호였다. 제보자 X가 언급한 것은 한명숙 사건 재판 때 벌어진 일이었다. 재판에서도 다른 재소자들이 검찰 측 증인으로 동원됐다는 것이다. 기억에 없는 일이었다. 앞에서 언급했듯이 나는 한명숙 사건을 취재한 적도 없었고, 자세히 들여다본 적도 없었다. 술을 마시다 스마트폰으로 잠시 검색을 해보니 한명숙 사건의 핵심 증인 한만호의 동료 재소자들이 재판에 등장했다는 기사들이 나왔다. 이 재소자 증인들은 검찰에게 매우 유리한 증언을 했다고 언론은 보도했다.

술기운이 이미 온몸에 퍼져 있었지만 정신이 번쩍 들었다. 이거 이야기될 것 같은데. (기자들은 습관적으로 '이야기 된다, 안 된다' 판단을 먼저 한다. 세상에서 그게 제일 중요하다고 생각하는 바보들이 기자다.) 게다가 제보자 X는 감옥에 있던 시절 한명숙 사건에서 검찰이 증언을 짜 맞추는 걸 직접 목격했다는 말을 누군가에게 들은 적이 있다고 했다. 그 사람 이름을 H로 기억했다. 연락이 끊긴 지 너무 오래돼 지금은 어디에서 무엇을 하는지 모른다고 했다. 휴대폰에 메모를 입력했다. 잊어버리면 안 된다고 생각했다.

정치인 한명숙

여성운동가 출신인 한명숙 전 총리는 1999년 김대중 대통령 시절 본격적인 직업 정치를 시작했다. 2000년 새천년민주당 비례대표로 국회에 입성한다. 2001년 초대 여성부장관을 지냈다. 노무현 정부 때인 2003년에는 환경부장관에 임명됐다. 2004년에는 경기도 고양시 일산갑 지역구에서 국회의원 재선에 성공한다. 2006년에는 이해찬에 이어 국무총리에 지명됐다. 여성 최초 총리. 탄탄대로였다.

2007년 노무현 전 대통령은 퇴임 전 언론과의 마지막 인터뷰에서 차기 후계자로 한명숙 전 총리를 언급했다. 오프 더 레코드였다. 오마이뉴스는 노무현 전 대통령 사후에 보도했다. 구영식 오마이뉴스 기자는 이렇게 회상했다.

> "노무현 대통령이 2007년도 마지막 인터뷰를 했습니다. 거기서 차기 대통령으로 한명숙 총리를 꼽았어요. 한명숙 총리는 민주화 운동을 했고, 국회의원도 했고, 장관도 했고, 총리까지 했죠. 이런 경력을 가진 대선 주자를 만들기란 쉽지 않아요. 또 여성 대통령이라고 하는 장점도 있고. 노무현 대통령은 한명숙 총리를 사실상 차

기 대통령감으로 뽑았던 거죠."

하지만 한명숙은 2007년 대선 경선에서 탈락했다. 대통합민주신당은 본선에서 패배한다. 한나라당 이명박 후보는 48%대 26%라는 압도적인 차이로 정동영 후보를 이겼다. 이후 한명숙은 2008년 18대 총선에서 경기도 고양시 일산동구에 통합민주당으로 출마해 고배를 마신다. 집권 2개월 차인 한나라당이 민주당을 상대로 153(석) 대 81(석), 완승을 거둔 선거였다.

노무현을 겨눈 검찰의 칼

2008년 KBS에 불었던 광풍은 대한민국 전역에 불고 있었다. 집권 1년 차였던 이명박 정권의 검찰은 전임 대통령 주변 수사를 개시했다. 검찰은 2008년 10월 노무현의 후원자였던 박연차를 시작으로, 노무현의 형 노건평, 전 청와대 비서관이자 노무현의 곳간지기로 알려진 정상문, 부인 권양숙 여사에게 차례로 칼날을 들이댔다. 2009년 4월 30일 노무현은 대검찰청에 피의자 신분으로 출석해 조사를 받았다. 5월 14일 권양숙이 1억 원짜리 시계 두 개를 논두렁에 버렸다는 뉴스가 보도된다. 5월 23일 노무현은 부엉이바위에서 몸을 던져 스스로 목숨을 끊었다.

2009년 5월 23일은 토요일이었다. 나는 당시 KBS 보도국 경제팀에서 일하고 있었다. 그날 하필 당직이었다. 토요일은 보통 특별한 뉴스가 없는 날이다. 월요일 신문 때문에 일요일은 기사가 많이 나오는 편이지만 토요일은 언론이라는 업계가 말 그대로 쉬는 날이다. 아무도 없는 사무실에 9시에 출근해 TV를 켰다. 명색이 방송국이라서 사무실에는 TV가 대여섯 대 있었다. 하나는 MBC, 하나는 SBS, 하나는 YTN. 소리를 모두 죽이고 가볍게 볼만한 예능 프로그램 하나만 소리를 키웠다. 봉지 커피를 한 잔 타서 책상에 다리를 올리고 느긋하게 토요일을 만끽했다.

어딘지 모를 방송사에서 '노무현 전 대통령 위독' 속보 자막이 올라왔다. 곧이어 '노무현 전 대통령 투신'. 뭐지? 이 비현실적인 속보 자막은? 이때부터 아수라장이었다. 방송과 인터넷 포털에는 위독, 사망, 아니 다시 위독, 투신 확인이 엇갈렸다. 어지럽고 아슬아슬한 속보 경쟁이 한참 진행됐다. 그리고 결국 '사망'이라는 자막이 공통으로 걸리기 시작했다. 사망은 이후 '서거'로 수정됐다.

다음 날 출입처인 산업은행에 출근했다. 출근하자마자 전화가 왔다. 팀장이었다. 준비해서 봉하마을로 가라는 지시였다. 선발대 취재진은 이미 현장에서 취재를 하고 있었다. 집으로 가서 간단한 옷가지를 챙겨 봉하마을로 향했다.

늦은 밤 봉하에 도착했다. 마을은 추모객으로 인산인해였다. KBS 중계차 앞에 수백 명의 사람들이 모여 있었다. 가까이 가보니 KBS 중계차를 흔들고 있었다. 수십 톤에 이르는 거대한 중계차가 실제로 흔들거렸다. 전복되지 않을까 위태로웠다. KBS가 편파보도를 한다고 항의하는 상황이었다. 참여정부에서 청와대 비서관을 했던 천호선이 중계차 계단에 올라가 사람들을 진정시켰다. 여러분들의 마음은 이해한다, 하지만 KBS가 보도를 할 수 있게 해줘야 한다. 사람들은 항의를 멈췄다. KBS는 빈소에서 중계차를 빼기로 했다. 인근 논두렁으로 갔다. KBS는 빈소가 아니라 황소 앞에서 뉴스를 진행해야 했다. 황소가 KBS 중계 화면에 잡혔다.

KBS 취재진은 카메라에서 KBS 로고를 뗐다. 취재진에게 나눠준 비표를 뒤집어서 KBS라는 글씨가 보이지 않게 목에 걸었다. 노사모 사무실에는 'KBS 조중동 출입금지'라는 종이가 붙었다. 추모객들 인터뷰도 어려웠다. 빈소 앞에서 온마이크(기자가 리포트에서 얼굴을 내밀고 멘트를 하는 것)를 하면 수백 명이 몰려들어 지켜봤다. 한 번이라도 NG를 내면 매우 곤란해졌다. 가급적 온마이크를 하지 않았다. 시민들은 KBS 취재 차량에 촛불을 집어던졌다. 유리창에 촛농이 흘러내려 굳었다. 운전할 때 앞이 보이지 않았다. 그렇게 일주일가량을 봉하마을에서 지냈다.

장례 절차의 마지막은 서울에서 엄수된 영결식이었다. 한명숙이 대중에게 다시 각인된 건 그때였다. 한명숙은 고 노무현 전 대통령 공동장의위원장을 맡았다. 영결식에서 조사를 낭독했다. "님을 지키지 못한 저희들의 무력함이 참으로 통탄스럽습니다. 다음 세상에서는 부디 대통령 하지 마십시오." 영결식장은 울음바다가 됐다.

호랑이보다 무서운 검찰

2009년 한명숙은 이듬해 열릴 서울시장 선거에 출마를 결심한다. 당시 오세훈 서울시장을 상대할 수 있는 유력한 대항마로 떠올랐다. 한명숙은 미래의 잠재적인 대선후보이자 현재의 유력한 야당 서울시장 후보였다. 비극은 여기서 출발했다.

2009년 12월 4일 조선일보 1면 톱에는 "한명숙 전 총리에 수만불"이라는 기사가 실렸다. 곽영욱 전 대한통운 사장이 인사 청탁을 대가로 한명숙에게 5만 달러를 줬다고 검찰에 진술했다는 내용이다. 검찰에서 흘린 내용을 먼저 언론(특히 보수신문)이 특종 보도하고, 이후 검찰이 기소하는 패턴은 다음 사건에서도 똑같이 반복된다. 검찰은 12월 22일 한명숙을 불구속기소했다.

재판 과정에서 사건은 (검찰이) 뜻하지 않은 방향으로 흘러갔다. 돈을 줬다는 곽영욱의 진술이 계속 오락가락했다. 검찰의 공소 내용은 곽영욱이 돈 봉투를 한명숙에게 직접 전달했다는 것이었다. 법정에서 곽영욱은 돈을 직접 주지 않고 총리공관에 있는 의자에 놓고 왔다고 증언했다. 한명숙이 그 돈을 봤는지도 모르겠다고 했다. 당시 '의자가 뇌물을 받았다'는 유행어가 돌기도 했다. 곽영욱은 법정에서 "검찰이 징그럽게, 무섭게… 죽고 싶었다. 살기 위해 진술했다. (검사가)

朝鮮日報 2009년 12월 4일 금요일 A01면 종합 16.2 x 12.4㎝

"한명숙 前총리에 수만弗"

'대한통운 비자금 사건' 前사장 진술… 대가성 여부 수사

대한통운 비자금 조성 사건을 수사 중인 서울중앙지검 특수2부(부장 권오성)는 3일 비자금 조성 혐의로 구속기소된 곽영욱 전 대한통운 사장으로부터 "한명숙 전 국무총리에게 2007년 무렵 수만달러를 건넸다"는 진술을 확보, 대가성 여부를 수사 중인 것으로 확인됐다.

검찰은 곽 전 사장이 2007년 4월 한국전력공사의 자회사인 한국남동발전 사장으로 선임된 점에 주목, 이 돈이 사장 선임을 도와주는 대가로 준 것인지 아니면 불법 정치자금인지 조사 중인 것으로 알려졌다.

40여년간 대한통운에서 근무한 물류 전문가인 곽 전 사장은 2007년 4월 업무연관성이 없는 한국남동발전 사장에 선임됐으며, 노무현 정권 당시 열린우리당 국회의원이었던 한 전 총리는 2006년 4월부터 2007년 3월까지 국무총리를 지냈다. 검찰은 이에 따라 곽 전 사장의 계좌를 추적, 곽 전 사장이 돈을 건넸다고 진술한 시점에 실제로 돈이 인출됐는지 확인 중이다. 본지는 한 전 총리의 반론을 받기 위해 여러차례 연락을 시도했으나 연결되지 않았다.

앞서 검찰은 2006년 말 곽 전 사장에게서 대한석탄공사 사장이 될 수 있게 로비해주겠다는 명목으로 거액을 받은 혐의로 아주경제신문 대표이사 곽영길씨를 지난 2일 체포해 조사했다. 곽 전 사장은 당시 석탄공사 사장이 되지 못했고, 다음해 한국남동발전 사장이 됐다.

검찰은 곽 전 사장이 이들 외에도 지난 정부 때 여권 실세이던 J, K씨에게 로비했다는 의혹에 대해서도 수사 중인 것으로 알려졌다.

검찰은 지난 9월부터 대한통운 비자금 조성에 대한 수사에 착수했으며, 곽 전 사장을 2001년부터 2005년까지 대한통운 법정관리인으로 있으면서 영업활동비 명목으로 83억원을 상납받아 비자금을 조성한 혐의로 구속기소한 뒤 정·관계 로비 부분을 수사해 왔다. 최원규 기자 wkchoi@chosun.com
강훈 기자 nukus@chosun.com

조선일보 2009년 12월 4일 1면.
사건의 시작은 언제나 조중동이었다.

호랑이보다 무서웠다"라고 말했다. 새벽까지 이어진 검찰 조사가 고통스러웠다고 털어놨다. 검찰의 패색이 짙었다.

2010년 4월 9일 한명숙은 곽영욱 사건에서 무죄를 선고받았다. 검찰의 타격은 컸다. (이후 한명숙은 대법원에서까지 무죄를 받았다.) 야당의 유력 서울시장 후보를 표적 수사했다는 비난이 빗발쳤다. 수사 과정에서 곽영욱에게 강압 수사, 별건 수사를 했다는 비판을 받았다. 궁지에 몰린 검찰은 다른 일을 도모했다. 곽영욱 사건 1심 선고 하루 전 2010년 4월 8일. 이번에는 동아일보였다. 1면에 "검찰, 한 전 총리 새로운 혐의 수사"라는 기사가 게재됐다. 역시 특종. 선고 당일 아침에는 구체적인 액수까지 명시됐다. 검찰이 아니면 알 수 없는 내용이었다. 1차 한명숙 사건이라고 할 수 있는 곽영욱 사건은 사실상 끝이 났지만, 2차 한명숙 사건, 이른바 한만호 사건은 이제 시작이었다.

2010년 지방선거는 6월 2일이었다. 한명숙은 4월 9일 곽영욱 사건

東亞日報

2010년 4월 9일 금요일 A01면 종합 21.7 x 11.0㎝

"한 前총리, 건설시행사서 9억 받은 혐의"

검찰 "2007년 대선후보 경선때 서너차례 돈 건넸다는 업체대표 진술 확보"

오늘 '5만달러' 1심 선고

검찰이 한명숙 전 국무총리(사진)가 2007년 대통합민주신당의 대통령후보 경선 때 건설 시행사 대표에게서 불법 정치자금 9억여 원을 받았다는 혐의를 포착하고 수사를 벌이고 있다. 이는 9일 1심 선고가 예정돼 있는 '5만달러 뇌물수수' 의혹 사건과는 별개의 것이다. ▶A6면에 관련기사

서울중앙지검 특수1부(부장 김기동)는 8일 한 전 총리의 불법 정치자금 수수 혐의를 확인하기 위해 경기 고양시 일산동구에 있는 건설 시행사 H사와 H사의 자회사인 K사, 이들 회사를 회계 감사했던 회계법인 3곳 등 모두 5곳을 압수수색했다.

검찰은 H사 측이 2007년 대통령후보 경선 이전에 한 전 총리에게 현금과 달러화로 수억 원의 불법 정치자금을 건넸다는 제보를 최근에 받고 내사에 들어갔다. 부도 상태인 H사의 채권단이 이 회사의 자금 흐름을 확인하는 과정에서 이 회사 대표였던 한모 씨가 회사자금을 빼돌려 한 전 총리에게 건넸다는 의혹이 있어 검찰에 제보했다는 것.

이에 따라 검찰은 사기분양 혐의로 징역 3년의 실형을 선고받고 복역 중인 한 씨를 최근 소환 조사했다. 한 씨는 검찰 조사에서 "한 전 총리에게 2007년 1~4월에 한두 차례, 9~10월에 한두 차례 등 서너 차례에 걸쳐 현금과 달러화를 섞어 모두 9억여 원을 건넸다"고 진술한 것으로 알려졌다. 또 "9억여 원 가운데 현금은 경선자금 명목이었고, 달러화는 한 전 총리 아들의 유학비용 명목이었다"면서 돈을 건넸을 때의 정황과 명목, 전달방법 등까지 자세하게 진술했다고 검찰은 전했다. 특히 2008년 초 회사의 자금 사정이 나빠져 부도 위기에 처하자 한 전 총리가 2억 원가량을 돌려줬다는 진술도 했다는 것.

검찰은 8일 H사 측과 한 전 총리 측 인사들의 계좌에 대한 압수수색 영장도 발부받아 한 씨의 진술대로 돈이 오간 것이 사실인지 자금 흐름을 확인하고 있다. 검찰은 객관적인 증거자료가 확보되는 대로 한 전 총리를 소환 조사한 뒤 추가 기소할 방침이다.

이에 대해 한 전 총리 측 조광희 변호사는 "처음 듣는 이야기이고 이 시점에서 왜 그런 수사를 하는지 모르겠다"며 "사실과 전혀 무관한 의혹"이라고 밝혔다.

한편 한 전 총리의 5만 달러 뇌물수수 의혹 사건을 심리해온 서울중앙지법 형사합의27부(부장판사 김형두)는 1심 판결을 예정대로 9일 오후 2시 선고하겠다고 8일 밝혔다.

이태훈 기자 jefflee@donga.com
이서현 기자 baltika7@donga.com

동아일보 2010년 4월 9일 1면, 곽영욱 사건 선고 당일이었다.

에서 무죄를 받았지만, 동아일보 보도 이후 세간의 관심은 한만호 사건으로 옮겨갔다. 한만호 사건 수사 내용은 언론에 실시간 중계됐다. 선거 결과는 박빙이었다. 한명숙은 205만 표, 46.8%를 득표했다. 오세훈은 208만 표, 47.4%였다. 0.6%p 차이로 한명숙은 석패했다. 검찰이 수사로 선거에 개입했다는 뒷말이 무성했다. 검찰은 선거 직후 한명숙을 정치자금법 위반으로 불구속기소했다.

당시 한명숙 수사팀이었던 중앙지검 특수부 사무실은 '전쟁터'였다고 한만호는 회고했다. 검찰이 선거 여론조사에 촉각을 곤두세웠고, 수사 내용을 흘려 언론플레이를 했다고 한만호는 자신의 비망록에 적었다. 관련 내용은 4장에서 자세히 서술한다.

한만호

앞으로 복잡하게 전개될 사건을 이해하기 위해서 먼저 한만호가 누구인지 간략하게 살펴보자. 한만호는 경기도 고양시 일대를 기반으로 건설업을 하던 사업가였다. 고양시는 한명숙의 지역구이기도 하다. 한만호의 부친은 시의원을 역임했고, 한 씨 종친회에서 간부를 지냈다. 한 씨는 99%가 청주 한 씨다. 한만호와 한명숙은 종친이었다. 한만호는 한명숙에게 자신이 건축한 건물 사무실을 임대해 주기도 했다. 임대료가 시세보다 쌌기 때문에 이 부분도 검찰의 수사 대상이었다. 한만호는 건물에 공실이 있었기 때문에 싸게 준 게 아니라고 주장했다.

한만호가 운영하던 회사 이름은 한신건영. 2007년 한신건영은 경기도 고양시 화정동에 '한신에리어타워'라는 건물을 지어 분양했다. 한만호가 벌인 필생의 사업이었다. 부동산 경기가 나빠지면서 분양이 지지부진했고 자금 흐름이 막혔다. 회사가 부도났다. 발행한 수표를 회수하지 못했다. 피해가 잇따랐다. 상가를 분양받은 사람들이 한만호를 고소했다. 2008년 6월 한만호는 구속됐다. 1,2심 재판에서 징역 3년 형을 받았다. 대법원 상고를 포기했다. 2010년 1월 형이 확정되면서 한만호는 경상남도 통영교도소로 이감됐다. 이때까지만 해도 출소를 1년 3개월 앞둔 평범한 죄수였다. 감옥 밖에는 두 아들과 아내가 있었다. 재기의 꿈도 포기하지 않았을 때다.

통영교도소에 있던 한만호는 2010년 3월 31일 서울구치소로 갑자기 이감된다. 자신이 왜 이감되는지 알 수 없었다. 뒤에 본격적으로 다룰 한만호 비망록에는 이렇게 적혀 있다.

> "3월 30일(31일의 오기로 보인다) 아침 화장실에서 세면 도중 이송 명령 받고 즉시 짐 꾸려서 방 동료와 인사도 제대로 못 하고 버스에 올라탔다. 이송 교도관에게 어디로 누가 부른 것이냐, 무슨 자격이냐 (물으니) 검사가 부른 것이란 것밖에 모른다(고 답했다). 여러 가지 생각이 겹쳐졌다. 추가 사건이 있나. 아마 누가 검찰에 직접 고소했나 보다."
>
> —한만호 비망록 중

영문도 모르고 서울로 온 재소자 한만호는 곧바로 중앙지검 특수부에 불려간다. 며칠 뒤 한만호는 2007년 한명숙에게 불법정치자금 9억 원을 줬다고 진술한다. 한명숙 사건에서 한만호는 검찰 측 핵심 증인이다. 뇌물이나 정치자금 범죄의 특성상 검찰 수사는 증인의 진술에 전적으로 의존할 수밖에 없었다. 검찰은 한만호의 협조를 받아 순조롭게 한명숙을 기소했다. 반전은 재판정에서 벌어졌다. 한만호가 검찰에서 진술한 내용을 뒤집었다. 한명숙에게 돈을 준 사실이 없다고 증언했다.

검찰은 발칵 뒤집혔다. 곽영욱 사건의 악몽이 재연되고 있었다. (검찰 입장에서) 단순했던 사건은 복잡해졌다. 검찰은 이제 법정에서 두 가지를 증명해야 했다. 첫째, 증인 즉 돈을 준 사람의 입(증언)에 의존하지 않고 객관적인 물적 증거로 한만호가 한명숙에게 돈을 줬다는 걸 입증해야 했다. 둘째, 한만호가 법정에서 거짓말하고 있다는 점을 입증하고 거짓말의 동기를 재판부에 제시해야 했다. 둘 다 만만찮은 일이었다.

한명숙은 정말 돈을 받았을까

2010년 2차 한명숙 사건이 불거지고, 검찰의 수사, 기소, 공판 과정은 언론에 생중계되다시피 했다. 거물 정치인, 선거, 정치 보복 등 정치적 휘발성이 높은 키워드가 모두 얽혀 있는 자극적인 사건이었다. 앞서 밝혔듯이 단지 한 명의 독자로서 사건을 바라봤던 나는 어느 단계인가에서 '한명숙이 돈을 받긴 받았구나'라고 판단했던 것 같다.

당시 한명숙 사건을 취재했던 오마이뉴스 구영식 기자는 뉴스타파와의 인터뷰에서 이렇게 말했다. "언론에서는 묘한 분위기가 있었어요. 진보언론이라고 할 수 있는 한겨레나 경향, 한국일보, 이런 곳에서도 이미 '한명숙이 유죄다'라고 거의 판단을 하고 있었다고 제가 들었어요."

2015년 한명숙 사건에 대한 최종적인 대법원 판결이 있었다. 1심 무죄, 2심 유죄, 3심 대법원은 2심 판결을 받아들였다. 대법원 판결 다음 날 한명숙 공판의 주임검사였던 임관혁을 모 언론사 기자가 취재했다. 임관혁은 재미있는 말을 했다.

"1심부터 A 신문(진보성향 언론) 법조 출입기자들이 다 유죄라고 했어요. 기자 4명이 다 유죄라고 했고, 회사에도 유죄라고 보고했어요. 오늘도 민주당이 반성할 일이라고 기사를 썼고. A 신문조차도 유죄로 봤던 사건이에요. 1심 무죄 났을 때 이 기자들이 저한테 위로 문자를 보냈어요. 어제는 축하 메시지 보냈고요. 사필귀정이라고."

임관혁에 따르면 A 신문만 그런 건 아니었다.

"A 신문 검찰반장이 처음에 한명숙 쪽으로 취재를 준비했는데, 수표 1억 관련해서 접촉하니까 전화도 안 받고 설명을 못 하고 짜증내고 그랬다고 해요. 그걸 보고 유죄라고 생각하기 시작했다는 거죠. 나머지 세 기자들은 공판 취재하면서 그렇게 생각하기 시작했고요. 한명숙 유죄 나온 건 A 신문 역할이 컸다고 생각해요. 사실 주요 사건은 (재판부가) 언론이나 여론을 본다고요. A 신문 기자들이 '이 사건 이상하다, 유죄 아니야?'라고 하니까 법원 귀에 들어

가죠. B 신문(진보성향 언론) 김○○ 기자도 한명숙에 비판적으로 기사 쓰면서 유죄 심증이 있었죠. C 신문(중도성향 언론) 정○○ 기자도 유죄라고 생각했어요."

지금 쓰는 글은 한명숙이 유죄냐 무죄냐를 다투는 글이 아니다. 하지만 질문은 돌고 돌아 언제나 이곳으로 되돌아온다. 2020년 뉴스타파 보도를 보고 다들 묻는다. "무슨 말인지 알겠다. 검찰 수사에 문제가 있었네. 그건 그런데 네가 생각할 때 한명숙은 돈을 받은 것 같냐, 아닌 것 같냐?" 피할 수 없는 질문이다. 물론 피할 필요도 없다. 검찰의 공소장과 1심, 2심, 3심 법원의 판결문, 확보가 가능했던 공판조서, 사건기록 등을 토대로 편견 없이 쟁점을 정리해봤다.

2장 반전 드라마, 한명숙 재판

2010년 6월 2일 서울시장 선거가 끝난 뒤, 검찰은 7월 21일 한명숙을 불구속기소한다. 한만호에게 9억을 받았다는 정치자금법 위반 혐의였다. 검찰 수사 결과에 따르면 3억씩 모두 3번 돈이 건너갔다. 돈을 주고받은 현장에는 한만호, 한명숙 둘밖에 없었다. 정치자금법 위반. 말이 복잡할 뿐 뇌물죄와 본질은 같다. 최종 진실은 돈을 준 사람과 받은 사람만 알 수 있다. 일반적으로 돈을 준 사람은 줬다고 주장하고 돈을 받은 사람은 안 받았다고 부인한다. 그럼 검찰은 돈을 준 사람의 주장을 뒷받침할 수 있는 객관적인 물증이나 정황을 찾아 제시한다. CCTV 같은 게 있으면 최고이고, 둘 사이 만남을 약속하는 전화 통화를 확인할 수 있는 통화 기록도 좋은 정황 증거다. 만나기 직전 현금을 (줬다고 하는 액수를) 은행에서 찾은 기록도 괜찮은 증거다. 하다못해 '그날 그 사람 평소와 다르게 긴장한 느낌이었다' 따위의 주변 사람 증언도 좋다. 하지만 한명숙 사건에서 검찰의 공판 전략은 중도에 전면 수정돼야 했다.

2010년 12월 20일 서울중앙지방법원 510호. 돈을 줬다고 했던 한만호는 자신의 검찰 진술을 180도 뒤집었다.

> "증인(한만호)은 피고인(한명숙)에게 어떠한 정치자금도 제공한 적이 없습니다. 비겁하고 조악한 저로 인하여 누명을 쓰고 있는 것입니다."

한명숙 지지자들의 박수가 터져 나왔다. 취재를 하던 강기석 전 경향신문 기자(당시 노무현재단 상임이사)는 "한만호 사장 훌륭합니다"라고 소리쳤다. 한명숙과 함께 피고인석에 있던 비서 김 모 씨는 기절해 병원에 실려 갔다. 한명숙은 의자 깊숙이 몸을 파묻었다. 검사들의 얼굴은 하얗게 질렸다.

추리소설보다 재미있는 판결문

1심 판결문은 A4용지로 172쪽이다. 책으로 편집하면 3백 쪽이 넘는 분량이다. 처음 이 판결문을 읽으면서 감탄사가 절로 나왔다. (여기서 1심 판결에 동의하는지는 중요하지 않다.) 전형적인 추리소설의 요소를 모두 가지고 있었기 때문이다. 등장인물은 모두 거짓말을 한다. 서로의 진술은 어긋나고 사건은 미궁으로 빠져든다. 탐정이 등장인물들의 진술과 증거를 하나하나 비교한다. 일부는 기각하고 일부는 인정한다. 그리고 모두 모아 결론을 들려준다. 이 사건에서 탐정 역할은 판사였다. 김우진 탐정(서울중앙지법 형사22부, 재판장 김우진, 판사 김기수, 김대권)의 결론은 '한명숙 무죄'였다.

핵심 증인이 증언을 뒤집고 드라마틱한 재판이 이어졌다. 검찰도 죽을힘을 다했고, 변호인단도 마찬가지였다. 세기의 재판이었다. 대중의 관심은 당연히 한명숙 유무죄에 초점이 맞춰졌다. 악마든 천사든 디테일이 중요한 법이다. 이 사건의 본질은 '한만호가 한명숙에게 세 번에 걸쳐서 3억 원씩 모두 9억 원을 전달했다'는 것이다. 당연히 핵심 쟁점은 돈을 전달한 디테일이다. 언제 어디서 어떻게 돈을 전달했느냐가 사건의 시작이자 끝이었다. 검찰 수사의 가장 큰 문제는 돈을 전달한 날짜와 시간을 특정하지 못했다는 점이었다. 변호인단은 이걸 물고 늘어졌다.

검찰이 제시한 1차 자금 수수 일자는 2007년 3월 31일부터 4월 초순 사이, 2차는 같은 해 4월 30일부터 5월 초순, 3차는 8월 29일부터 9월 초순. 검찰은 이렇게 날짜를 애매하게 특정했다. 한만호가 돈을 전달하기 전 한명숙과 통화를 하면서 어떤 대화를 주고받았고, 캐리어에 돈을 어떻게 채워 넣었고, 어떻게 전달했는지까지 아주 구체적으로 기억(혹은 진술)하고 있다고 제시하면서도, 날짜는 '3월 말부터 4월 초순 중 어느 하루' 정도로 두루뭉술하게 특정한 것이다. 피고인 입장에서 보면 검찰 전략은 매우 비겁했고, 검찰 입장에서는 매우 영리한 전략이었다. 예를 들어 '3월 31일' 이렇게 특정하면 피고인은 바로 그날의 알리바이를 찾으면 된다. 하지만 이렇게 열흘이 넘는 기간을 특정하면 피고인은 알리바이를 대는 것이 매우 어려워진다. 추리소설에서도 형사가 범인에게 "어젯밤 10시부터 12시에 어디에서 뭘 했죠?"라고 묻지 "3월 1일부터 13일까지 어디에서 뭘했죠?"라고 묻지는 않는다.

어쨌든 한명숙 변호인은 피고인이 현장에 부재했다는 걸 증명해야 했다. 변호인의 전략은 이른바 소거법이었다. 예를 들어 1차 자금 전달의 경우, 검찰이 제시한 자금 전달 일시는 3월 31일부터 4월 초순, 즉 4월 10일까지라고 잡을 수 있다. 한만호는 검찰에서 '평일 오후 4~5시 정도에 맑은 날씨'라는 말도 했다. 3월 31일은 토요일이었다. 게다가 비가 왔다. 일단 3월 31일은 제외. 그런데 1차 자금에는 1억 원짜리 수표가 포함돼 있었다. 한만호는 가급적 빨리 돈을 전달하려다 보니까 현금으로 바꿀 시간이 없었다고 진술했다. 그럼 돈을 전달한 날은 4월 2일 월요일이어야 했다. 4월 3일 화요일, 혹은 그 후에 전달했다면 수표를 현금으로 바꿀 시간이 충분했다고 볼 수 있다. 그런데 4월 2일 한명숙은 알리바이가 있었다. 종일 국회 본회의장에 있었다. 한만호를 집 근처에서 만날 시간이 없었다. 변호인 입장에서는 비교적 쉽게 피고인의 현장 부재를 증명한 셈이다.

검사의 관점은 달랐다. 한만호가 말한 평일은 토요일을 포함하는 개념이라고 주장했다. 한만호의 회사 한신건영은 2007년 당시 격주 토요 근무를 하고 있었기 때문에 토요일은 휴일이 아니라 평일이라는 해석이다. 한만호가 차 트렁크에 돈을 싣고 회사에서 출발했기 때문에 토요일도 평일로 생각했을 가능성이 있다. 3월 31일 아침에는 비가 왔지만 오후에는 오지 않았다. 그러면 돈을 전달한 날은 3월 31일이 될 수 있다.

1심에서는 한명숙의 현장 부재를 인정했다. 반면 2심 재판부는 한만호가 토요일을 평일로 여겼을 거라고 인정했다. 여기서 의문이 든다. 한만호에게 토요일은 당신에게 평일이냐 아니냐고 물어보면 되는 거 아닌가? 아니다. 한만호는 이미 검찰에서 한 진술이 거짓말이라고 선언한 상황이었기 때문에 한만호의 검찰 진술을 법정에서 본인에게 다시 묻는 것은 의미가 없어졌다.

또 하나 재미있는 쟁점은 휴대폰 저장 기록이었다. 한만호는 한명숙의 전화번호를 자신의 폰에 가명(○○○H)으로 저장해두었다. 돈을 전달하는 과정에서 한명숙과 여러 차례 전화를 주고받았다고 한만호는 검찰에서 진술했다. 한만호의 폰에 한명숙의 번호가 저장돼 있다는 건 매우 자연스러운 일이었다. 그런데 반전이 있었다. 재판 과정에서 새로운 사실이 확인됐다. 변호인이 한만호 폰을 디지털 포렌식으로 분석했더니 저장 시점이 2007년 8월 21일이었다. 이미 두 번에 걸쳐 6억 원을 전달하고 난 뒤다. 이상한 일이었다. 계속 전화를 하다 뒤늦게 왜 갑자기 번호를 저장했을까.

2011년 1월 4일 한명숙 변호인단은 이 같은 포렌식 결과를 법정에서 공개했다. 한만호는 비망록에 이렇게 적는다. "휴대전화 입력 일자가 밝혀지자 저의 진술 번복이 정말이지 천만다행이다. 안 그랬으면 무슨 망신에 어찌 하늘로 머리를 들 수 있었겠나. 참 잘했다. 내가 옳았다. 행복할 정도로 마음이 편해졌다. 입력 일자를 (미리) 알았으면 검찰에서의 모든 진술이 바뀌었을 것이다." 1심 재판부는 한만호가 한명숙에게 매번 전화해서 언제 돈을 전달할지 약속했다고 하는 건 꾸며낸 이야기가 아닌가 하는 의심을 버릴 수가 없다고 판결문에 적어 놓았다. 2심 재판부는 8월 21일 전화번호가 입력됐다는 것만으로 한만호가 그 이전에 한명숙의 번호를 알지 못했다는 근거가 될 수는 없다고 판시했다.

마지막으로 중요한 쟁점 하나만 더 살펴보자. 1차로 전달된 자금에 1억 원짜리 수표가 포함돼 있다고 위에 언급했다. 이 수표는 주임 검사 임관혁이 기자에게 말한 그 수표다. “A 신문 검찰반장이 처음에 한명숙 쪽으로 취재를 준비했는데, 수표 1억 관련해서 접촉하니까 전화도 안 받고 설명을 못 하고 짜증내고 그랬다고 해요. 그걸 보고 유죄라고 생각하기 시작했다는 거죠.” 한명숙 측에서 수표 관련 해명을 제대로 못 했다는 뜻이다. 검찰 수사에 따르면 이 수표는 2007년 3월경 한만호로부터 한명숙에게 전달됐고, 2009년 3월경 한명숙의 동생이 전세금을 내는 데 사용된다. 따라서 이 1억 원짜리 자기앞수표는 한만호의 돈이 한명숙에게 직접 전달됐다는 움직일 수 없는 증거로 알려져 있다.

일단 고전적인 의문이 생긴다. 한만호는 직원들을 동원해 현금을 조성하고 달러를 환전했다고 진술했다. 불법 자금을 전달할 때 수사 당국의 추적을 피하기 위해 자금을 현금으로 바꾸는 것은 자연스러운 일이다. 그런데 마지막에 시간이 없어서 1억 원짜리 수표를 돈 가방에 끼워 넣었다는 것이 검찰의 수사 결과였다. 하지만 왜 그렇게 돈 전달이 급했는지는 구체적으로 설명하지 못했다.

실제로 한만호는 2010년 4월 8일 두 번째 작성된 검찰 진술조서에서는 1차 자금 전달 시 현금 2억 원과 달러 1억 원을 여행용 캐리어에 담았다고 말했다. 처음 한만호의 진술에는 수표가 없었다. 백만 원짜리 현금다발 10개를 천만 원 다발 한 뭉치로 만들어 20다발을 먼저 넣고 그 위에 백 달러들을 올려놓았다고 구체적으로 묘사했다. 하지만 5월 11일 다섯 번째 검찰 진술조서에서는 현금은 1억 5천만 원으로, 달러는 5천만 원으로 줄었다. 대신 1억 원 수표 1장을 편지봉투에 담아 캐리어에 담았다고 진술했다. 두 번째와 다섯 번째 진술

사이에 검찰이 수사를 하면서 수표를 추가로 발견했고, 진술도 그에 따라 변했다.

한만호는 검찰 진술에서 현금으로 바꿀 시간이 없었다고 말했다. 검찰은 재판정에서 어렵게 자금세탁을 해서 돈을 조성했는데 수표 1장 때문에 또 같은 일을 반복하는 건 매우 번잡한 일이었다고 주장했다. 1심에서 판사는 한만호가 위와 같은 사실을 실제로 기억하는 것인지 의문이 든다고 지적하며 한만호의 검찰 진술에 신빙성이 없다고 판단했다. 2심 판사는 한만호가 수표를 뒤늦게 기억하게 됐을 뿐이며 충분히 수긍할 수 있는 상황이라고 판시했다.

이 수표를 2년 뒤 한명숙의 동생이 전세자금으로 사용한다. 가장 중요한 쟁점이다. 만약 한명숙이 한만호의 돈을 받지 않았다면 왜 한명숙의 동생이 한만호의 수표를 사용했을까? 핵심적인 의문이다. 변호인은 한만호가 개인적인 친분이 있는 한명숙의 비서에게 돈을 빌려줬고, 그 비서가 역시 개인적인 친분이 있는 한명숙의 동생에게 빌려줬다고 주장했다.

1심 재판부는 일단 한명숙의 비서가 한명숙의 동생에게 차용증도 없이 수표(1억 원)를 빌려줬다는 주장 자체는 믿기 어렵다고 판단했다. 하지만 그렇다고 해서 한명숙이 정치자금으로 몰래 받은 수표를 2년 동안 가지고 있다가 동생에게 줬다는 사실을 증명하지는 않는다고 단서를 달았다. 검찰이 증명해야 한다는 말이었다. 2심 재판부는 정반대의 판결을 했다. 한명숙 동생에게 '그 수표'를 줄 사람은 한명숙밖에 없다고 판단했다.

재판만 5년

한만호는 한명숙에게 9억 원을 줬을까. 간단한 질문이지만 위에서 본 것처럼 쟁점들이 복잡하게 얽혀 있다. 다른 쟁점들을 쳐내고 문제를 단순하게 만들어보자. 주어진 문제는 한만호의 '검찰 진술'과 '법정 증언' 중 어느 쪽이 진실이고 어느 쪽이 거짓이냐이다. 재판부 입장에서 생각하면 어느 쪽의 손을 들어주느냐이다. 양쪽 다 한만호의 손이라는 게 헷갈릴 뿐이다.

1심 재판부는 한명숙의 무죄를 선고했다. 검찰 진술보다는 법정 증언에 신빙성이 있다고 본 셈이다. 하지만 판결문을 자세히 읽어보면 1심 재판부의 고민이 느껴진다. 1심 재판부는 판결문에 이런 대목을 적어 놓았다. "한만호의 검찰 진술이나 법정 진술은 모두 각기 일부는 진실을, 일부는 허위나 과장, 왜곡, 착오를 포함하고 있을 가능성이 있다. 그 진술의 동기, 그 진술 자체의 합리성, 객관적 상당성, 진술을 번복하게 된 동기 등을 종합적으로 고려하여 신중하게 판단해야 할 것이다." 검찰 진술도 못 믿겠고, 법정 진술도 못 믿겠다. 그래서 다른 증거들을 토대로 판단하겠다는 게 1심 판사의 입장이었다.

1심 판결문의 결론은 첫째, 검사의 범죄 사실 입증이 확신을 가지게 하지 못했고, 둘째, 그렇다면 유죄의 의심이 가더라도 피고인의 이익으로 판단해야 한다는 것이다. 원론적이다. 2심은 달랐다. 2심 재판부(서울고등법원 형사6부, 재판장 정형식, 판사 김관용, 윤정근)는 일단 1심 판단은 대부분 수긍하기 어렵다고 판시했다. 그리고 법정 증언보다 검찰 진술이 신빙성이 있다고 판단했다. "비록 한만호가 원심 법정에 이르러 자신이 검찰에서 한 진술을 전면적으로 번복하였다 하더라도, 다수의 증거자료에 비추어 볼 때 그 (검찰 진술의) 신빙성을 인정할 수 있다고 판단된다."

솔직히 말해 공판조서를 읽으면서 하루에도 수십 번 마음이 바뀌었다. 검사 말을 들으면 '한명숙이 돈을 받았구나', 변호인의 말을 들으면 '검찰이 날조했구나'. 변호인 측의 주장에 따르더라도 한만호는 적어도 한명숙의 비서에게 3억 원을 빌려줬다. 이 거래는 진정 사적인 거래였을까. 한만호가 한명숙의 비서와 단순히 친해서 빌려준 것일까. 비서가 아니라 한명숙을 생각해서 빌려줬던 것은 아닐까. 이 부분에 대한 진실은 명확하게 가려지지 않았다. 이건 검찰이 제기한 공소 내용이 아니었기 때문이다. 반면 한만호가 9억을 한명숙에게 스파이 작전하듯 은밀하게 전달했다는 진술은 매우 인위적이다. 한만호의 회사 장부상 조성된 돈의 액수에 맞춰 진술이 따라갔다. 이 진술을 검찰은 진정으로 믿었을까. 날짜 하나도 특정하지 못하는 진술을? 한만호의 검찰 진술이 가공된 느낌이 강하다면, 법정 증언은 뭔가를 감추느라 배배 꼬였다는 느낌이 든다. 1심 재판부도 이렇게 밝혔다.

"아무런 현실적인 이득의 제공을 약속받은 바도 없는 상황에서 위증죄 등을 감수하면서까지 검사 앞에서 약 9개월 동안 유지하였던 종전 진술을 전면적으로 뒤집기란 쉽지 않을 것으로 보이는 바, 결국 한만호의 검찰 진술에는 한만호가 법정에서 피고인(한명숙)을 대면하여 관철하기 힘들 정도의 일부 허위 부분이 포함되어 있을 개연성이 높다고 봄이 상당하다. 한만호의 법정에서의 번복 진술 중 믿기 어려운 부분들은 한만호가 그동안 피고인에게 불리한 진술을 했던 것에 대한 죄책감 등으로 자신의 검찰 진술 중 피고인에게 조금이라도 불리한 진술의 여지를 남겨두지 않을 목적으로 일부 허위 사실을 개입시켜 증언을 한 까닭에 발생한 것이 아닌가 생각된다."

2011년 10월 31일 1심 무죄. 2013년 9월 16일 2심 징역 2년. 법정구속은 면했다. 3심 최종 판결이 남았다. 2015년 8월 20일 대법원은 한명숙의 유죄를 확정지었다. 한명숙의 상고를 기각하고 2심 판결을 인정한 셈이다. 13명의 대법관 중 양승태 대법원장을 비롯한 8명이 다수의견을 냈다(양승태, 민일영, 고영한, 김창석, 김신, 조희대, 권순일, 박상옥). 주심이었던 이상훈 대법관을 포함한 5명은 소수의견을 냈다(이상훈, 이인복, 김용덕, 박보영, 김소영). 다수의견은 2심 판결과 마찬가지로 한만호의 검찰 진술의 신빙성을 인정했다. 검찰 조사에서 거짓말을 할 동기가 없다고 판단한 부분도 2심과 같다. 이 동기에 대한 부분은 다음 장에서 자세하게 서술할 예정이다.

대법원 판결문을 보면 다수의견과 소수의견 분량이 동일하다. 소수의견도 꽤 길게 적혀 있다는 말이다. 소수의견은 검찰 진술보다 위증 선서를 하고 법관이 직접 신문할 수 있는 법정 증언이 더 믿을 만하다고 밝히고 있다. 검찰이 조사 과정에서 기록을 남기지 않는 등 불법을 저질렀기 때문에 진술조서도 증거능력이 없다고 했다. 2심에 대해서도 강하게 질책했다. 피고인에게는 엄격한 잣대를 들이대고, 검찰의 주장에 대해서는 손쉽게 신빙성을 인정해 형평에 반한다고 밝혔다. 2심 재판부가 한만호에게 직접 신문도 하지 않고 1심을 뒤집어 공판중심주의의 원칙에 부합하지 않다고 했다. 다만 소수의견도

'의심스러운 대목은 있지만 3억 수수는 인정된다'고 밝혔다. 나머지 금액은 객관적인 증거나 정황이 없다고 비판했다.

이렇게 법원의 최종 판결이 마무리되고 한명숙은 나흘 뒤인 2015년 8월 24일 서울구치소에 수감된다. 그리고 정확하게 2년 뒤 2017년 8월 23일 만기 출소한다. 다소 수척해진 모습이었다. 한명숙의 표정은 비교적 밝았지만 아무도 웃을 수 없었다. 교도소를 나온 뒤 한 전 총리는 사실상 정계를 은퇴했다. 9년에 걸친 이른바 '한명숙 뇌물 사건'이 법적으로도 사회적으로도 종결되는 순간이었다.

정형식 판사

한명숙에게 징역 2년과 추징금 8억 8천만 원을 선고한 2심 재판부의 재판장이었다. 정형식 판사의 이름은 익숙하다. 2018년 이재용 삼성전자 부회장을 집행유예로 풀어줘서 유명세를 탔다. 이재용은 박근혜와 최순실(이후 최서원으로 개명)에게 승계 작업을 위해 89억 원을 뇌물로 준 혐의가 인정돼 2017년 징역 5년을 받았다. 이재용은 구속됐다. 그런데 2018년 서울고법 형사13부(재판장 정형식)는 뇌물 액수를 36억 원으로 보고 징역 2년 6개월을 선고했다. 이재용은 집행유예로 풀려났다. 이후 대법원은 이 판결이 잘못됐다고 파기했다. 파기환송심에서 뇌물은 다시 86억 원으로 늘어나 이재용은 다시 법정구속 됐다. 정형식 판사는 한명숙 재판에서 다수의견(유죄)을 낸 민일영 전 대법관과 동서 사이다. 정형식의 아내는 김진태 전 의원과 이종사촌지간이다.

대법원이 끝이 아니었다

이렇게 법적 판단이 끝난 한명숙 사건은 2018년 7월 새삼 소환됐다. 이른바 사법농단 문건이 공개되면서다. 공개된 문건에는 재판 거래와 판사 사찰 관련 내용이 포함돼 있었다. 이 속에 한명숙이라는 이름이 있었다. 한명숙 사건이 언급된 문건은 2개였다.

2014년 말 상고법원 법안이 발의됐다. 상고법원은 당시 양승태 대법원의 숙원사업이었다. 양승태는 과중된 업무를 줄이면서 대법원의 권위를 유지하는 유일한 대안으로 상고법원을 추진했다. 법원행정처는 상고법원 법안 통과를 위해 정치권 로비에 총력전을 펼쳤다. 법원행정처는 당시 새누리당 대표인 김무성을 '국정의 중심축'으로 평가하고 있었다. 김무성을 설득하면 상고법원 법안 처리에 결정적인 전기를 확보할 것이라고 기대했다.

법원행정처는 2015년 5월 6일 한 문건을 작성한다. 문건 제목은 '상고법원 입법을 위한 대 국회 전략'. 한명숙 사건 대법원 판결을 석 달여 앞둔 시점이다. 김무성이 대법원에 한명숙 사건을 신속하게 처리해 달라고 요청했다는 사실도 명시돼 있었다. 법원행정처는 대법원에서 한명숙 사건을 전부 무죄 취지로 파기할 경우, 김무성을 설득하기는 사실상 어려울 것이라고 문건에 적었다.

또 다른 문건은 법원행정처가 2015년 7월 20일 작성한 '상고법원 입법 추진을 위한 BH 설득 전략'이다. BH는 청와대를 말한다. 한명숙 사건 대법원 판결 한 달 전이다. 법원행정처는 이 문건에서 법원이 사회적 파급력이 큰 사건이나 정치적으로 민감한 사건은 청와대와 사전 교감을 통해 조율해 왔다는 점을 스스럼없이 털어놓고 있다.

▣ **[여당 설득 거점 의원②] 김무성 대표**

● **[지위] 現 새누리당 대표**

- 성완종 사태라는 악재 속에서도 4·29 재보궐선거 승리 견인 ⇨ **국정의 중심축**으로서 당분간 당내외 영향력 지대할 것 ⇨ **설득에 성공**할 경우, 상고법원안 처리의 **결정적 전기 확보**

- ③ 다만, 최근 **한명숙 의원 정자법위반사건**의 신속한 처리를 공식적으로 요청한 바 있음 ⇨ 대법원에서 **전부무죄 취지로 파기될 경우, 설득 사실상 어려울 것**으로 예상

법원행정처가 2015년 5월 6일 작성한 문건. 상고법원을 위해서 당시 여당 대표인 김무성을 설득해야 하는데, 한명숙이 무죄가 되면 어려울 것이라고 예상하고 있다.

그리고 이렇게 적어 놨다. “향후 예정돼 있는 정치인 형사사건에도 BH의 관심과 귀추 주목될 것, 주요 현안 관련 접점 모색을 위한 유화적 태도 보일 가능성 충분.” 말을 어렵게 해놨지만 간단하다. 앞으로 정치인이 연루된 형사사건 판결이 많다. 청와대가 관심이 많다. 그래서 청와대가 당분간 법원에 유화적인 태도를 보일 가능성이 있다는 말이다. 그 뒤에 주요 정치인 형사사건 목록을 죽 적어 놨다. 첫 번째가 한명숙 사건이었다.

실제로 법원행정처가 한명숙 사건 대법원 판결에 직접 관여했다는 증거는 없다. 다만 이 문건은 법원행정처가 상고법원을 관철하기 위해 정치권을 설득하는 과정에서 한명숙 사건을 지렛대로 활용했다는 점을 보여준다. 대법원에서 한명숙이 무죄가 나오면 당시 여당 설득이 어렵다는 점을 예상하고 있을 뿐이다.

이 문건들은 양승태가 박근혜를 독대할 때 활용하기 위해 작성됐다. 임종헌 법원행정처 기조실장은 당시 새누리당 이정현 의원에게

부탁해 청와대를 연결했다. 이정현은 이병기 청와대 비서실장과 '문고리 3인방' 중 한 명인 정호성 청와대 부속비서관에게 연락해 양승태-박근혜 독대를 성사시켰다. 2015년 8월 6일 양승태는 드디어 박근혜를 독대했다. 어떤 말이 구체적으로 오갔는지는 확인되지 않았다. 2주 뒤인 8월 20일 한명숙의 유죄가 확정됐다.

3장 사라진 핵심 증인

한명숙은 돈을 받았을 수도 있고 받지 않았을 수도 있다. 1심은 일부 금액에 대해서 의심이 들기는 하지만 검찰이 증명하지 못했다고 봤다. 2심은 9억을 받은 것을 모두 인정했다. 1심이 서울역이면 2심은 부산역이다. 진실은 어디쯤일까. 대전역일까. 아니면 동대구역일까. 물론 경부선 어디에만 진실이 있으리라는 법은 없다. 진실은 경부선이 아니라 호남선에 있을 수도, 아예 제주도쯤에 있을 수도 있다.

대법원 다수의견은 2심과 마찬가지로 부산역이었다. 소수의견은 달랐다. 결과적으로는 1심과 비슷하지만 검찰의 불법적인(부적절하다는 차원이 아니라 형사소송법을 위반했다고 적시했다) 수사에 대해 강하게 성토했다. 소수의견은 경부선을 벗어났다. 경부선에서 내려 멀리 떨어져야 진실이 보일 수도 있다.

이야기를 다시 처음으로 돌려보자. 〈죄수와 검사〉 시즌1을 보도한 뒤 뒤풀이를 했다. 그리고 그곳에서 죄수 H의 이름을 들었다. 검찰이 증언을 조작하는 걸 직접 목격한 사람이라고 했다. 술에 취해 있었지만 죄수 H의 이름을 메모했다. 당시 검찰 수사가 어떻게 진행됐는지 직접 들어보고 싶었다.

먼저 죄수 H가 이 사건에서 어떻게 등장하는지, 어떤 역할을 했다고 기록돼 있는지 확인해야 했다. 죄수 H가 현재 어디 있는지도 찾아야 했다. 취재는 투 트랙으로 진행됐다. 일단 사건기록을 보면서 그 속에서 죄수 H의 흔적을 찾아봤다. 다른 한편으론 죄수 H의 이후 행적을 추적했다. 하지만 모두 시간이 걸리는 일이다. 사람을 찾는 일처럼 쉽고도 어려운 일은 드물다. 기록을 보는 것도 역시 시간 싸움이다. 이것들은 시간에 맡겨 놓았다.

사건의 실마리를 다시 풀어나가는 데 기본 중 기본은 핵심 증인 한만호였다. 이 사건은 한만호로 시작해서 한만호로 끝나는 사건이다. 이제라도 다시 만나 이야기를 들어야 했다. 사법적인 판단이 종결된 사건을 다시 취재하는 것은 여간 부담스러운 일이 아니다. 기사로 쓸 수 있는 확률은 그리 높지 않다. 천천히 조심조심 접근해야 한다.

기자들은 오지 않았다

한만호는 2010년 12월 20일 법정에서 검찰 진술을 번복했다. 그때는 재소자 신분이었다. 이후 법정은 전쟁터였다. 거물 정치인 한명숙은 대규모 변호인단을 구성했다. 검찰에게도 명운을 건 전투였다. 곽영욱 사건의 전철을 다시 밟으면 검찰은 정치적 후폭풍을 감당하기 어려웠다. 검찰과 변호인단의 물러설 수 없는 싸움이었다. 싸움의 핵심은 한만호였다. 검찰은 한만호의 법정진술이 거짓임을 밝혀야 했다. 반대로 변호인단은 한만호가 검찰에서 진술할 때 거짓말을 했다는 점을 입증해야 했다.

겨울에 시작된 재판은 봄을 지나 여름으로 이어졌다. 15차 공판이 끝나고 검찰은 2011년 6월 9일 한만호의 구치소 방을 압수수색했다. 한만호가 구치소에서 쓴 일기장, 메모, 받은 편지 등을 검찰이 가져갔다. 세간에 '검찰의 한명숙 기획 수사 비망록' 혹은 '참회록'으로 알려진 서류들이다. 두 박스 정도의 분량이었다고 한다. 압수수색 나흘 뒤 6월 13일 한만호는 만기 출소했다. 분양에 실패한 뒤 사기죄 등으로 받았던 형이 끝났다.

2021년 대검 감찰이 확인한 사실이지만 검찰은 한만호가 증언을 번복한 2010년 12월 20일 당일, 위증 혐의에 대한 내사에 착수했다. 출소를 나흘 앞두고 급하게 압수수색을 한 이유가 있었다. 검찰은 압수수색 한 달 뒤인 2011년 7월 7일 한만호를 위증 혐의로 기소했다. 한명숙 사건 1심 판결도 나오지 않은 상황에서 재판에 출석하고 있는 증인을 위증으로 기소하는 것은 논리적으로 모순이다. 좋게 보면 검찰이 이 사건에 대한 확신이 얼마나 강력한지를 보여주는 것이지만, 나쁘게 보면 일단 위증죄를 걸어놓고 한만호를 압박하려는 의도가 뻔했다. 검찰이 기소는 했지만 한만호의 위증죄 재판은 한명숙 사건 재판이 끝날 때까지 무기한 연기된다.

박근혜도 이재용도 그렇겠지만 장삼이사들에게도 감옥은 지긋지긋한 공간이라고 한다. 출소하는 날이 되면 날짜가 바뀌는 0시에 정확하게 감옥에서 나가는 사람들이 많다. 6월 13일 출소하는 한만호도 12일이 끝나는 밤 12시가 넘자 서울구치소를 나왔다.

한만호는 속된 말로 핫한 인물이었다. 검찰과 야당이 벌이는 치열한 정치적 전투의 한복판에 서 있었다. 처음에는 검찰 측 증인으로, 다음엔 한명숙 측 증인으로. 한만호에게는 외롭고 힘든 싸움이었지만 바깥 세상에서는 큰 구경거리였다. 당연히 기자들의 관심도 컸다. 그런데 출소하는 한만호를 취재하기 위해 구치소에 온 기자는 오마이뉴스 구영식 한 명뿐이었다. 진보언론을 포함한 대부분 언론에서 이미 한명숙을 유죄로 판단했기 때문에 굳이 한만호를 취재하려는 의지가 없었을 거라고 구영식은 생각했다.

구영식은 12일 밤 11시쯤 서울구치소에 도착했다. 한만호의 변호인이었던 최강욱 변호사, 그리고 민주당 관계자 한 명이 와 있었다. 최강욱은 한만호가 진술을 번복한 뒤 민변의 부탁을 받고 한만호의 변호를 맡았다. 구치소 측은 민감하게 굴었다. 구치소 관계자가 먼저 밖으로 나와서 어느 기자가 취재를 나왔는지 동향을 파악해 보고했다. 한만호가 나오고 구 기자가 인터뷰를 했다. 구치소 관계자는 한만호 옆에 붙어서 인터뷰 내용을 메모했다. 민주당 관계자가 쫓아 보냈다.

구영식은 선 자리에서 한만호와 짧게 인터뷰했다. 당시 구영식이 적어놓은 보고에 따르면 2분 38초였다. 검찰의 한명숙 수사는 선거에 개입하고 정치적으로 보복하기 위한 것이었다고 한만호는 구영식에게 말했다. 검찰 진술이 아니라 법정에서 말한 것이 진실이라고 강조했다. 한명숙은 곧 누명을 벗게 될 것이라고 말했다.

한만호는 그때까지 공개되지 않았던 사실도 말했다. 검사실에서 교육을 받았다고 했다. 검사들이 변호사 대역이 돼서 질문을 하고 어떻게 답변해야 하는지 훈련을 받았다는 것이다. 한명숙에게 돈을 전달했다는 날짜를 특정하는 방법, 상대 변호인의 질문을 피하는 방법까지 검찰이 훈련시켰다고 했다. 당시 변호인과 민주당 관계자는 이 내용을 보도하지 말아 달라고 구영식에게 요청했다. 위증죄로 수사를 받고 있는 마당에 검찰을 필요 이상으로 자극하지 않으려는 의도라고 구영식은 이해했다.

구영식은 한만호가 썼다가 압수수색으로 검찰에 빼앗겼다는 비망록에 관심이 있었다. 혹시 출소한 뒤에 다시 쓰지 않을까 기대했지만 한만호는 비망록을 쓰지 못했다. 한만호가 출소 이후 스트레스를 받아 술을 많이 마셨고 건강이 나빠졌다는 말을 한 다리 건너서 들었다. 구영식은 이후 한만호를 만나지 못했다.

KBS는 왜 이제야 방송을 했을까

큰 사건이 벌어지면 그 파장이 어디로 어떻게 튈지 정말 알 수 없다. 코로나19가 퍼지자 한국사회의 이면과 숨겨진 그늘이 하나씩 폭로됐다. 세월호 참사가 터진 뒤 한국 언론의 무책임하고 무능력한 모습이 너무도 적나라하게 드러났다. 모두들 당혹스러웠다.

2020년 5월 초 뉴스타파는 한명숙 사건을 재조명하는 보도를 시작했다. 5월 21일 KBS는 느닷없이 한만호를 인터뷰한 과거 영상을 보도했다. 영상을 촬영한 시점은 2011년 6월 13일. 한만호가 출소한 그날이다. 장소는 한만호의 집이었다. 순서로 보면 구영식이 구치소 앞에서 짧은 인터뷰를 한 뒤에 KBS가 영상 인터뷰에 성공한 셈이다. 한만호의 영상과 육성이 방송된 것은 처음이었다. KBS는 2020년

이 영상을 보도하면서 2011년 당시에는 크게 새로운 내용이 아니어서 보도하지 않았다고 해명했다. 그렇지만 이 인터뷰를 당시에 보도했어야 한다고 덧붙였다.

> "2011년 당시 KBS가 이 내용을 보도하지 않은 이유를 점검했더니 2010년과 2011년에 걸친 공판 과정에서 한만호 씨가 비슷한 취지의 말을 했고 이게 언론에 보도돼 인터뷰 내용이 새롭지 않아서였던 걸로 확인됐습니다. 그럼에도 KBS 통합뉴스룸은 당시에 이 인터뷰를 보도했어야 한다고 판단합니다."
>
> —KBS 9시 뉴스 앵커 멘트(2020. 5. 21.)

이 앵커 멘트는 행간이 꽤 넓고 깊다. 2011년 당시 한명숙 재판은 사회적 파장이 큰 사건이었다. 재판정에서 증인이 비슷한 말을 했다고 해서 단독으로 한 인터뷰를 내지 않았다는 것은 이해하기 힘든 일이다. 방송 뉴스에서 육성 인터뷰가 얼마나 중요하게 취급되는지는 굳이 설명할 필요가 없다. 내용을 보면 의심은 더 커진다. 한만호는 인터뷰에서 한명숙이 9억을 받았다는 건 검찰과 자신이 만든 시나리오라고 주장했다. 검찰이 그 대가로 조기 석방을 약속했다는 말까지 했다. 한명숙에게 절대적으로 유리한 인터뷰다.

2011년은 KBS에 불어 닥친 광풍이 잦아들고 안정화된 시기이다. 이명박 정권의 낙하산들이 KBS를 장악했고 정권에 불리한 뉴스는 방송이 어려웠다. 이 시기에 한만호 단독 인터뷰가 방송되지 않은 이유를 '새롭지 않아서'였다고 말하는 건 게으른 변명이거나 거짓말이다.

무너진 재기의 꿈

공식 기록을 보면 2011년 6월 13일 출소한 한만호는 5년 뒤 다시 수감된다. 2015년 8월 20일 한명숙은 대법원에서 최종적으로 유죄를 받았다. 이후 한만호의 위증에 대한 재판이 속개됐다. 2016년 5월 19일 징역 3년을 받고 법정구속 됐다. 2심에서 2년으로 감형됐고 3심에서 그대로 확정됐다. 여기서 가늘게 이어졌던 한만호를 향한 세간의 관심은 끊어진다. 이후 한만호의 행적은 알려진 바가 없었다.

한만호의 변호인이었던 최강욱 변호사(현 열린민주당 대표)에게 물어봤다. 한만호가 위증죄로 다시 감옥에 갔다가 2018년 출소한 뒤에 몇 번 찾아왔는데 술을 많이 마셔서인지 건강이 몹시 안 좋아 보였다고 했다. 이후 최강욱은 청와대에서 공직을 맡았고 연락을 주고받기 어려웠다. 그렇게 연결이 끊어졌다. 그 뒤 간접적으로 사망 소식을 전해 들었다고 한다. 가지고 있었던 가족들 전화번호로 연락했지만 아무도 연결이 되지 않았다. 한명숙 재판을 취재했던 강기석 기자도 한만호의 죽음을 건너 들었다. 강기석은 '검찰주의의 희생자'라는 글을 본인 SNS에 썼다. 뒤늦은 부고 기사였다. 아무도 관심을 가지지 않았다.

우리가 가지고 있는 한만호의 기록들은 제한적이었다. 일단 한만호가 마지막으로 경영했던 한신건영을 찾아봤다. 등기부등본을 보니 2008년 폐업한 걸로 나왔다. 한만호가 2007년 경기도 일산에서 대형 건물을 건축해 분양하다 실패하고 구속된 시기였다. 과거 한신건영 사무실이 있던 일산 빌딩에 가봤다. 한신건영의 전성기 시절 지어진 건물이다. 일종의 쌍둥이 빌딩인데 한쪽 건물 5층에는 당시 한명숙

의원의 지역구 사무실이 있었고, 다른 쪽 건물 5층에는 한만호의 한신건영 사무실이 있었다. 지금은 그 흔적을 찾을 수 없다.

한신건영 등기부등본에 있는 한만호의 집주소를 찾아가 봤다. 역시 한만호의 흔적은 없었다. 수소문해서 한만호가 거주했다고 하는 곳들을 찾아다녔지만 남은 가족들도 살고 있지 않았다. 이웃이었던 사람은 두 아들과 함께 조용히 살던 한만호를 기억했다. 재판(아마도 위증 재판)을 받으러 다니던 모습을 떠올리는 이웃도 있었다. 경제적으로도 어려운 처지였다고 한다. 마지막에 집세나 공과금을 깔끔하게 처리하지 않아서 마무리가 좋지 않았다고 말하는 이웃도 있었다. 한만호는 13대째 고양시에서 살아온 토박이였다. 선대로부터 물려받은 재산으로 부친이 꽃농장을 하며 부유하게 자랐다. 성장해서는 어엿한 중견 건설업체 사장이 됐다. 두 번의 수감 생활을 거친 뒤 한만호의 말년은 신산했다.

유족들을 만나봐야 했다. 혹시 한만호가 남긴 기록이 있을지 모른다. 한만호의 부친이 종친회에서 간부를 했다는 풍문이 있었다. 종친회에 연락했다. 한명숙도 같은 종친이었다. 한만호라는 말에 종친회 관계자는 말끝을 흐렸다. 유족들과 연결해줄 수 없다고 했다. 고양 바닥은 그리 넓지 않다. 고양시 지역신문에서 지역에 뿌리내린 가문들을 기획 취재했던 기자에게 도움을 구했다. 한만호의 부친과 잘 아는 인사를 소개받았다. 80이 넘은 노인은 취재진을 데리고 밥집으로 갔다. 막걸리를 시키더니 혼자 연거푸 잔을 비웠다. 노인은 취했다. 한만호 부친의 뒷얘기를 1시간 넘게 풀어냈다. 이야기는 점점 산으로 갔다. 인내심을 가지고 지켜봤다. 결국 유족들과는 연결이 되지 않는다고 했다. 사방팔방으로 수소문을 하다 한만호와 비교적 가까운 친지와 연락이 됐다. 부탁하고 읍소해서 만났다. 기자를 만나는 것 자체를 꺼리는 눈치였다. 몇 가지 새로운 사실을 알게 됐다.

한만호는 2018년 병원에서 사망했다. 옥살이를 두 번 하는 동안 부친과 모친 모두 세상을 떠났다. 아들이 감옥살이를 하고 뇌물을 준 사람으로 낙인이 찍힌 뒤 부모는 화병에 걸렸다고 한다. 부인과는 이혼했다. 친지는 한만호를 화장했다. 선산에 있는 부친 묘소 옆에 뿌렸다. 관리할 사람이 없어서 따로 묘를 만들지는 않았다. 부친의 묘소라도 가보고 싶었다. 친지에게 부탁했지만 시간이 없다며 총총 사라졌다.

당시 한만호에게는 어린 아들이 둘 있었는데 지금은 모두 성인이 됐다. 작은아들과 어렵게 연락이 닿았다. 만나기로 한 약속 장소에 나타나지 않았다. 수소문해서 집을 찾아갔지만 만나기를 거부했다. 다시는 연락하지 말라는 목소리가 뒤통수에 박혔다. 한만호가 남겼을지 모르는 기록은 존재 여부도 확인할 수 없었다. 기록은커녕 사진 한 장 구할 수 없었다. 방송에서는

뉴스타파는 사건 당시 관련자들을 광범위하게 수소문했지만 한만호의 생전 사진을 구할 수 없었다. 각종 증언을 토대로 구성한 한만호의 모습(작업: 아트만두)

사진이 없어서 몽타주를 만들어 사용했다. 아무도 한만호에 대해서 말하지 않으려고 했다.

한만호의 마지막 흔적

강기석 전 경향신문 기자는 2005년 퇴임했다. 한명숙 사건 당시 노무현 재단에서 상임 운영위원을 맡고 있었다. 한명숙은 재단 초대 이사장이었다. 강기석은 처음에 '의리 차원'에서 한명숙 재판을 참관했다. 두 번째 공판에서 한만호가 진술을 뒤집었다. 숨어있던 기자 본능이 살아났다. 강기석은 이후 거의 모든 공판에 들어갔다. 30년 기자 경력을 살려 현장을 기록하고 인터넷 매체에 보도했다. 확정 판결이 나고 이 기록을 엮어 『무죄 – 만들어진 범인 한명숙의 헝거 게임 그 현장의 기록』이라는 책을 발간했다.

강기석에게 전화를 걸어 조언을 구했다. 강기석은 겸손했다. 편향된 시각이 있을 수 있겠지만 기록으로서는 참고할 만할 거라며 책을 보내줬다. 강기석의 『무죄』는 일종의 재판 기록이다. 1심과 2심의 수십 차례 공판을 빠짐없이 방청하고 꼼꼼하게 기록했다. 이 사건에 새롭게 도전하는 취재진에게는 더할 나위 없는 기초 문법이었다.

책을 읽다 비망록이 언급된 부분을 발견했다. 한만호 출소 나흘 전 검찰은 구치소 방을 압수수색해 한만호가 작성한 일기와 비망록 등을 가져갔다. 변호인단은 비망록을 법정에 제출해 달라고 검찰에 요청했다. 검찰은 분석해보고 필요한 부분만 증거로 제출하겠다고 했다. 재판부는 검찰에 문건을 모두 공유하라고 결정했다. 실제로 1심 판결문에는 한만호가 작성한 '메모'를 인용한 부분들이 있다. 이 메모가 세간에서 말하는 '한만호 비망록'의 일부였다. 비망록은 법원에 있었다. 등잔 밑은 항상 어두운 법이다.

우리는 우여곡절 끝에 재판 기록에 포함돼 있었던 한만호 비망록 전문을 입수했다. 재소자들이 사용하는 이른바 교정노트에 손 글씨로 빼곡하게 적어 내려간 문건이었다. 분량은 1200페이지. 노트 표지 상단에는 〈A New Life-Hope Notebook〉라고 인쇄 돼 있었다. 우리말로 옮기면 갱생 희망 노트쯤이 될 것 같다. 그리고 하단에는 〈수인번호 3382, 한만호〉라고 선명하게 적혀 있었다.

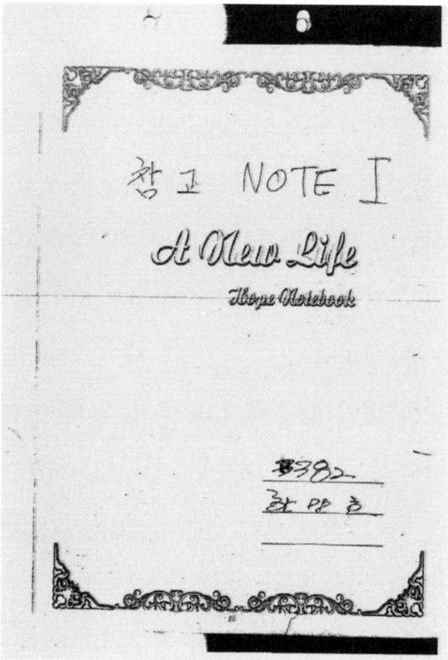

한만호가 서울구치소에서 쓴 비망록 표지. 노트로 30권, 1200쪽 분량이다.

4장

나는 검찰의 개였다

한만호의 비망록을 처음 받아 보고 분량에 질렸다. 잘 인쇄된 문서가 아니라 손 글씨로 휘갈겨 쓴 문서가 1200페이지였다. 취재에 중요한 문서가 있는데 인쇄된 것이 아니라 손 글씨라면 한숨부터 나온다. 그 손 글씨가 악필이라면 최악이다. 문서를 보고 싶은 생각이 들지 않는다. 마음 같아서는 인력을 고용해 깔끔하게 타자를 치게 하고 싶지만 이건 돈을 주고도 불가능하다. 내용을 잘 모르면 아무리 타자 전문가라도 시간이 더 걸리거나 정확도가 떨어질 가능성이 크다. 손 글씨는 읽는 것 자체가 고역이다. 내가 악필이기 때문에 잘 안다. 내가 쓴 메모를 내가 해독하지 못할 때가 종종 있다. 특히 ㅁㅂㅍ 계열이 헷갈린다. ㅎㄹㅌ은 더하다. 일단 그 사람의 자음 모음 필체에 익숙해져야 한다. 읽다 보면 언젠가는 글씨가 눈에 익을 때가 온다. 다 읽을 때쯤 익숙해진다는 치명적인 문제가 있기는 하다. 필체에 주의를 기울이면서 글을 쓴 사람의 생각의 흐름을 따라가야 한다. 글씨가 해독이 안 될 때는 흐름으로 유추해서 판독해야 한다.

읽기 힘든 필체는 차치하고 날짜별로 분류가 돼 있지 않은 점은 분석하는 데 큰 문제가 됐다. 메모 중간 중간 섞여 있는 날짜와 앞뒤 문맥으로 특정 메모의 작성 일자를 유추할 수밖에 없었다. 분량이 많다는 점은 읽는 사람을 괴롭게 하지만, 그 때문에 오히려 문서에 대한 신뢰도가 높아진다. 꽤 오랜 기간 꾸준히 작성됐다는 점은 이 문서 전체를 거짓말이라고 치부하기 어렵게 만든다.

한만호 비망록에는 여러 종류의 문서들이 포함돼 있다. 한만호는 사업을 하다 실패하고 구속된 상태였다. 당연히 청산해야 할 빚과 복구해야 할 업무가 산적해 있었다. 한만호는 수시로 사업과 관련된 메모를 작성했다. 출소 이후 누구에게 연락할 것이며 앞으로 어떤 사업을 꾸려 나갈 것인지에 대한 구상도 꽤 많다. 각종 연락처도 수십 페이지에 걸쳐 정리돼 있다. 가족과 지인들에게 보내기 위한 편지 초안도 곳곳에 적혀 있다. 신문을 보다가 맘에 드는 구절을 옮겨 적은 부분도 있다.

도대체 왜

우리가 가장 관심을 기울인 부분은 검찰 수사, 재판과 관련된 내용이다. 당연하게도 한만호는 많은 시간을 들여 가장 당면한 문제인 수사와 재판에 관해 서술했다. 수사를 받으면서 느꼈던 압박감 등 감정을 토로한 메모들이 상당했다. 한명숙 수사를 담당했던 검사나 수사관에 대한 단상이나 이를 보도하는 언론을 비평하는 내용도 포함돼 있다. 사건을 날짜별로 일목요연하게 정리한 이른바 타임라인도 있다. 재판에 어떻게 대응할 것인지 개인적으로 수립한 전략도 적혀 있었다.

한만호 비망록의 핵심은 '동기'다. 한명숙 사건을 보다 보면 '도대체 왜'라는 질문이 계속된다. 한만호의 법정 증언이 진실이라고 가정한다면 도대체 왜 검찰에서 거짓말을 했을까. 검사실에서는 무슨 일이 벌어졌던 것일까. 또 수개월 동안 감당했던 거짓말을 도대체 왜 갑자기 뒤집었을까. 반대로 생각해도 마찬가지다. 도대체 왜 한만호는 법정에서 갑자기 위증을 한 것일까. 한만호에게 어떤 일이 벌어졌던 것일까. 진실이든 거짓이든 한만호는 진술을 뒤집은 뒤 벌어질 후폭풍을 감당할 수 있다고 생각했을까.

본질적인 문제가 있다. 한만호 비망록을 얼마나 어디까지 믿어야 하는 걸까. 검찰도 한만호 비망록을 진술 번복 이후 자신을 정당화하려고 허위로 만들어낸 문서라고 주장했다. 여기서 다시 한번 한만호 비망록의 분량이 상당하다는 게 다행이다. 누구 말이 맞는지 추론할 수 있는 근거가 비망록 여기저기에 흩어져 있다.

한만호 비망록의 또 하나 흥미로운 지점은 선거를 앞둔 검사실의 풍경을 간접적으로나마 엿볼 수 있다는 것이다. 검사들이 선거를 어떻게 바라보고 있었는지, 검찰이 언론을 어떻게 움직였고, 거꾸로 검찰은 언론에 어떻게 영향을 받는지, 관찰자이자 당사자인 한만호의 시선을 따라가면 당시의 검사실 풍경이 그려진다.

본격적으로 들어가기 전에 검찰의 항변을 하나 짚고 넘어가자. 검찰은 뉴스타파 보도 이후 한만호 비망록은 법정에 제출돼 엄격한 사법 판단을 받았다고 반박했다. 사법부가 비망록에 담긴 주장을 모두 근거 없는 것으로 판단했다고도 주장했다. 새로울 것도 없고 비망록 자체도 허위라는 말이다. 일부는 맞고 일부는 틀리다. 한만호 비망록은 한명숙을 무죄로 판단한 1심 판결문에 두세 차례 짧게 등장하지만 2심과 3심에서는 등장하지 않는다. 또 한만호가 위증으로 유죄를 받았다 하더라도 비망록에 등장하는 모든 사실 관계가 허위라고 단정할 수는 없다. 비망록에서 무엇이 허위이고 무엇이 사실인지는 다시 면밀하게 따져볼 일이다.

비극의 시작

재소자들이 가장 두려워하는 게 뭘까. 사람에 따라 다를 수 있겠지만 검찰의 '추가 기소'라는 데 큰 이견은 없을 것이다. 재소자들은 하루하루 달력에 표시하면서 출소할 날만 기다린다. 군대는 비교할 바가 아니다. 이런 재소자에게 검찰이 다른 건으로 수사를 개시할지 모른다는 걱정은 공포에 가깝다. 재소자들은 이걸 '추가 뜬다'라고 부른다. 한만호도 이 부분을 무서워하는 건 마찬가지였다.

한만호는 분양 사업 실패로 회사가 부도가 나서 2008년 구속됐다. 2010년 1월 형이 확정됐다. 3월 통영교도소로 옮겼다. 형이 확정된 기결수는 통상 구치소에서 교도소로 이감된다. 만기출소는 2011년 6월이었다. 한만호는 출소를 1년 3개월 앞둔 평범한 죄수였다. 통영교도소로 옮긴 지 한 달이 채 되지 않았던 3월 31일 갑자기 서울구치소로 이감됐다. 한만호는 이유를 몰랐다. 분양 사업 피해가 아직 깔끔하게 복구되지 않았기 때문에 구체적인 것은 모르지만 '추가'가 떴다고 추측했을 뿐이다.

> 아침 화장실에서 세면 도중 이송명령 받고 즉시 짐 꾸려서 방 동료와 인사도 제대로 못 하고 버스에 올라탔다. 이송 교도관에게 어디로 누가 부른 것이냐, 무슨 자격이냐 (물으니), 검사가 부른 것이란 것밖에 모른다(고 답했다). 여러 가지 생각이 겹쳐졌다. 추가 사건이 있나. 아마 누가 검찰에 직접 고소했나 보다.

서울구치소 이감이 돌이킬 수 없는 비극의 시작이었다는 걸 한만호는 당연히 알지 못했다. 이감 다음 날(4월 1일) 서울중앙지검 특수1부에 출정을 나간다. 출정은 구치소나 교도소에 있는 재소자가 검찰청이나 법원에 불려가는 것을 말한다. 재소자가 거부할 수도 있다. 물론 일반적으로 거부하는 경우는 드물다. 당시 중앙지검 특수2부는 1차 한명숙 사건, 즉 곽영욱 5만 달러 수수 의혹을 수사하고 있었다. 그 옆 부서에 불려간 것이다. 특수1부에 가자 검찰은 아는 정치인이 있냐고 묻기 시작했다.

> 4. 1. 통영에서 올라온 다음 날 소환되어 (검찰이) 부도 경위와 피해자들에 대해 이것저것 물었다. 제가 무슨 신분으로 조사받는 것이냐 물었다. (검찰은) 아무 신분도 아니고 그냥 조사하는 것이다(라고 답했다). 이때까지는 한명숙 총리님 건이라 생각 못 했다. 2~3시간 지난 후 알고 지내는 정치인이 있느냐 물었다. 이때부터 한 총리님 예감이 들었다.

한만호는 처음에 검찰이 원하는 답변을 하지 않았다. 한나라당 친박계 ○○○의원에게 6억 원을 줬다고 진술했다.

특수부 소환 첫날 자금이 한나라당 의원 쪽으로 제공되었음을 이야기했다. (조사를) 종료했다. 급히 덮었다.

한만호는 비망록에서 이 같은 주장을 4번 반복해서 적었다. 돈을 줬다는 정치인의 실명도 적혀 있다. 이게 사실인지는 지금 확인할 수 없다. 한만호 주장의 핵심은 검찰 조사 초기에 다른 정치인을 이야기했는데 묵살됐다는 것이다. 검찰이 이미 타깃을 정해 놨다는 말이다. 실제로 한만호의 부친은 보수계열 정당 소속으로 시의원을 지냈다. 한만호도 사업을 하면서 몇몇 정치인들과 교류가 있었다. 한명숙 말고 다른 정치인에게 돈을 줬다는 것이 아주 허무맹랑한 이야기는 아니었다. 우리는 한만호가 한명숙 외에 다른 정치인에게 돈을 줬다는 진술을 한 적이 있는지 검찰에 질의했다. 검찰은 전혀 없었다고 답변했다. 서로의 주장만 있을 뿐이지 양쪽 모두 증거는 없다. 검찰은 한명숙에게 전달한 돈의 사용처를 허위로 만들어내기 위해 한만호가 사후에 조작한 것이라고 주장했다.

다음 날인 4월 2일에도 한만호는 특수부에 소환됐다. 이날부터 본격적으로 검찰의 회유와 종용이 있었다고 비망록에 적혀 있다.

4. 2. 특수부 다시 소환됩니다. 수사관님과 검사님이 절대 불이익이 되지 않게 하겠다. 한 총리에 대해서 사실대로 답변해 달라. 선택해라. 협조해서 도움을 받을 것인지 아니면 힘들게 해서 어려

워지시든지. (저는) 한 총리님에 대한 이야기는 거론조차 하지 말아라(고 답했고) 이렇게 종결됩니다.

은근한 협박이었다. 흔히들 말하는 '거부할 수 없는 제안'이다. 협조하고 쉽게 갈 건지, 거부하고 어렵게 갈 건지 선택하라고 했다는 거다. 한만호가 법정에서, 언론 인터뷰에서 일관되게 주장했던 내용이다. 4월 2일까지는 버텼다.

검찰의 강아지

변곡점은 4월 3일이었다. 이날 새로운 인물이 등장한다. 남○○이었다. 남 씨는 한만호가 구속된 이후 회사 정상화를 명분으로 한신건영에 감사로 들어온 인물이다. 처음에 한만호는 남 씨를 믿고 의지했다. 하지만 시간이 지나면서 남 씨가 자신의 회사를 뺏으려 한다고 의심했다. 비망록에는 남 씨가 자신의 회사를 어떻게 강탈했는지 여러 번 적혀 있다. 그 남○○이 갑자기 특수부 조사실에 나타났다.

4. 3. 오후 끝날 무렵 조사실, (검찰이) 영상녹화실로 데려가더니 남○○이 뛰어들어왔다. 얼굴 보는 순간 다리가 후들거렸다. 서서 이야기했었지만 서 있을 힘이 없어서 책상을 짚고 이야기했다.

한만호는 남 씨를 왜 두려워했을까. 남 씨는 법조계와 수사기관 인맥을 과시하며 영향력을 행사하는 인물이었다. 한만호는 남 씨를 '법조 브로커'라고 비망록에 써 놓았다. 남 씨의 뒤에 법조 권력이 있다고 믿었다. 검찰 조사실에서 한만호를 만난 남 씨는 이렇게 말했다고 비망록에 적혀 있다.

> "사장님 협조하시고 도움을 받으시지요. 앞으로 다른 건 추가 기소로 또다시 어려워지실 텐데요. 서울시장 선거도 있고 이 건은 전체를 직접 계획하고 주도하는 아주 윗선에서 만들어진 겁니다. 협조 안 하시면 무척 힘들어지실 것입니다."

남 씨는 이후 법정에도 증인으로 등장한다. 수사에 협조하면 가석방 등의 이익이 있을 것이라는 취지로 남 씨가 한만호를 회유했다고 재판부는 인정했다. 1심 재판부는 남 씨와 한만호의 만남을 중요하게 여겼다. 이 만남 뒤 한만호가 한명숙에게 돈을 줬다는 진술을 시작했다는 것이다. 2심 재판부는 달랐다. 남 씨가 한 말은 '솔직하게 얘기하면 선처해주지 않겠느냐' 정도였다는 것이다. 2심은 남 씨를 한만호가 검찰 진술을 시작한 계기로 볼 수 없다고 판단했다.

남 씨가 회유를 했든 설득을 했든 검찰 조사실에 갑자기 등장한 것은 객관적인 사실이다. 그렇다면 검찰은 한만호를 조사하는 검사실에 남 씨를 왜 불렀을까. 그리고 왜 남 씨와 한만호 둘만의 대화 자리를 만들어줬을까. 2심도 인정했듯이 남 씨가 한만호를 만나 최소한 설득은 했다는 건데 남 씨는 왜, 누구를 위해서, 무엇을 위해서 한만호를 설득했을까.

한만호는 남 씨의 이야기를 듣고 '하늘이 무너지는 공포감'을 느꼈다고 적었다. 추가 기소에 대한 공포였을 것이다. 또 윗선이 개입했다면 자신이 진술을 거부한다고 해도 결과는 바꿀 수 없을 거라 합리화했을 가능성이 크다. 한만호는 불가항력이라고 느꼈다. 그날 밤 구치소에 돌아가 고민했다. 그리고 결심했다.

돌아와서 밤을 꼬박 새웠다. 이것이 현실이고 대세며 따라야 할 시류라면 따를 수밖에. 협조해서 회사 찾고 복수하고 피눈물 흘리는 피해자분들 회복시켜드리고 재기할 수 있는 기회로 삼아야겠다. 내 스스로를 합리화했다.

여기서 한만호의 검찰 진술 동기가 완성된다. 처음에는 공포였다. 다음에 찾아온 동기는 희망이었다. 한만호는 구속된 이후에도 멈추지 않고 복수와 재기를 꿈꿨다. 자신이 구속된 뒤 회사를 빼앗아간 사람들에게 복수하고, 출소 뒤 회사를 되찾아 재기할 것을 계획했다. 검찰이 협조하면 도와준다고 했다. 이보다 큰 뒷배가 있을 수 없다. 추가 기소에 대한 공포에서도 벗어나고 검찰이라는 큰 힘을 활용할 수도 있다. 공포와 희망은 연결돼 있었다. 물론 한만호의 동기가 이해가 된다고 해서 검찰에서 한 진술이 거짓인지 진실인지를 판단할 수는 없다. 아직 이르다.

총리님 유죄만 나오면 재기할 수 있게, 회사 찾을 수 있게 증언 이후 며칠 안으로 출소할 수 있게, 출소 이후라도 다른 건으로 기소 안 되게, 사업에 전념할 수 있게, (검사 혹은 수사관이) 개인적으로도 돕겠다(고 했다). 단 총리님 유죄 나와야 한다. 무죄 나오면 형 더 살아야 한다. 얼마큼일지 모르지만.

한만호가 구치소에서 작성한 1200쪽 비망록

설마 검찰이, 설마 검사가, 설마 수사관이 실제로 이런 말을 했을까? 상식적으로 의심스러운 게 사실이다. 물론 현실은 언제나 상상을 뛰어넘기 때문에 가능성이 아예 없다고는 할 수 없다. 다만 한만호는 검사와 수사관의 은근한 암시, 검찰 대리인으로 등장한 남 씨의 은밀한 제안 등을 모두 뭉뚱그려 이렇게 받아들인 것은 아닐까.

한만호가 검찰에 협조하기로 마음을 먹자 모든 것이 일사천리였다. 다음 날부터 한만호는 스스로 '스토리를 구상해' 검찰에 진술하기 시작했다. 4월 5일 1차 조서를 썼고 5월 11일 마지막 5차 조서가 완성된다. 한 달 만에 모든 일이 끝났다. 검사와 수사관들은 한만호에게 외부 식사 같은 편의를 제공하면서 칭찬했다. 한만호는 자괴감을 느꼈다. 현실적인 이익을 위해 검찰에 협조하는 자신과, 그 자신을 한심하게 바라보는 자의식이 싸움을 벌였다. 공포와 욕망과 부끄러움이 뒤섞인 불안한 심리상태는 스스로를 '강아지'라고 부를 지경이 됐다.

> 자필 진술서 작성 이후부터는 한만호는 없어지고 오로지 검찰의 안내대로 따르는 강아지가 되었고 매일 점심이나 저녁 식사 때마다 검사 수사관들의 립서비스에 마냥 흐뭇해하고 옳고 그른지 판단력은 없어졌거나 마비되어 버렸다.

단추 하나로 바바리를 만드는 기적

한만호가 처음으로 중앙지검 특수부에 불려간 건 2010년 4월 1일이었다. 4월 1일은 만우절이다. 아무 의미도 없는 우연의 일치이지만 만우절에 사건이 시작됐다는 사실에 쓴웃음이 난다. 물론 만우절 농담이라고 하기는 너무 비극적이다.

4월 1일부터 진술을 번복한 12월 20일까지 한만호는 73번 검사실에 불려간다. 하지만 조서를 꾸민 날은 5회에 불과하다. 그럼 나머지 68번 출정 때는 검사실에서 뭘 했을까. 이 질문은 뒤에 증인 김 씨와 최 씨, 죄수 H의 케이스에서도 똑같이 나올 수밖에 없다. 비망록에 그 흔적이 있다.

한만호의 표현대로 하면 68번의 출정은 스토리를 구상하고 맞춰가는 과정이었다. 창작의 과정과 유사하다. 한만호가 기억의 편린을 이용해 기본 스토리를 만들고 검사실에서 파악한 사실관계에 맞춰 정교하게 고쳐나갔다. 공동창작이라고 부를 만하다.

> 구치감(재소자가 검찰청에 출정을 나온 뒤 검사실에서 부를 때까지 기다리는 장소)에 대기하면서 기억하고 있던 9억 원 자금 조성에 대한 스토리 구상합니다. 장소나 방법을. 9억이라 한 것은 제 조사를 하면 현금이나 달러 가방에 담았던 것이 3번 정도 나올 것 같아서 미리 이야기한 것입니다. 수감 기간이 길어서 (기억이 잘 나지 않아) 다른 설정은 꾸며대기가 힘들었다. 진술서 쓰고 협조 시작했습니다. 9억 원 스토리에 맞춰서 전면적으로 수사 확대되어 검사 다섯 분, 수사관, 특수1부가 모두 이 사건에 투입되면서 이방 저방 불려 다니며 진술합니다. 증인 앞세워 범죄자들 사냥개 만들어 온갖 악성 플레이로 총리님 엮으려 했습니다.

옛날처럼 고문하고 잠 안 재우고 윽박지르는 방법이 아니다. 검사와 죄수가 이심전심 이야기를 만들어 가는 방식이다. 서로가 서로를 보완하고 서로가 서로를 유도한다. 검사와 죄수는 이때 한 몸이 된다. 검사가 범죄 사실을 객관적으로 조사하고 타당성, 신빙성을 판단할 거라는 당위는 환상에 가깝다. 한만호는 검찰의 진술 유도 방법을 비망록에 이렇게 정리해두었다.

> **검찰의 대표적인 허위 진술 유도 방법**
>
> ① 다른 직원이 다 진술했다.
>
> ② 자료에 다 나와 있다.

③ 증인이 며칠 전에, 처음에 그리 이야기했다.
④ 그때 그런 이야기를 했었다.
⑤ 그래서 그리된 것 아니겠느냐.
⑥ 증인의 기억력이 부족한 것을 철저히 이용한다.

한만호는 검찰의 수사 방식을 두고 "단추 하나 가지고 양복도 만들고 바바리도 만들고 코트도 만들었다"라고 법정에서 표현했다. 한만호도 이 과정에 적극 협조했다. 검찰의 강압에 못 이겨 진술을 한 것이 아니라 검찰의 의도에 영합하는 진술을 '스스로' 했다. 나머지는 검찰이 알아서 했다. 재판이 시작되고 한만호는 진술을 번복하면서도 검찰 조사 과정에 강압은 없었다고 주장했다. 언뜻 모순처럼 느껴지지만 검찰 수사 과정을 살펴보면 이해가 되는 측면이 있다.

검찰 조사는 알고 있는 사실을 단순히 진술하는 것이 아니었다. 수사 받는 한만호와 수사 하는 검찰이 서로 '사실관계'를 맞추어 나가는 방식이었다. 그러다 보니 어이없는 일도 벌어졌다. 검찰의 공소 사실을 보면 한만호가 한명숙에게 돈을 전달하면서 여러 차례 통화했다고 돼 있다. 총 9억 원을 3억씩 3일에 걸쳐 전달했고 각각의 날짜에 몇 번 통화했는지도 적시돼 있다. 실제 통화 기록은 오래돼서 확인할 수 없는 상태였다. 통화 횟수가 매번 같으면 이상하니까 처음에는 4회, 두 번째는 3회, 세 번째는 3회라고 스토리를 만들었다. 돈을 전달한 장소도 모두 집이라고 하면 이상해 보일 수 있으니 첫 번째는 길에서 줬다는 식으로 스토리를 만들었다고 변호인단은 의심했다. 그런데 한만호가 횟수를 자꾸 틀리니까 결국 3번으로 통일했다고 비망록에 적어놓았다.

(9억 원을) 3번에 걸쳐 제공했다고 허위 진술할 때 검찰에서 (한 총리와의 통화 횟수를) 433으로 스토리 만들었다가 나중에 332로 했다. 소동이 되니 그냥 333으로 하자 합의하고 진술과 연습했다. 종종 자금 제공 순서가 바뀌고 해서 검사님이나 수사관님들이 당황한 적이 몇 번 있었다.

한만호의 휴대폰에는 한명숙의 전화번호가 입력돼 있었다. 문제는 전화번호 입력 시점이 돈을 전달한 후 수개월 뒤라는 사실이 재판 과정에서 밝혀졌다는 것이다. 한만호는 비망록에 "핸드폰 입력 일자를 (검찰 수사 단계에서 미리) 알았다면 검찰 진술은 모두 다른 스토리로 구성됐을 것"이라고 썼다.

진실을 찾아가는 과정은 본질적으로 퍼즐을 맞추는 것과 유사하다. 범죄를 수사하는 과정도 마찬가지다. 대한민국 검찰의 방식은 조금 다르다. 수백 개의 퍼즐 조각 중 몇 개를 놓고 나머지는 (찾는 게 아니라) 다른 종이를 오려 붙이는 방식일 수도 있다. 가지고 있는, 혹은 찾아낸 퍼즐 조각이 얼마 되지 않을 때, 특히 핵심 조각이 없을 때 문제가 발생한다. 다음 그림에서 오른쪽 사람이 손에 들고 있는 게 칼인지, 총인지, 돈다발인지, 꽃다발인지 모른다면 이 그림을 쉽게 규정하는 것은 매우 위험하다. 왼쪽 사람이 놀라는지, 기뻐하는지도 명확하게 알 수 없다. 한명숙 사건에서 가장 중요한 범죄 사실이라고 할 수 있는 '돈 전달 일시'를 검찰이 결국 특정하지 못한 것도 이런 방식의 수사 때문이었을 것으로 추정할 수 있다.

범죄 수사도 퍼즐 맞추기와 다를 바 없다. 가장 중요한 퍼즐이 없다면 어떻게 해야 할까.

대한민국 검찰에서만

스토리가 완성된 뒤 심화 학습 과정이 이어졌다. 기초를 다지고 나서 기출 문제를 중심으로 예상 문제를 푸는 순서다. 한만호는 검사실에 불려가서 일종의 시험을 쳤다고 했다. 잘하면 칭찬을 받고, 못하면 창피를 당하는 시험을 매주 치렀다. 한만호는 "국민교육헌장 달달 외우듯" 조서를 외웠다고 비망록에 적었다.

> 매주 불러서 테스트하고 변호인 답변 피해가는 방법 교육하더니 아예 검찰 진술조서도 제공해주고 구치소에서도 공부하라 하며 "시험 본다"라며 테스트했다. 열심히 하는 체했다. 50을 넘기고

머리 허연 놈이 쪼다 짓을 했지만 그래도 20년 넘게 CEO 한 사람을 마치 저능아 취급했다. 그 모멸감은 죽어도 잊지 못할 것. 밖에 서였다면 눈도 마주칠 수 없는 한참 동생뻘들이다.

기소 이후에 제공 방법과 (돈을 전달할 때 나눴던) 멘트가 바뀌고 진술 내용이 변질되어 매주 불러서 테스트했다. 시험 본다 하였고 증인은 출정 전날에 방에서 운동장에서 시험 준비하느라 혼자 중얼중얼 대서 다른 수감자들이 이상한 사람으로 쳐다봤다. 실수 없이 잘하면 칭찬해주고 저녁 (사주고). 그 능멸, 모멸감을 죽어서도 잊지 않을 것이다.

한만호의 변호를 맡았던 김정범 변호사는 당시 한만호에게 조서를 작성하지 않은 날에는 뭘 했냐고 물어봤다. 한만호는 비망록과 똑같은 대답을 했다고 한다. 재판정에서 변호인이 공격할 경우 어떻게 대응해야 할지 시나리오를 가지고 연습을 했다는 것이다. 나는 김 변호사에게 그런 조사 방법이 불법은 아니냐고 물어봤다. 김 변호사는 엄격하게 법적으로만 따지면 당연히 불법이고 있을 수 없는 일이라고 말했다. 그러면서 덧붙였다. "대한민국 검찰에서만 있을 수 있는 일이죠."

전쟁터의 마술사

한만호가 특수부에 처음 불려갔을 때(4월 1일)는 서울시장 선거(6월 2일)를 두 달 앞둔 시점이었다. 1차 한명숙 사건 선고(4월 9일)가 며칠 남지 않은 상황이었다. 한만호는 당시 특수부 분위기를 '전쟁터'라고 표현했다.

> 당시 (한명숙) 총리님의 대한통운 (곽영욱 뇌물 사건) 무죄 선고를 앞둔 시기와 서울시장 선거가 물려 있어서 제 사건의 수사를 하는 특수부의 분위기는 마치 전쟁터 같았다. 서둘렀다. 연일 소환되었고 수많은 사람들이 조사를 받았다. 이방 저방에서 조사받는 소리가 들릴 정도였다. 새벽 (구치소에) 들어가서 몸살 기운에 춥고 떨려서 (뜨거운) 물통 끌어안고 깜빡 잠이 들었다. 손목에 화상을 입었지만 계속 출정하다 보니 상처가 덧나고 함몰되기 직전까지 갔었다. 5개 방을 돌며 조사를 받았다.

한만호는 진술 협조를 하기 전 검찰에게 한 가지 약속을 받았다고 한다. 자신의 진술을 선거 전에 유출하지 않는다는 약속이었다. 한만호는 한명숙에게 치명적인 진술을 하면서도 한명숙의 선거 결과에 악영향을 주는 것만은 피하고 싶었던 것으로 보인다. 순진한 생각이었다. 검찰은 처음부터 약속을 지킬 생각이 없었다.

검찰은 한만호의 협조를 얻어 서둘러 수사를 진행했다. 서두른 보람은 있었다. 검찰은 곽영욱 사건 선고 하루 전인 4월 8일 동아일보에 2차 한명숙 사건 보도가 나가게 하는 데 성공했다. 이후 한만호의 검찰 진술은 하나하나 구체적으로 보도됐다. 실시간 중계였다.

검찰에서 선거 이전에 모든 것을 밝히려고 대량의 인원이 동원되었다. (나의) 검찰 진술 내용을 언론에 제공하지 않는다는 약속에 모두 거짓 진술하고 날인 해 댔다. 진술한 내용이 언론에 바로바로 흘러나오고 검사실에 기자들이 수시로 들락거렸다. 약속과 달리 제 이름과 진술 내용이 보도되기 시작해서 감당할 수 없는 죄책감과 두려움을 견딜 수 없었다. 수사 내용 (유출)을 자제해달라 했지만 보도는 계속되었다. 시장 선거 전에 지지율, 여론조사 결과를 수시로 점검하면서 계획적 조직적 적극적으로 선거에 영향을 주려 애쓰는 모습이었다. 검찰의 언론플레이는 '마술사' 수준이다

지금은 검사실에 기자들이 쉽게 들락거릴 수 없다. 10년 전만 해도 시절이 달랐다. 물론 검찰과 언론의 유착이라는 본질은 크게 바뀌지 않았지만. 한만호는 걱정이 됐다. 노무현 전 대통령이 자살한 사건이 떠올랐다.

수사 초기에 언론의 악의적 보도가 계속 터져 나왔다. 수사관에게 노무현 대통령도 논바닥에서 시계 보도 같은 것 때문에 자살한 것으로 알고 있는데 한 총리님도 그렇게 되시는 것 아닐까요. 정말 걱정됩니다(고 말했다). 수사관은 그런 일 절대 없을 것입니다. 한 사장님은 그런데 신경 쓰지 마십시오. 우린 그런 걱정 안 한다(고 말했다). 정말 걱정이 됐고 꿈도 서너 번 비슷한 내용으로 꾸었다.

한만호는 검찰이 선거를 앞두고 하는 언론플레이를 '언론질'이라고 표현했다.

> 검찰은 선거 전에 계속 지지율과 여론조사 결과를 분석하며 증인(한만호)의 허위 진술 내용을 언론질 해댔다. 당시 여론조사 결과가 20% 이상 차이가 나오자 '사장님 서울시장 선거 하나 마나 아닙니까' 하고 웃으며 흐뭇해했다.

검찰이 정말 한만호 앞에서 이 같은 노골적인 언행을 했을까. 당시 한만호는 검찰과 한배를 탄 신세였다. 즉 검찰과 같은 편이었다고 볼 수 있다. 그러나 검사 혹은 수사관이 한만호에게 구체적으로 이런 말을 했는지는 확인할 길이 없다. 다만 당시 한만호의 검찰 진술이 언론에 실시간으로 중계되다시피 한 것은 부인할 수 없는 사실이다.

한만호는 평범한 사업가였다. 한명숙과 종친으로 엮여 개인적인 친분이 있을 뿐이지 지극히 보수적인 사람이었다. 부친도 보수계열 정당에서 시의원을 했다. 본인의 사건이 보도되는 양상을 보면서 한만호의 언론을 보는 태도가 달라졌다. 언론은 '관변 아첨 기관'이라고 표현했고 조중동은 '충성 경쟁'을 하고 있다고 꼬집었다.

> 밖에서 사람들이 조중동이나 일부 언론이 권력의 나팔수라 해서 과장된 말이려니 했는데 제가 직접 당해 보니 조금도 지나친 표현이 아니었어요. 언론은 권력을 견제 감시하는 기관이 아니고 적어도 정치 사건에 관해서는 기관지나 관변 아첨 기관이 되어 있는 것 알 수 있었지요. 조중동과 경제 신문은 충성 다툼이 술집 아가

씨 분칠하듯 하구요.

저녁 뭐 드실래요?

한명숙은 결국 서울시장 선거에서 간발의 차이로 패배한다. 오세훈 후보에게 불과 2만 6천여 표, 0.6%p 차이로 졌다. 검찰의 약속 위반, 즉 선거 전에 진행된 검찰의 '언론질'로 마음이 흔들렸던 한만호는 선거 결과를 보고 더 큰 양심의 가책을 느낀 것으로 보인다.

서울시장 선거는 왜곡되었고, 검찰의 근거 없는 언론플레이를 보는 지금 증인의 심정은 시장 선거 다시 치러져야 한다고 외치고 싶은 심정이다. 언론을 통해 (한명숙에 대한) 무차별 이미지 훼손 기사 나올 때마다 죄책감으로 가슴 속에 선혈이 터져 나올 듯한 고통을 느꼈다. 부관참시 당하는 일이 있더라도 진술을 바로잡아 진실을 밝힐 것이다.

검찰이 약속을 지켰더라면 법정에서 진술 번복을 감행하지 않았을 거라고 한만호는 비망록에서 수차례 강조했다.

약속대로 언론에 악의적인 이야기 흘리지 않았으면 증인의 심정이 그토록 고통스러움을 느끼지 않을 수 있었다. 총리님을 뵙는 것도 아니고. 증인도 살아야 할 생각에 너무나 절박했기에 검찰의 진술을 유지했을 것이다. 그런데 언론 기사 때문에 그런 증인의 심

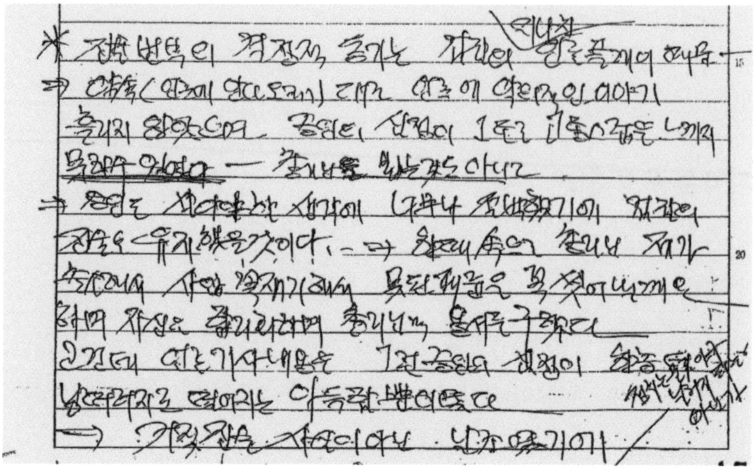

한만호는 비망록에서 진술 번복의 가장 큰 동기를 검찰의 언론플레이라고 적어 놓았다(비망록 152쪽 중 일부).

정은 낭떠러지로 떨어지는 아득함뿐이었다. 거짓 진술, 사실이 아닌 날조였기에.

한만호는 실제로 검찰 수사관에게 진술을 번복하겠다는 뜻을 밝혔다고 여러 번 적어놓았다. 재판이 시작되기 전이었다. 특히 2차와 3차 전달 자금인 6억 원은 구체적으로 다른 곳에 썼다고 말했다고 한다. 검찰의 대답은 '저녁 뭐 드실래요?'였다.

검찰은 알고 있었다. 기자님들 들어주세요. 자금이 다른 곳에 제공되었음을 (검찰에) 이야기했다. 적어도 2회, 3회 제공 6억은 교회 공사 수주나 또 다른 (곳에 사용됐을) 가능성을 (검찰은) 알고 있었다.

(그렇게 이야기했더니 수사관이) 못 알아들은 척하였고, 어렵게 이야기 했는데 핸드폰 들고 밖으로 나가서 한참 만에 들어왔다. 오늘은 한 사장님이 피곤해하시니 그만하자, 오늘 드시고 싶은 메뉴를 말씀해 달라고 했다. 회초밥을 먹었다. 무고한 총리님의 살점을 발라 먹고 있다는 생각이 들었다. (구치소에 돌아와) 복통 설사로 무척 고생했다.

"검찰은 알고 있었다." 문맥을 해석하자면 돈이 한명숙에게 전달되지 않았을 수 있다는 걸 알고 있었다는 뜻이 된다. 검찰 수사 결과를 보더라도 전체 9억 중 6억 원은 자금 조성까지는 파악했지만 이게 실제로 한명숙에게 건너갔는지는 증명할 수 없었다. 한만호가 수사관에게 이 말을 했을 때 수사관은 못 알아들은 척했다. 확인할 수 없는 한만호의 일방적인 주장이지만 개연성이 없지는 않다.

취재를 하다가 비슷한 오류에 빠지는 기자들을 종종 본다. 아니 자주 본다. 골대를 정해놓고 취재를 하고, 표적을 정하고 들어가는 거다. 심지어 한명숙 사건을 최근에 취재하던 다른 언론사가 비슷한 짓을 하는 것을 본 적이 있다. 예를 들어 어떤 사건의 피해자에게 제보를 받아 취재를 하다가 피해자에게 불리한 증거를 발견했다고 가정해 보자. 그 증거를 기사에 포함하면 기사가 약해질 수 있다. 심한 경우 기사를 내지 못할 수도 있다. 그런데 그 증거를 가해자는 모르는 상황이고 앞으로도 모를 가능성이 크다면? 취재는 벌써 한 달째 진행 중이고 이제 와서 기사를 내지 못하면 매우 곤란한 상황이라고 한다면? 원칙적으로 기사를 포기하는 게 옳다. 만약 기사를 꼭 내야 한다면 약해지더라도 불리한 증거를 포함하는 것이 맞다. 이른바 객관의 의무다. 알고도 모르는 척하는 것도 거짓말이다. 기자는 거짓말을 하지 않는 조건으로 월급 받는 사람이라는 말도 있다.

기자도 그러한데 검사는 말할 나위 없다. 검사의 객관 의무는 훨씬 엄격하다. 검사는 피고인을 기소한 당사자이기도 하지만 공익의 대표자이기도 하다. 피고인에게 유리한 증거를 발견할 경우 법원에 제출해야 한다는 대법원 판례도 있다. 검사는 피고인을 벌해야 하는 사람이지만 동시에 진실을 추구해야 하는 사람이다. 검찰은 공익을 위해 일하는 공무원이다. 한명숙 사건에서 검찰은 회유와 압박으로 한만호의 진술을 받아내고, 그 진술의 울타리 안에서만 수사를 진행한 흔적이 역력하다. 다음 장에서는 보다 적극적인 조작의 흔적까지 볼 수 있다. 검찰의 객관의무라는 말은 참으로 신성하나 현실은 참으로 비루하다.

비망록은 어디까지 진실일까

한만호의 비망록에 대한 검찰의 입장은 10년 전이나 지금이나 일관된다. 한만호가 진술을 번복한 뒤 검찰을 공격하기 위해서 허위 사실을 적어놓았을 뿐이라는 것이다. 실제로 검찰은 2011년 구치소 방에서 압수한 비망록을 재판부에 증거로 제출하면서 목록에 '허위 사실'이라는 내용의 설명을 달아 놓았다. 검찰의 방어논리는 나름 일리가 있다. 비망록의 상당 부분이 한만호의 진술 번복 이후에 쓴 것이기 때문이다. 한만호가 법정에서 검찰 진술을 번복한 이후 그것을 정당화하기 위해 비망록을 작성했다고 볼 수도 있다.

하지만 비망록 전부가 진술 번복 이후에 작성된 것은 아니다. 한만호가 검찰에 협조하고 있었던 2010년 4월부터 12월까지의 편지와 메모들도 다수 포함돼 있다. 2010년 5월 한만호가 한신건영 부하 직원에게 보낸 편지를 보자. 2010년 5월이면 한만호가 검사실에서 한참 조서를 꾸미던 시점이다. 보낸 편지를 왜 가지고 있냐는 의문도 생길 수 있다. 한만호는 노트에 편지 초안을 작성하고 실제 편지는 그걸 베껴서 보낸 것으로 보인다. 비망록에는 각종 편지 초안이 수십 건 있었다.

> 내 짧은 생각에 이번 사건에 협조해서 수사를 하다 보면 그동안 온갖 못된 짓을 하며 이익을 보았거나 도적질한 인간들에 대한 조사가 당연히 이루어지다 보면 김○○나 박○○ 남○○의 (검찰) 조사가 이루어져서 그동안 나나 정 부장(회사 직원)이 어쩌지 못하고 있던 한 맺힌 사연이 해결되리라.
>
> —한만호가 회사 직원에게 보낸 편지 초안

한만호는 검찰로부터 모종의 대가를 약속받고 진술에 협조했다고 주장했다. 그 대가 중 하나가 복수였음을 암시하는 내용이다. 검찰 수사에 잘 협조하면 검찰이 자신의 사업과 관련된 사건을 수사해 줄 것이고, 그 결과 나쁜 놈들을 벌 줄 수 있다고 생각했던 것 같다. '검찰은 자기편'이라는 자신감이 엿보인다. 같은 시기에 아내에게 보낸 편지에도 비슷한 대목이 있다.

> 혹시라도 이번 사건 이후에 어느 누구라도 힘들게 하거나 괴롭

> 히려는 느낌만 들어도 서신하도록 해. 절대 용서하지 않고 뿐만 아니라 그 대가가 처절함을 반드시 몸서리쳐지게 해줄 것이니까.
>
> —한만호가 아내에게 보낸 편지 초안

그 전에 한만호가 아내에게 보낸 편지는 무기력했다. 감옥에 갇혀 회사를 빼앗기는 걸 보고만 있어야 하는 무력감, 무책임한 가장이 됐다는 미안함이 편지의 주된 정서였다. 그런데 검찰에 적극 협조하던 시기의 편지는 분위기가 사뭇 달라졌다.

같은 편지에는 어떤 '선택의 기로'에 서 있다고 적혀 있다. 그리고 그 선택으로 희생자가 생길 것 같다고 했다. 한만호는 모호하게 처리했지만 그 희생자는 한명숙이 아니었을까 추정된다.

> 이번 사건으로 내 운명이 어찌될지는 알 수 없지만 나로서는 내 인생의 마지막 남은 선택을 하게 될 것 같아… 이 사건으로 희생되는 분들이, 어떤 형태로든 희생자가 생길 것이고… 출소 후에 그나마라도 희망을 기대했던 사람들 몰락시키는 것이…
>
> —한만호가 아내에게 보낸 편지 초안

포식을 끝낸 짐승처럼

감방에 갇힌 죄수도 신문을 구독할 수 있다. 한만호는 TV는 보지 않고 신문을 주로 보는 스타일이었다고 주변 사람들은 말한다. 스크랩도 꼼꼼하게 열심히 했다. 비망록에는 신문을 보면서 마음에 드는 구절들을 필사해놓은 부분이 있다. 역시 진술 번복 이전에 작성된 것이어서 한만호의 심리 상태를 유추할 수 있는 기록이다.

> 금수회의가 따로 없습니다. 입만 열면 생고기 뜯고 난 비리칙한 냄새가 납니다. 포식을 끝낸 짐승처럼 저희들끼리 화해롭습니다. 피묻은 발톱을 핥고 고깃점이 묻어 있는 털 고르는 일이 남았습니다. 맹수들의 일상에서는 자연스러운 일입니다. '다우'라는 짐승은 꼬리가 칼날 같아서 제 꼬리를 혀로 핥으며 맛있다 맛있다 하다가 결국 죽음에 이른다고 합니다.

2010년 6월과 8월 사이, 한만호가 신문에서 필사한 메모다. 메모에 날짜는 적혀 있지 않지만 앞뒤에 기록한 날짜로 추정할 수 있다. 2010년 6월은 한명숙이 서울시장선거에서 낙선한 뒤다. 한만호는 검찰이 선거 전에 진술을 공개하지 않겠다는 약속을 어겼다고 생각했다. 6월과 8월 사이는 한만호가 검찰에 협조한 자신과 검찰을 모두 원망하던 시기다. 이 메모에 따로 설명이나 주석은 달려 있지는 않다. 포식을 끝낸 짐승은 선거가 끝난 뒤 한명숙을 기소한 검찰에 대한 은유로 해석할 수 있다.

> 이 세상 후미진 곳에서/ 나를 아직 용서하지 못하는 사람이 있나 보다/ 용서할 수 없음에 뜬눈의 밤이 길고/ (중략)/ 용서받지 못할 일을 내가 저질렀나 보다/ 그의 눈물 때문에 온종일 날이 궂고/ 바람은 헝크러진 산발로 우나 보다/ 그래서 사시사철 내 마음이 춥고/ 바람결 소식에도 귀가 시린가 보다

이향아 시인의 '세상의 후미진 곳에서'라는 시다. 과거 신문 문화면엔 곧잘 시가 실렸다. 한만호가 이 시를 필사한 시기는 2010년 10월과 11월 사이이다. 한명숙 사건 공판이 시작되기 직전이다. 한만호는 12월 법정에서 진술을 뒤집는다. 10월 11월이면 이미 진술 번복을 결정했을 가능성이 크다. 이 시기 한만호는 용서받지 못할 일을 저질렀다며 죄책감에 사무쳤다. 그 죄책감의 대상은 한명숙일지 모른다. 한만호는 한명숙이 선거에서 패배하고 여론 재판을 받게 된 시점에 괴로운 심정을 이렇게 남겼다. 위의 시와 정서가 흡사하다.

> 독거방에서 식사할 때, 좋아하는 음식이나 간식을 포만하게 먹었을 때도 파렴치하다는 생각이 들었고, 선거가 끝난 뒤에 찾아온 한여름 독거방 더위에도 한밤중에 일어나 심정을 추스르느라 한여름이었음에도 귀가 시리고 손발이 저려왔다.

누가 진짜 한만호인가

한만호가 법정에서 진술을 번복하고 검찰의 압박은 거세졌다. 전방위적으로 한만호를 수사했다. 한명숙 사건 1심 재판이 끝나기도 전에 한만호를 위증죄로 기소했다. 동료 죄수들을 불러 조사했고 가족들을 찾아가 조사했다. (동료 죄수들 이야기는 뒤에 상세히 서술한다. 죄수와 검사 한명숙 편의 진짜 주인공은 이 동료 죄수들이다.) 한만호도 큰 압박감을 느꼈다.

(법정) 증언 이후에 검사님이 부모님 만나고 왔다. (한만호가) 언제 출소할지 모르겠다고 말하고 오셨다. 기막히는 이야기였다. (진술을) 번복하지 못했던 이유 중에 가장 큰 이유가 부모님이 걱정하실 것 때문이었는데 그 약점을 노리셨다.

검찰의 압박은 강력했지만 한만호는 물러서지 않았다. 진술 번복 이후 법정에 6차례나 더 나와 검찰 진술이 허위였다고 재확인했다. 피 말리는 검사의 신문, 새벽까지 이어지는 대질신문에서도 무너지지 않았다. 여기서 다시 처음의 질문으로 돌아간다. 검찰 진술과 법정 증언, 어느 쪽이 진실일까.

한만호가 한명숙에게 돈을 줬든 안 줬든 검찰 수사에 적극 협조한 이유는 충분히 설명이 가능하다. 한만호의 행동이 상식의 범주에 들어간다는 말이다. 검찰이 명시적이든 암시적이든 도움을 약속했을 수도 있고, 한만호가 막연히 기대했을 수도 있다. 다만 한만호는 검찰에 협조하고 그 대가로 검찰의 도움을 받아 재기하려고 했다. 한만호는 2011년 6월 출소할 예정이었다. 검찰에서 진술한 대로 법정 증언을 마치면 그만이었다. 검찰이 명시적으로 약속하지 않았더라도 한만호가 검찰에게 협조한 대가를 요구할 수도 있었다. 밖에서 다시 사업을 일구고 가족과 즐겁게 살면 그뿐이었다. 그런데 왜 진술을 뒤집었을까.

도식적으로 생각해보자. 가능성은 두 가지다. 첫째, 검찰 진술이 진실이고 법정 증언이 거짓. 둘째, 검찰 진술이 거짓이고 법정 증언이 진실.

첫 번째 경우 한명숙 측으로부터 모종의 대가를 약속받았을 가능성이 있다. 검찰도 한만호의 진술 번복 이후 이 부분을 면밀하게 수사했다. 하지만 근거가 없었다. 검찰이 가석방 등을 약속해서 숨겨놓은 진실(한명숙에게 돈을 줬다는 사실)을 털어놓았는데, 약속을 지키지 않아 검찰에게 앙심을 품었을 가능성도 있다. 그런데 이건 실익이 없다. 단순한 앙심 때문에 위증죄의 실질적 위험을 무릅쓰고 거짓말을 해가며 검찰과 일전을 벌이겠다는 건 바보 아니면 미친 거다. 한만호는 바보도 아니고 미쳤다는 증거도 없다.

1심 판사도 이 부분을 의아하게 생각했다. 한만호의 검찰 진술이 모두 진실이었다면 한명숙이 법정에서 거짓말을 하고 있다는 말이 된다. 그런데 한만호는 돈을 전혀 받은 적이 없다고 뻔뻔하게 거짓말을 하는 한명숙 앞에서 일관된 태도로 사죄의 마음을 표시했다. 더구나 위증죄를 무릅쓰고. 1심 판사는 한만호의 검찰 진술에는 적어도 일부 허위가 포함돼 있다고 보는 게 상식적이라고 판단했다.

검찰 진술이 거짓이고 법정 증언이 참인 경우는, 한만호의 비망록에 적힌 대로다. 한만호는 법정에서 즉 한명숙 앞에서 이렇게 증언했다.

> "(한명숙) 총리님은 나에게 존경과 자부심의 대상이었는데 내가 허위진술을 한 결과 선거에서 낙선했고 기소까지 당해 고통스러웠습니다. 나 자신이 한심스럽고 내가 무슨 짓을 한 것인지 시간이 갈수록 감당이 안 되는 죄책감이 밀려왔습니다. 몇 번이고 목숨을 끊을 생각을 했습니다. 그런데 나의 처지가 외아들이라 연로하신 부모님과 아이들 때문에 그럴 형편은 안됐습니다. 그래서 법정에서 증언할 날을 기다렸습니다. 손꼽아서 오늘을 기다렸습니

다. 지금 증언하는 것은 유서를 쓰는 심정으로 바로 잡아가는 것 입니다."

물론 법적인 판단이 끝난 사건이다. 하지만 언제나 그렇듯 법이 다는 아니다.

5장 검찰의 반격 (feat.김&최)

이제부터가 진짜 이야기다. 지금까지는 주로 한만호를 중심으로 이야기가 전개됐다. 5장부터는 본격적으로 검찰이 전면에 등장한다. 2021년 대검 감찰부에서 한명숙 사건을 다시 들여다본 것도 주로 이 부분이다.

한만호가 법정에서 검찰 진술을 번복한 뒤 검찰은 발칵 뒤집혔다. 1차 한명숙 사건 때 곽영욱의 진술이 오락가락했고 결국 무죄 판결이 나왔다. 그게 1년이 채 되지 않았다. 2차 한명숙 사건 즉 한만호 사건도 같은 전철을 탈 가능성이 높아 보였다. 한만호의 진술에 기대지 않고 돈이 건너간 사실을 입증해야 했다. 검찰의 정치적 생명을 판돈으로 건 진짜 게임이 시작됐다. 상황은 녹록지 않았지만 검찰도 호락호락하지 않았다.

검찰은 한만호가 법정에 서기 전부터 이상한 낌새를 감지했다. 2020년 뉴스타파 보도 이후 검찰이 낸 입장문에는 한명숙 수사팀이었던 특수1부에 당시 모종의 풍문이 전달됐다고 적혀 있다. 검찰은 2010년 7월 한명숙을 기소했다. 12월 공판이 시작됐고 2차 공판이 열린 12월 20일 한만호는 진술을 뒤집었다. 7월부터 12월 사이 검찰 출입기자, 타 부서 검사 등이 특수1부에 풍문을 전했다는 게 검찰의 설명이다. 한만호가 동료 재소자들에게 진술을 번복하겠다는 말을 하고 다녔다는 소문이 났다는 것이다. 당시 검찰은 사실을 확인해 봤는데 가능성이 없다고 판단했다고 밝혔다. 가능성이 없다고 판단했지만 어쨌든 소문은 들었다는 말이다. 수사팀에 풍문을 전달하고 대비하라는 조언을 했다는 주체 중 하나가 검찰 출입기자라는 사실이 흥미롭다. 검찰 출입기자가 검찰의 정보원 역할을 한 셈이다. 검언유착은 예외적인 일탈이 아니라 꽤 오래된 시스템이다.

한만호의 진술 번복 뒤 검찰은 전방위적으로 대응했다. 일단 한만호가 한명숙 측의 회유나 모종의 대가를 받았는지 조사했다. 한만호의 이전 면회 기록과 녹취 등을 분석했다. 한만호의 부모를 찾아가 압박했다. 한만호의 주변을 샅샅이 훑었다. 그 주변에는 동료 재소자였던 김 씨와 최 씨가 포함돼 있었다. 이들은 검찰이 준비한 회심의 반격 카드였다. 앞으로 진행될 사건을 이해하기 위해 한명숙과 한만호에 대한 검찰의 수사 기소 과정을 간략하게 일지로 정리했다.

한명숙 사건 타임라인

2010. 3. 31.	한만호 서울구치소로 이감
2010. 4. 3.	한만호, 한명숙에게 9억 제공 검찰 진술 시작

2010. 6. 2.	한명숙 서울시장 선거 낙선
2010. 7. 21.	검찰, 한명숙 정치자금법위반 불구속기소
2010. 12. 20.	한만호, 법정에서 진술 번복
2011. 2. 21.	동료 재소자 김 씨 1차 법정 증언
2011. 3. 7.	동료 재소자 최 씨 법정 증언
2011. 3. 23.	동료 재소자 김 씨 2차 법정 증언
2011. 6. 9.	검찰, 한만호 감방 압수수색, 비망록 압수
2011. 6. 13.	한만호 출소
2011. 7. 7.	검찰, 한만호 위증 혐의 기소

검찰의 1st 히든카드 : 사기꾼

2011년 2월 21일에 열린 한명숙 사건 제7차 공판에 뜻밖의 인물이 증인으로 나왔다. 한만호가 통영에서 서울구치소로 온 뒤 함께 있던 동료 재소자였다. 이름은 김○○, (앞으로 '증인 김 씨'라고 부른다) 1977년생. 당시 나이 35세. 2009년 사기죄로 1년 6개월 형을 받고 2010년 9월 출소했다. 법정에 증인으로 나올 때는 재소자가 아니라 일반인이었다.

김 씨는 검찰에서 신청한 증인이었다. 한만호가 법정에서 하는 증언을 깨기 위해서 (어려운 말로 탄핵하기 위해서) 검찰이 부른 증인이다. 이 날 공판은 오후 2시에 시작돼 다음 날 새벽까지 계속됐다. 길고 긴 김 씨의 증언을 요약하면 이렇다. 자신은 서울구치소에서 한만호와 각

2011년 2월 21일 한명숙 재판 제7차 공판을 재연한 삽화. 검찰 측 증인 김 씨가 출석했고 뒤에 한만호와 한명숙 등이 앉아 있다. 김 씨와 한만호는 이날 대질신문에서 서로 거짓말을 하고 있다고 언쟁을 벌였다(삽화 : 윤석민).

별한 사이였다. 한만호가 한명숙에게 돈을 줬다는 사실을 자신에게 여러 차례 이야기했다. 한만호는 검찰에 사실대로 진술하고 협조하면 8.15 특사로 석방될 거라고 기대했다. 그 기대가 무산돼서 검찰에 앙심을 품었다. 이후 한만호는 총리 출신인 힘 있는 정치인 한명숙이 출소 이후 자신의 사업을 도와줄 거라고 기대했다. 이 말도 직접 들었다. 한만호는 지금 법정에서 거짓말을 하고 있는 거다.

검찰에서 바라는 완벽한 증언이었다. 김 씨의 증언은 매우 구체적이었다. 한만호가 했던 말과 행동을 하나하나 세세하게 묘사했다. 구체적인 사실관계도 지나칠 정도로 정확하게 기억했다. 물론 김 씨가 기억력이 매우 좋은 사람일 수도 있다.

김 씨 증언의 가장 기본적인 전제는 한만호와 아주 친해야 한다는 것이다. 서울구치소에서 김 씨와 한만호가 만난 기간은 6개월. 김 씨의 증언에 따르면 이 기간에 한만호는 김 씨에게 비자금과 비밀 정치자금, 수사와 재판 전략 등을 털어놓고 상담했다. 그런데 한만호의 증언은 완전히 달랐다. 김 씨와 각별한 사이가 아니다. 같은 구치소에 있으니 일상적인 말을 섞는 정도였다. 뇌물과 같은 내밀한 주제로 대화를 나눌 상대가 아니다. 저 사람 법정에서 왜 저런 얘기를 하는지 모르겠다.

서로 답답할 노릇이었다. 김 씨와 한만호는 법정에서 대질신문을 하면서 삿대질을 해가며 언성을 높였다. 상대방이 거짓말을 하고 있다고 주장했다. 둘 중 한 명은 연기를 하고 있었다.

소설

김 씨와 한만호는 2010년 4월 1일 처음 만났다. (김 씨와 한만호에게 '처음'의 의미는 다르다. 이건 뒤에 자세히 서술한다.) 한만호는 3월 31일 통영에서 서울구치소로 이감됐다. 그리고 다음 날 바로 서울중앙지검 특수1부에 소환된다. 죄수들이 검찰에 소환되면 일단 검찰청 안에 있는 구치감이라는 곳에서 대기한다. 중앙지검 구치감은 건물 지하에 있다. 구치감 내부에는 CCTV는 없고 화장실만 있다. 기결수와 미결수 구치감은 분리돼 있는데 김 씨와 한만호는 둘 다 기결수였다. 둘은 여기서 만났다.

김 씨의 법정 증언을 토대로 첫 만남을 재구성해보자. 김 씨는 경기도 고양 출신이다. 앞에서 말했듯이 한만호는 13대째 고양에서 살아온 토박이 중 토박이다. 한만호는 고양시 일산에서 한신건영이라는 중견 건설업체를 운영하고 있었다. 2006년 무렵 김 씨도 부동산 관련 건설회사에 다녔다. 회사 사장과 접대 자리를 자주 다녔다. 식당에서 다른 테이블에 있던 한만호를 사장이 처음 소개해줘 알게 됐다. 그 뒤 룸살롱이나 식당에서 오다가다 만났다. 인사 정도 하는 사이였다. 식사를 같이 할 정도의 사이는 아니었다.

김 씨는 2007년 말 일산 킨텍스에서 콘서트를 개최하는 일을 하고 있었다. 가수 마야의 콘서트 등 여러 개의 행사를 주최했다. 2007년은 대선이 있었다. 정동영이 대통합민주신당 후보였다. 대선 직전 김 씨는 아는 사람한테 전화를 받았다. 한만호에게 부탁을 받았는데 콘서트장에서 정동영 유세를 좀 하게 해달라는 전화였다. 곤란한 일이었지만 아는 사람 부탁인데 거절할 수 없었다. 한만호와 통화해 부탁을 들어주겠다고 말했다. 정동영 조배숙 한명숙 등이 콘서트장에 왔다. 선거운동용 노란색 옷을 입고 있었다. 조배숙이 무대에 올라가서 유세를 했다. 요점은 김 씨가 한만호의 곤란한 부탁을 들어준 적도 있는 사이였다는 주장이었다.

4월 1일 구치감에서 만났을 때 서로 누군지 바로 알아봤다. 깜짝 놀랐다. 동시에 '어?' 하면서 서로 손가락으로 가리켰다. 어려운 처지에 놓이면 아는 사람이 더 반가운 법이다. 김 씨는 4월 첫날부터 반가운 사람 만나서 좋다고 말했다. 한만호는 표정이 무척 불안해 보였다. 검찰 조사를 받기 직전이었다. 기결수가 검찰에 왜 또 불려왔냐고 물었다. 한만호는 뇌물 준 게 문제가 된 것 같다고 말했다. 어떻게 하면 좋겠냐고 김 씨에게 상의했다. 김 씨는 처벌받을 수밖에 없겠다고 대답했다. 한만호는 뇌물이 아니라 정치자금으로 돌려봐야겠다고 얘기했다. 알아서 하시라고 대답했다. 검사실에서 호출이 왔다. 각자 조사를 마치고 저녁에 구치감에서 다시 만났다. 한만호는 물어보지도 않았는데 검사실에서 어떤 조사를 받았는지 이야기해줬다. 측근이 분 거 같다, 뇌물을 준 사람은 한명숙 전 총리, 3억 3억 3억 나눠서 9억을 줬다고 말했다.

김 씨의 이 같은 증언을 법정에서 들은 한만호는 '참담하다'고 말했다. 김 씨와 서로 인사 정도 하는 사이는커녕 난생처음 보는 사람이었다. 구치감에서 인사를 했을 때 일산 후배라고 해서 반가운 내색을 해줬을 뿐이다. 당연히 한명숙이나 뇌물, 정치자금 같은 얘기는 한 적도 없고 그런 얘기를 나눌 수 있는 상대로 여기지도 않았다. 통영에서 갑자기 불려 올라와 검사실에 들어가게 됐는데 한가하게 처음 보는 사람과 뇌물이니 정치자금이니 얘기한다는 게 말이 되는가. 콘서트장이니 정동영이니… 소설도 이런 소설이 없다.

기본적인 전제부터 다르니 이야기의 접점이 있을 수 없었다. 7시간에 걸친 대질신문은 이렇게 평행선을 달렸다. 물론 사람의 기억은 얼마든지 어긋날 수 있다. 1년 전에 만났을 때 구체적으로 무슨 말을 했는지, 만날 때 표정이 어땠는지, 이런 것들은 얼마든지 다르게 기억할 수 있다. 그러나 감옥에 들어오기 전에 알던 사이였는지 아닌지는 헷갈릴 수 없다. 대통령 후보 유세를 부탁한 기억은 다를 수 없다. 둘 중 한 명은 법정에서 거짓말을 하고 있었다.

둘 중 하나의 거짓말은 계속 이어졌다. 김 씨는 한만호와 각별한 사이였기 때문에 '시시콜콜' 많은 이야기를 들었다고 했다. 시시콜콜은 김 씨가 법정에서 사용한 표현이다. 한명숙에게 돈을 어떻게 전달했는지, 왜 줬는지, 한명숙의 집은 어떻게 생겼는지, 김 씨는 모르는 게 없었다. 그리고 결정적으로 김 씨는 한만호가 왜 진술을 뒤집었는지도 알고 있었다. 한만호가 진술을 번복한 동기를 김 씨는 이렇게 설명했다. 한만호는 검찰에 협조하면 8.15 특사로 나갈 수 있다고 기대를 많이 했는데 특사에서 빠지고 나서 화를 많이 냈다. 재판에서 진술을 뒤집으면 한명숙이 출소 이후에 도와줄 거라고 했다. 그래서 한만호가 지금 거짓말을 하고 있다. 중요한 대목이니 정확하게 들어보자.

—**변호인(한명숙 측)**: 증인은 한만호로부터 "검찰이 도움을 안 주니 (법정에서) 거짓말을 해야겠다, 진술을 번복하겠다"라는 말을 직접 들었는가요?

—**김○○**: 예.

—**변호인**: 주로 한명숙이 도와줄 것이라고, 검찰보다 더 큰 기대를 했다고 하였지요. 그 근거는 무어라고 하던가요?

—**김○○**: 한명숙 총리님이 자신의 손을 놓지 않을 것이라고 했습니다.

—**변호인**: 야당 정치인이고 검찰에 의해서 기소까지 되어서 재판까지 받았고, 한만호는 불리한 진술까지 했는데도 한만호는 한명숙 총리가 자신을 계속 도와줄 것이라고 크게 기대했다는 것인가요?

—**김○○**: 예.

—**변호인**: 그렇게 판단한 근거는 무엇인가요?

—**김○○**: 시장 선거에서 떨어졌어도 옛날에 총리를 했었으니까요. "네가 봤을 때 일개 검사가 힘이 세겠느냐, 전 총리가 힘이 세겠느냐"라는 말을 했었습니다.

한만호의 반박은 간단했다. 그런 적이 없다는 것이다. 누가 맞는지 객관적으로 확인할 방법은 없다. 다만 상식적이지는 않다. 이명박 정권에서 핍박받는 야당 정치인이 사업을 도와주면 얼마나 도와줄 수 있었을까. 더구나 검찰 진술을 뒤집고 거짓말을 하면 그 무섭다는 검찰과 척을 지게 생겼는데, 위증죄 추가 기소도 우려하지 않을 수 없었을 텐데 말이다. 한만호가 한명숙에게 베팅을 했다고 하면 너무 바보 같은 베팅을 한 셈이다. 물론 감옥에 1년 넘게 있으면서 현실감각이 지극히 떨어진 상태였을 수는 있다. 결과적으로 한명숙에게 도움을 받기는커녕 본인이 감옥에 다시 들어갔다. 한명숙도 마찬가지였다.

너의 뇌를 뽀개 보고 싶다

전과를 가지고 사람을 판단하는 건 다소 치사한 일이다. 뉴스타파 보도 이후 검찰은 폭로자인 죄수 H의 전과를 문제 삼았다. 표현이 이랬다. "죄수 H는 (특경)사기, (특경)횡령, 자본시장법위반 혐의 등으로 징역 20년 이상의 확정형을 선고 받은 사람입니다. 위와 같은 사람의 일방적인 진술은 보다 철저히 검증한 후 보도할 필요가 있을 것입니다." 꽤 점잖게 표현했지만 간단하게 말하면 전과자 말만 믿고 보도한 뉴스타파는 엉터리라는 뜻이다. 말인즉슨 맞는 말이지만 뉴스타파는 보도를 하면서 이미 죄수 H의 범죄 경력을 기사에 적었다. 어떤 공격이 들어올지 뻔했기 때문이다.

사람을 평가할 때 범죄 경력은 꽤 중요한 대목이다. 숨길 필요도 없고 숨기면 왜곡이 될 수도 있다. (물론 억울한 사람도 있겠지만 숨겼다가 들통 나면 더 큰 비난을 받을 가능성이 크다.) 검찰이 말한 잣대로 검찰 측 증인 김 씨를 살펴보자. 이미 사기죄로 형을 살다 출소했다고 설명한 바 있다. 좀 더 자세히 보자. 10대 후반에 절도로 범죄 경력을 시작했다. 처음에는 집행유예 판결을 받았다. 20대 중반 다시 절도를 저질러 첫 수감 생활을 한다. 이후 주된 범죄 경력은 사기. 21세기 들어 한명숙 사건 법정에 검찰 측 증인으로 서기 전까지 사기죄로 감옥에 있던 날이 그렇지 않은 날보다 더 많았다. 검찰이 "위와 같은 사람의 일방적인 진술을 보다 철저히 검증한 후" 증인으로 세웠는지는 검찰만이 알 일이다.

검찰 대신 뉴스타파가 김 씨의 증언을 검증해봤다. 김 씨는 한만호와 같은 건설업에 종사했기 때문에 우연히 인사하게 됐다고 증언했다. 취재를 하던 중 김 씨 사업에 투자를 했던 사람을 만났다. 김 씨의 아버지와 친분이 있는 사람이었다. 김 씨가 공연기획사를 차린다고 해서 4~5억 원을 투자했다. 사업이 진행되는 와중에 김 씨가 체포되는 바람에 투자금을 모두 날렸다고 주장했다. 이 사람은 김 씨가 건설업에 종사한 적이 없다고 단언했다. 한만호를 사회에서 알고 있었다는 말은 거짓말이라고 주장했다. 김 씨에게 피해를 입은 사람이기 때문에 평가가 다소 가혹할 수는 있겠다.

김 씨는 2007년 대선 때 한만호의 부탁을 들어줬다고 증언했다. 정동영 쪽 사람을 콘서트 무대에 세워줬다는 얘기다. 당시 일산 킨텍스에서 가수 마야의 콘서트 등 몇 개의 행사를 주최했다고 김 씨는 주장했다. 2021년 2월 KBS 〈시사직격〉에서 이 문제를 보도했다. 2007년 12월 15일 마야 콘서트가 열린 건 사실이다. 하지만 그날 정동영 후보는 킨텍스에 갈 시간이 없었다. 일산 세이브존 백화점 앞에서 저녁에 유세를 하고 여의도로 가서 방송 연설을 녹화했다. 킨텍스에 가는 건 현실적으로 불가능했다.

다만 김 씨는 정동영이 마야 콘서트에 왔다고 특정하지는 않았다. 마야 콘서트 등 몇 개를 주최했는데 그중 한 행사장에 왔다는 뜻이다. 공식 유세 일정에는 없지만 정동영은 12월 2일 킨텍스에서 열린 대중가요 콘서트에 방문했다. 12월 3일 대통합민주신당 중앙선대위회의에서 조배숙 문화예술선대위원장이 공식적으로 밝힌 내용이다. 일산 대중가요 행사장에 우연히 들렀는데 젊은이들의 반응이 좋았다고 조 위원장은 말했다. 결과적으로 KBS 〈시사직격〉은 김 씨의 해당 증언에 대해 섣부르게 단정적인 결론을 내린 셈이다. 12월 2일 행사는 김 씨에게 유리한 정황이다. 앞서 이야기한 객관 의무를 다하기 위해 밝히는 내용이다.

그렇다고 해서 김 씨의 콘서트 증언이 사실이라는 말이 아니다. 킨텍스에 정동영이 방문한 것을 김 씨가 우연히 목격하고 나중에 말을 맞췄을 가능성도 배제할 수 없다. 김 씨가 콘서트 행사를 주최했던 게 사실인지, 건축업에 종사했던 것이 사실인지, 김 씨가 다니던 회사 사장이 한만호를 소개해 준 것이 사실인지, 당시 검찰은 확인하지 않았다. 변호인도 의심은 했지만 사실관계를 확인하지 않았다. 이제 10년이 넘은 일이다. 이런 디테일을 지금 확인하는 것은 불가능에 가깝다.

한만호는 1961년생이다. 김 씨는 1977년생. 둘이 구치감에서 처음 만난 2010년 한만호는 50세였고 김 씨는 34세였다. 한만호는 사회에서 중견기업을 소유했던 CEO였다. 김 씨는 상습사기범이었다. 귀천이 있다는 말이 아니다. 그러나 아무리 감옥이라는 공간이 특수하다고 해도 한만호가 처음 만난 (김 씨의 주장대로라면 인사만 몇 번 했던) 사람에게, 그것도 16살이나 어린 사기범에게 뇌물, 정치자금 같은 내밀한 이야기를 그렇게 상세하게 털어놨다는 건 쉽게 납득이 가지 않는다. 더구나 김 씨의 말대로라면 자신이 어떻게 할 것인지 일종의 상담을 했다는 건데, 이건 일반 상식에서 멀어 보인다. 7시간에 걸친 대질신문 끝에 한만호는 김 씨에게 '너의 뇌를 한 번 뽀개 보고 싶다'고 말했다. 확인할 길이 없어 답답하다는 뜻이었다.

> "김 씨의 얘기를 들으면서 화를 낼 수도 없고, 화내면 또 어색할 것 같고, 안 낼 수도 없고… 아무리 일산 사는 후배라고 하더라도 구치소에서 처음 보는 후배인데, 그 전에는 알지도 못한 후배한테… 아무리 요즘 세상이 (검찰에) 제보하고 호가호위하는 세상이지만 그것은 지나치다. 정말 지나치다. 너의 뇌를 한번 뽀개 보고 싶다 진짜."
>
> —한만호의 법정 진술 중

사건기록을 읽으면서 도무지 이해할 수 없는 대목이 하나 있었다. 김 씨가 처음부터 주장했던 건 한만호가 원래 아는 사람이어서 반가워했고, 그래서 각별해졌고, 그래서 모든 것을 털어놓는 사이가 됐다는 것이었다. 그런데 김 씨는 재판정에 나와서 시종일관 한만호와 진실 게임을 벌였다. 한만호에게 날이 서 있었다. 한만호와 벌인 대질 신문을 보면 김 씨는 한만호를 거짓말쟁이로 몰아간다. 만약 김 씨의 주장이 맞다고 하더라도 즉 한만호가 거짓말을 하고 있다고 하더라도 둘은 원래 각별한 사이였다고 주장하지 않았던가. 한만호가 왜 저럴까, 어떤 사정이 있을까, 걱정하는 모습은 김 씨에게 전혀 없었다. 김 씨는 한만호에게 무엇을 들었는지를 진술하러 온 사람이 아니라 한만호의 법정 증언을 탄핵하는 미션을 받은 사람처럼 행동한다. 변호인에게는 적대적이고 검사와는 친밀하다. 김 씨의 사정은 무엇이었을까. 이건 뒤에서 다시 언급하기로 하자.

검찰의 2nd 히든카드: 약쟁이

김 씨 다음으로 등장한 검찰 측 증인은 역시 한만호의 동료 재소자인 최 씨였다. 최 씨와 한만호도 서울구치소에서 처음 만난 사이였다. 최 씨는 마약사범이었다. 최 씨의 증언은 김 씨와 다르지 않았다. 한만호가 한명숙에게 돈을 줬다고 말했다. "내가 똑똑히 들었다." 최 씨의 증언도 검찰이 원하는 내용과 100% 일치했다.

—**검사**: 한만호가 한 총리에게 돈을 주었고, 그 액수가 9억이라는 말을 처음 만난 날 하던가요?

—**최○○**: 예. 처음 만난 날 들었습니다. 얼마 지난 뒤에 언론보도가 나왔습니다. 그래서 그 당시 제가 진짜 사실이냐고 물어본 적이 있습니다.

—**검사**: 그러자 한만호가 뭐라고 하던가요?

—**최**○○: 웃으시면서 "내가 준 것을 줬다고 하지, 안 준 걸 줬다고 하겠습니까"라고 말씀하셨습니다.

한 발 더 나간 부분도 있었다. 한명숙에게 돈을 줬는데 대가를 제대로 지불하지 않아서 한만호가 화를 냈다는 것이다. 한만호 왈, 한명숙은 돈을 너무 밝힌다. 한만호가 한명숙에게 욕도 했다. 최 씨는 이렇게 증언했다.

—**검사**: 증인은 한만호가 한명숙 피고인에게 서운한 감정을 토로하는 거를 들은 사실이 있는가요?

—**최**○○: 제가 법정에서 말씀드리기 곤란하지만, 험한 욕을 해가면서 자기가 돈을 줄 때는 자기 회사 잘 될 때 갖다 준 것이 아니고, 참 힘든 상황에서도 어렵게 갖다 줬는데 약속을 안 지켰다면서 욕을 하고, 그 다음에 표현하기가 좀 그런데, 돈만 너무 밝힌다, 이러면서 욕을 하셨습니다.

한만호의 반응은 김 씨와의 대질신문 때와 같았다. 저 사람들(김과 최)이 왜 저런 이야기를 하는지 모르겠다는 투였다. 한만호는 법정 증언을 할 때 자주 검사에게 질문을 했다. 검사님 그때는 안 그러셨잖아요. 저한테 왜 이러시는 겁니까. 검사는 항상 똑같이 대답했다. '저한테 질문하지 마시고 대답을 하세요.'

"검사님이 전에 말씀하셨죠. '마약사범들 말 믿지 마세요. 박연

차 회장도 당할 뻔했답니다.' 그렇게 말씀한 적 있지 않습니까. 이런 마약사범에게 제가 무슨 이야기를 합니까. 검사님 말씀 듣고 마약사범들과는 그냥 얘기를 듣기만 했지 누구 욕을 하나요."

1st와 2nd의 공통점

검찰이 내세운 김 씨와 최 씨의 공통점이 있다. 뭘까. 김은 상습 사기꾼이다. 최는 마약사범이다. 이런 말이 정치적으로 올바른지 모르겠지만 이른바 잡범에 해당한다. 판사들이 싫어하는 증인이다. 증언의 신뢰를 주기 힘든 인물이다. 정치적으로 공정하지 않다고 해도 현실은 그렇다. 이건 검찰이 누구보다 잘 알고 있는 부분이다. 그런데 왜 검찰은 이들을 굳이 증인으로 선택했을까. 김 씨와 최 씨는 모두 기결수였다. 원래는 주로 미결수가 있는 구치소가 아니라 교도소에 있어야 할 사람들이다. 한만호도 기결수였다. 통영교도소에 있다가 검찰이 불러서 서울구치소로 이감됐다. 김과 최도 마찬가지였다. 기결수이지만 구치소에 머물면서 수시로 검찰에 불려 다니는 죄수. 이들의 중요한 공통점이다.

뉴스타파는 김 씨와 최 씨의 검사실 출정 기록을 확인했다. 출정 기록은 검찰이 김과 최를 몇 번 불렀는지 알 수 있는 움직일 수 없는 증거다. 검찰이 재소자를 부르려면 법무부 교정본부를 거쳐야 하기 때문에 기록이 남을 수밖에 없다. 검찰 입장에서 재소자는 다루기 쉬운 존재이긴 하지만 기록이 남는다는 치명적인 문제가 있다. 한만호 조사 때도, 김과 최 그리고 H와 관련해서도 출정 기록은 중요한 증거

김 씨와 최 씨의 출정 기록. 이 기록이 없었다면 보도는 불가능했다. 움직일 수 없는 물증이지만 기록 자체가 말해주는 것은 거의 없다는 한계가 있다. 출정 기록을 토대로 구체적인 내용을 일일이 확인해야 했다.

가 된다. 물론 불렀다는 사실 자체로 문제가 되지는 않는다. 불러서 무엇을 했는지 출정 기록으로는 전혀 알 수 없다.

먼저 김 씨. 2010년 9월에 출소했다. 2010년 3월부터 8월까지 6개월 동안 89번 검찰청에 출정을 갔다. 한 달에 평균 15번이다. 주말과 휴일을 빼면 사실상 매일같이 불려나간 셈이다. 뒤에서 다시 나오지만 김 씨는 출소 이후에도 검사실을 계속 들락거렸다. 특수부, 강력부, 형사부… 불려간 검사실도 다양했다. 최 씨도 비슷하다. 2010년 4월부터 2011년 3월까지 1년 동안 148차례 검사실에 출정을 나갔다. 한 달 평균 12번이다. 김 씨도 최 씨도 직장인이 출근하듯 검사실을 다녔다.

구치소에는 속칭 검찰의 '빨대', '프락치' 역할을 하는 죄수들이 있다. 영화에도 자주 나오지만 현실에도 존재한다. 자기들끼리 은어로는 '야당'이라고 부른다. (여당 야당 할 때 그 야당이다. 검찰 정보원을 왜 야당이라고 부르는지는 죄수들도 잘 모른다. 그저 조심해야 할 부류 정도로 해석된다. 군부독재 시절에 만들어진 은어로 추정된다.) 검찰에 다른 죄수들의 동향이나 범죄 첩보 등을 보고하고 편의를 받는 자들이다. 여기서 편의는 외부와의 통화, 외부인과의 (검사실에서의) 접견, 인터넷 사용, 외부 음식, 담배 등 (앞에서 나왔지만 성관계도 포함될 수 있다)이 해당된다.

검찰은 이런 죄수들을 수사에 적극 활용한다. 일종의 수사 기법이다. 야당도 검사도 모두 윈윈하는 방식이다. 검사는 범죄 정보를 입수할 수 있어서 좋고, 죄수는 편의를 받아서 좋다. 누이 좋고 매부 좋다. 문제는 선을 넘기 쉽다는 거다. 단순한 편의도 문제지만 구형량, 가석방, 형집행정지 등이 거래되는 심각한 사례도 많다. 한만호는 빨대들이 자신의 혐의를 이용해 검찰과 거래를 했다는 점에서 충격을 받았다고 한다. 한만호의 변호인이었던 최강욱 변호사의 말이다.

증인 김 씨에 대한 또 다른 증언도 있다. KBS 〈시사직격〉은 2021년 2월 김 씨의 동료 재소자를 인터뷰해서 방송했다. 동료 재소자는 김 씨를 검찰 정보원이라고 단정했다. 평일에는 대부분 검찰청에 출정을 나가고 가끔 주말에도 나갔다고 말했다. 사실상 검찰 가족이라고 생각해서 다른 재소자들은 김 씨를 조심했다.

판사의 신뢰를 얻기 힘든 김 씨와 최 씨를 검사가 왜 굳이 증인으로 내세웠을까. 김과 최가 검찰의 빨대, 즉 정보원이었다면 그 이유를 쉽게 짐작할 수 있다. 검찰이 원하는 건 뭐든지 들어줄 수 있기 때문이다. 출정 기록을 보면 김과 최는 검찰의 정보원이었을 확률이 꽤 높다.

마지막으로 질문 하나. 당시 한명숙 변호인은 왜 이런 의문을 적극적으로 제기하지 않았을까. 특히 한만호를 원래 알고 있다는 김 씨의 주장이 사실인지 왜 더 파고들지 않았을까. 이건 간단한 문제다. 당시에는 중요한 문제가 아니었기 때문이다. 재판이 벌어질 당시에는 한명숙이 돈을 받았는지 안 받았는지 그 실체적 진실이 백만 배쯤 중요했다. 1심 판사도 김과 최의 증언에 큰 무게를 두지 않았다. 검찰의 공소사실만을 다투는 재판정이었기 때문이다. 물론 지금은 다르다. 우리는 당시 검찰의 공소사실, 즉 한명숙이 돈을 받았는지 안 받았는지가 아니라 검찰의 위증교사 의혹을 취재했다.

어쨌든 목적은 달성했다

한만호가 거짓말하고 있다는 김 씨와 최 씨의 증언이 법정에서 얼마나 설득력 있었는지는 평가하기 어렵다. 하지만 검찰은 목적을 달성했다. 언론이 김과 최의 증언을 비중 있게 보도했기 때문이다. 물론 한명숙 재판 기사는 언제나 크게 다루던 시점이긴 했다. 당시 언론에서 김과 최의 증언을 보도한 기사 제목들이다.

> "한만호 진술 번복 대가로 사업 재개" 동료 수감자 증언(MBC)
> "한만호 진술 뒤집고 사업재개 생각했다"(연합뉴스)
> "한만호 진술 번복 이전부터 계획" VS "근거 없는 얘기"(노컷뉴스)

한만호가 진술을 번복한 것은 한명숙의 도움을 기대했기 때문이다. 한만호는 한명숙의 도움을 받아 사업을 재개할 꿍꿍이가 있었다. 증인 김 씨와 최 씨의 논리이고 정확하게 검찰의 입장이었다. 언론은 검찰의 계획대로 움직였다. 김과 최의 증언을 확대 재생산했다. 당시 실체적 진실에 관심을 가지고 적극적으로 취재했던 언론은 없다. 이쪽 저쪽 주장만 중계했을 뿐이다. 그래서 검찰의 수고로움은 그리 헛되지 않았다. 목적은 달성했으니까.

다시 H

멀리 돌아왔다. 뉴스타파의 한명숙 사건 취재는 술자리에서 시작됐다고 4부 첫머리에 썼다. 그때 처음 존재를 알게 된 인물이 H였다. H는 김 씨와 최 씨의 비밀을 알고 있을 것 같았다. H를 찾아야 했다. H를 찾는 동안 한만호도 알아보고 김 씨와 최 씨도 들여다봤다. 밥이 익는 동안 국이 끓기 시작했다. 국만 먹을 수는 없다. 밥과 함께 먹어야 한다. 멀리 우회했지만 목적지를 잃지는 않았다.

위에서 김 씨와 최 씨의 공통점을 이야기했다. 하나 더 있다. 김과 최가 증인으로 나오자 변호인단은 공격적으로 반대신문을 했다. 의심스러운 부분이 한두 개가 아니었다. 관습적으로 나오는 질문이 있다. 한만호한테 이런 얘기를 들었다고 주장하는데 당신말고 들은 사람이 더 있나요? 감옥은 사생활이 극히 제한된 공간인데 당신들이 들었다면 누군가 더 들었을 것 아닌가요? 변호인의 질문은 반복적이고 집요했다. 김과 최는 공통적으로 대답한다. H라고. 서울구치소에 동료 죄수 H가 있다고.

—**변호인**(**한명숙 측**): 이런 엄청난 이야기(한명숙 뇌물 사건)를 (한만호로부터) 딱 듣고 증인은 누구에게 이야기하였나요?
—**김**○○: H입니다.
—**변호인**: 한만호, H, 증인 세 사람이 같이 한만호의 사건 이야기를 한 적이 있는가요?
—**김**○○: 예.

최 씨의 증언은 더 직접적이었다. 본인들보다 H가 한만호와 더 가까웠다. 한만호가 진술 번복에 대해서도 H와 내밀한 이야기를 나눴다. H는 김과 최의 입에서 빠지지 않았다.

—**변호인**(**한명숙 측**): 한만호, H 등과 구치감에서 다시 만난 사실이 있나요?
—**최**○○: 만났습니다.
—**변호인**: 그때 어떤 이야기를 나누었나요?
—**최**○○: 저는 H와 별 얘기를 나눈 것이 없고 H와 한만호가 둘이 붙어서 얘기를 많이 나눴습니다.
—**변호인**: 한만호, H, 증인 김 씨, 증인 최 씨 중에서 주로 한만호와 이야기한 것은 김 씨인가요?
—**최**○○: 처음에는 김○○이 많이 했고, 나중에 법원에서 진술을 뒤집겠다는 구체적인 얘기는 모두 H와 했습니다. 한만호가 자신의 결심 같은 구체적인 얘기는 H와 했습니다.

—**변호인**: 한만호와 H가 구체적으로 진술 번복에 관해 계획도 짜고 했는가요?

—**최○○**: 그날은 그런 얘기만 했습니다. 두 분 사이에 어느 정도 얘기가 되고 있었습니다.

그렇다면 H가 법정에 등장해야 할 순서다. 그러나 죄수 H는 법정에 서지 않았다. 검찰은 한만호의 진술 번복을 가장 잘 아는 죄수 H를 왜 증인석에 세우지 않았을까(혹은 못했을까). 여러 가지 의문이 꼬리를 물었다. 잠깐, H는 검찰이 증언을 조작했다는 주장을 했다고 했다. 정확하지는 않지만 뭔가 아귀가 맞아떨어진다는 느낌이었다. 사후에 알게 된 일이지만 이 느낌에는 이유가 있었다.

운 좋게도 죄수 H가 광주교도소에 있다는 사실을 확인했다. 국이 끓는 동안 밥을 지을 수 있다는 희망이 생겼다.

6장 H

한명숙 사건 이후 10년의 세월이 지났지만 H는 아직 교도소에 있었다. 당장 달려가고 싶었지만 면회도 마음대로 되는 건 아니었다. 안에 있는 사람이 허락을 해야 만날 수 있었다. 일단 편지를 보내서 탐색전을 펼쳤다. H는 정말 검찰의 증언 조작을 주장한 적이 있을까. 그렇다면 그 주장의 근거는 무엇이었을까. 지금도 그 주장을 유지하고 있을까. 무엇보다 우리의 취재에 응할까.

답장을 기다렸다. 시간이 흘렀고 답장이 왔다. 편지는 이렇게 시작했다. "심인보 김경래 기자님… 여기서 보는 검찰은 참으로 썩은 집단입니다." 여러 차례 편지가 오간 뒤 죄수 H는 면회를 허락했다. 우리는 광주교도소로 향했다.

H는 1964년생이다. 한만호가 1961년생이니 엇비슷한 나이다. 짧은 머리에 단단한 체격이었다. 장기 복역을 한 탓인지 여유가 흘렀다.

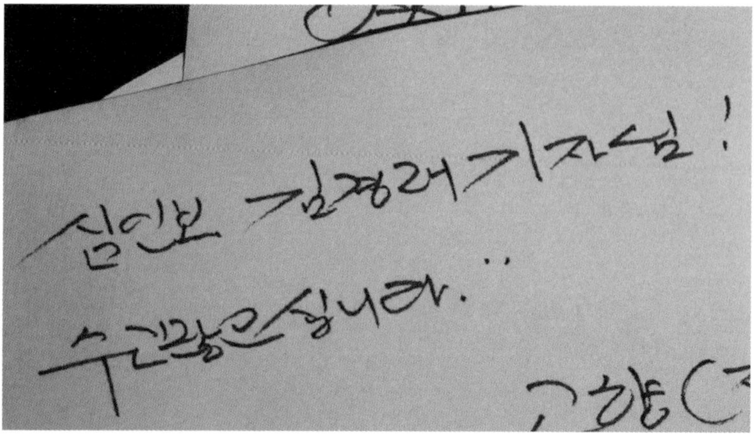

죄수 H가 뉴스타파 취재진에게 보낸 첫 답장. 저 한마디를 읽으며 가슴이 떨렸다.

면회 시간은 10분이었다. 예의를 차려 인사할 시간도 없었다. 총 면회 횟수도 정해져 있어서 취재진이 원하는 대로 만날 수 없었다. 가족과 지인의 면회 횟수는 기본적으로 남겨 놓아야 하기 때문이다. 반면 변호사는 접견을 이용해 원하는 대로 자유롭게 만날 수 있다. 일부 언론사는 변호사 자격증이 있는 사람을 법조전문기자로 선발한다. 이 책을 같이 쓴 심인보 기자는 취재를 위해 로스쿨에 가는 것을 진지하게 고민했다.

편지로 오갔던 내용을 목소리로 확인했다. 비로소 소설이 아니라 현실이 된 느낌이었다. 내쫓기듯 건물을 나왔다. 교도소 공기는 차가웠다. 2020년 2월 늦겨울이었다. 봄은 아직 오지 않았다. 머릿속이 복잡했다. 취재진은 말없이 기차를 타고 서울로 올라왔다.

H는 흔히 말하는 '어마어마한 이야기'를 들려줬다. 한마디로 요약

하면 한명숙 사건에서 검찰이 증인을 조작했다는 주장이다. 5장에 나왔던 김 씨와 최 씨가 이야기에 등장했다. H를 포함해 김과 최, 이렇게 세 명이 주인공이다. 아니 검사가 주인공일 수도 있겠다. 2010년 말과 2011년 초에 걸쳐 한명숙 수사팀 검사가 이 세 명을 수시로 검사실에 불렀다. 재판정에서 해야 하는 증언을 외우게 했다. 검찰 진술을 뒤집은 한만호의 법정 증언을 탄핵하기 위한 것이었다. 모해위증교사였다. 위증은 두 가지가 있다. 그냥 거짓말을 하는 경우, 그리고 남을 해할 목적으로 하는 경우. 모해위증은 후자다. 그냥 위증은 징역 5년 이하, 모해위증은 10년 이하다. 범죄를 교사한 자는 실행한 자와 동일하게 처벌받는다.

보통은 여기서 취재가 마무리가 된다. H의 존재를 확인했고 (물론 이 절차까지 생략하는 언론사도 많다) 편지를 확보했다. 그럼 기사를 쓰고 폭로하면 된다. 대략 아귀가 맞으면 지를 수 있다. 폭로 내용이 사실이 아니면? H가 책임지면 된다. 폭로 내용이 사실이면? 언론사는 특종을 하는 거지. 베팅만 하면 된다. 이기면 크게 따고, 지면 본전이다. 돈을 잃을 염려는 없다. 언론 입장에서 손해 보지 않는 장사다. 사실이 아니면 그 언론사의 신뢰도가 떨어지지 않을까. 지금 언론에 떨어질 신뢰라는 것이 있나?

반면 우리의 취재는 여기서부터 시작된다. H의 말과 글을 검증한다. 손에 잡히는 물증을 확보할 때까지 확인한다. 그게 저널리즘 원칙에 맞기 때문에 그렇게 하는 걸까? 그럴 수도. 하지만 그저 습관일 뿐이라고 나는 생각한다. 그리고 그 습관은 무엇보다 중요하다. 소비자를 위해, 소송을 당하지 않기 위해 불량률을 낮추는 게 아니라, 품질관리는 그저 습관이 되는 것이 중요하다.

편지에 등장하는 사람들을 한명 한명 만났다. 한명숙 사건기록과 비교해 모순이 없는지 오랜 시간을 들여 확인했다. 법무부와 검찰에 확인 절차를 밟았다. 정보공개청구로 추가 자료를 확보했다. 의원실의 협조를 받기도 했다. 앞으로의 이야기는 그 긴 과정의 기록일 뿐이다. 언제나 그렇듯 확인이 되지 않아 밝힐 수 없는 부분은 더 많다.

피자판에서 만난 한만호

H는 사회에 있을 때 상장사 대표를 지냈다. 2006년 사기 등 경제 범죄로 구속돼 징역 20년을 선고받았다. 2010년 3월 H는 서울구치소 독방에 수감돼 있었다. 3월 31일 한만호가 통영교도소에서 서울구치소로 이감됐다. 한만호도 독거실에 수용됐다.

독방에 있는 재소자들도 운동 시간이 있다. 다만 운동하는 공간이 일반 재소자와 분리된다. 원형 운동장을 피자 조각처럼 작은 구획으로 나누어 놓았다. 파놉티콘을 연상케 하는 구조다. 일제강점기 때 만들어진 서대문형무소에 비슷한 공간이 남아 있다. 유서가 오래된 구조다. 피자 조각과 조각 사이에는 2미터 정도 담장이 가로 놓여 있다. 한가운데서 한 명의 교도관이 모두를 감시할 수 있다. 재소자들은 이 독거 수용자 운동장을 피자판이라고 부른다.

H는 한만호와 피자판에서 주로 이야기를 나눴다. 2미터 담을 두고 대화가 이어졌다. 비슷한 연배였고 같은 CEO 출신이었다. 이야기가 잘 통했다. 검찰청에 출정을 다니면서 구치감에서도 자주 만났다. 한만호가 H와 누구보다 가깝게 소통했다는 건 김과 최도 공통으

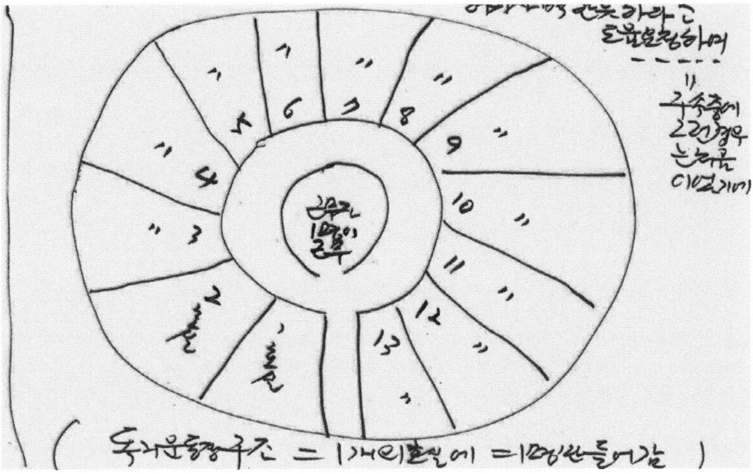

H가 편지에 그린 독거수용자 운동장(피자판). H는 구치소의 구조나 검찰청 특수부의 구조, 검사실의 구체적인 모습 등을 그림으로 그려서 보내줬다. 자신의 기억이 구체적이라는 점을 보려주려는 의도였을 것으로 보인다.

로 증언했다.

2010년 봄과 여름 한만호는 불안했다. H에게 털어놓은 이야기는 이렇다. 자신이 검찰에 허위로 진술한 것이 있는데 그게 언론에 무차별 유포되고 있다는 것. 한만호는 자신이 한 허위 진술을 바로잡을 자신이 없었다. H에게 부탁했다. 검사들에게 자신의 진술이 거짓말이라고 전해달라고 했다.

논리적으로는 쉽게 이해하기 어려운 부탁이다. 속된 말로 본인이 싸놓은 똥을 왜 남에게 치워달라고 했을까. H는 이렇게 설명했다. 한만호는 검찰을 두려워했다. 본인이 진술을 번복하면 괘씸죄로 추가 기소를 당할 수도 있다고 생각했다. 자신은 계속 검찰을 위해서 최선을 다하는 모습을 보여주고 싶었던 것으로 보인다. 검찰이 알아서 자신의 허위 진술을 교정해 주기를 기대했다. 검찰에 밉보이지 않으면서도 사실관계는 바로잡고 싶었다. 하지만 무리였다. 한만호가 스스로 번복하지 않는 한, 아니 한만호가 스스로 번복을 하더라도 검찰은 수사 방향을 바꿀 생각이 없었다.

H는 꽤 신중한 성격이었다. 처음에는 한만호의 말을 믿지 않았다고 했다. 여러 차례 이야기를 나누면서 나름대로 검증했다. 자유롭게 이야기를 나눌 수 없는 한계 때문에 검증의 시간은 오래 걸렸다. 결국 한만호를 믿게 된 H는 2010년 8월 무렵 자신이 출정을 나가던 검사실의 검사에게 한만호의 이야기를 전달했다. H의 평가에 따르면 '검사다운 정의로운 검사'인 전 모 검사였다. 전 검사는 사실이면 큰 문제가 될 수도 있다며 자신의 선임인 부부장 검사를 소개해 줬다. 당시 부부장이었던 홍 모 검사는 이야기를 듣고 H에게 한명숙 수사팀 검사를 만나게 해줬다.

H의 출정 기록을 확인해 본 결과 8월 무렵 홍 부부장 검사실에 간 기록이 남아 있었다. 전 검사와 홍 검사에게 전화를 해봤다. 일반적으로 검사들은 이런 질문에 답변하지 않는다. 전 검사는 지금도 현직에 있다. 전 검사는 답변하지 않았다. 홍 검사는 퇴직하고 변호사를 개업했다. 뭔가 말을 해줄 가능성이 조금 높다. 하지만 홍 검사의 답변도 원론적이었다. "퇴직한 검사가 과거의 일을 불분명한 기억을 가지고 얘기하는 건 적절치 않다." 다만 홍 검사는 몇 개의 힌트를 줬다. "H가 누군지 알고 있다. 하지만 피의자로 조사한 적은 없다." 피의자가 아닌 다른 신분으로는 만났다는 뜻이다.

어쨌든 검찰은 움직이지 않았다. H의 말에 따르면 시점은 2010년 8월. 선거도 끝나고 검찰은 한명숙을 이미 기소한 시점이었다. 검찰 입장에서 보면 되돌리기에는 너무 멀리 왔다. 검찰은 오히려 H가 기대했던 것과는 정반대로 움직였다.

여기서 증인 김 씨가 다시 등장한다. 당시 김 씨는 H를 설득하기 시작했다고 한다. '당신도 검찰에 협조하시라.' H의 이 주장도 역시 사실인지 확인하기는 어렵다. 다만 H의 출정 기록에는 이 이야기를 뒷받침하는 정황이 발견된다. 2010년 8월 31일 H는 서울중앙지검 1128호에 출정을 간다. 김 씨의 기록에도 같은 날 1128호에 출정 간 기록이 있다. H와 김은 같은 사건에 연루된 적이 없다. 이 시점은 H가 다른 검사들에게 한만호가 거짓 진술을 했다는 내용을 제보한 직후였다. 그럼 8월 31일 H는 1128호에서 무엇을 했을까. 검찰은 별다른 말을 하지 않았다고 H는 기억했다. 다만 외부 통화를 하게 해주는 등 편의만 제공해줬다. 이상한 일이었다.

앞서 살펴봤지만 당시 김 씨는 검찰에 '매일 출근'하는 죄수였다. 김이 검찰 정보원 역할을 하고 있다고 생각하는 동료 재소자들이 많았다. 한명숙 사건이 시작된 즈음에 김은 해당 수사팀에 사실상 '출근'하고 있었다. (실제로 서울남부지검에 '출근'해 검찰 수사관 역할을 했던 제보자 X는 법무부를 상대로 임금을 지급하라는 소송을 하려는 계획을 세우기도 했다.) 한만호가 처음 특수부에 소환된 4월 1일을 전후한 김의 출정 기록은 의미심장하다. 김은 2010년 3월 15일부터 4월 말까지 검찰청에 22번 출정을 간다. 검사실은 1020호. 한명숙 사건을 수사하던 중앙지검 특수1부였다. 김은 한명숙 사건 수사 초기부터 이 사건을 알았거나 혹은 관여했을 가능성이 있다. H는 김에 대해 '검찰과 한 몸'이라고 평가했다. 김 씨는 서울시장 선거 전부터 검찰에 협조하던 인물이었다는 게 H의 주장이다.

검찰이 아들을 건드렸다

2010년 12월 20일 한만호가 법정에서 진술을 뒤집었다. 당일 한명숙 수사팀은 H와 관련된 사건을 전산으로 조회했다. 이후 수사팀은 H를 계속 소환한다. 기록에 따르면 H는 출정을 거부했다. (죄수도 출정을 거부할 수 있다. 예를 들어 몸이 아프면 출정을 안 갈 수 있다. 하지만 별다른 이유 없이 검찰의 출정을 계속 거부하는 건 매우 이례적인 일이다.) H가 출정을 거부한 날은 2011년 1월 25, 27, 28, 31일 나흘이다. 재소자가 출정을 거부하면 검찰도 뾰족한 방법이 없다. 강제 구인을 할 수도 있지만 그건 영장이 필요하다. 피의자 신분이 아닌 단순 참고인이라면 영장 발부도 어렵다. 검찰은 몸이 달았다. 한만호의 법정 증언을 탄핵할 증인으로 김과 최 말고 다른 한 명이 더 필요했던 것으로 보인다. 조금 더 추정을 해보면 상습사기범이나 마약사범보다 좀 더 그럴듯한, 신뢰도가 좀 더 높아 보이는 인물이 필요했던 것은 아니었을까.

검찰이 몸이 달았다는 건 단순한 추정이 아니다. 2011년 1월 28일 오전 H는 한명숙 수사팀의 소환을 거부하고 오후에 다른 사건 재판에 증인으로 출석했다. 한명숙 수사팀인 특수1부 수사관이 직접 법원 재판 대기실로 찾아왔다. 수사관은 출정을 거부하는 H에게 거부 이유를 캐물었고 출정을 요구했다. 이건 검찰도 인정한 부분이다. 재소자 입장에서 검찰의 지속적인 요구를 모두 무시기하는 어렵다. H는 한명숙 수사팀 검사실에 나갔다. 하지만 증언 협조 요구는 거절했다.

검찰은 다른 방법을 강구했다. H의 가장 약한 고리를 파고들었다. 검찰은 H의 아들과 조카를 검사실에 불렀다. H가 주식매매에 아들과 조카 명의 계좌를 이용했는데, 그걸 조사한다는 명목이었다. H에게는 아들이 미성년자라서 금융정보 제공에 동의한다는 부모 날인이 필요하다고 알렸다. 거부하지 말고 출정하라는 무언의 압력이었다. H의 아들은 1991년생. 2011년 2월 당시 만 20살이 되지 않았다. 면회실에서 만난 H는 이 대목에서 목소리가 흔들렸다. "어린 아들을 볼모로 잡고서 비윤리적이고 비인간적이고 부정의한 양아치 짓을 하는 것을 보고 출정에 응할 수밖에 없었습니다."

나도 의심이 많은 사람이다. H의 말을 모두 믿지 않았다. 아무리 대한민국 검찰이 문제가 있다고 하더라도 선이라는 게 있다. 가족은 건드리는 법이 아니다. 한만호가 진술을 뒤집은 뒤 검찰이 부모를 찾아가서 아들이 늦게 출소할 거라고 말해줬다는 얘기를 들었을 때도 선을 넘었다고 생각했다. 부모보다는 자식이 더 아픈 법이다. 그래서 아니라고 생각했다. 만약 검찰이 그랬다 하더라도 팩트로 확인하기는 어려울 것이라 생각했다. 선을 넘더라도 몰래 넘었겠지. 그래서 기사로는 쓸 수 없으리라 예상했다.

H의 아들은 현재 미국에 거주 중이다. 미국에 전화해서 아들의 동의를 얻었다. 영어로 된 위임장을 받아서 중앙지검에 정보공개를 청구했다. 2010년과 2011년 아들의 출입 기록을 요청했다. 물론 기자라고 밝히지 않았다. 그냥 민원인으로 신청했다. 크게 기대하지 않았다. 꽤 오랜 시간이 지났다. 거의 잊어버렸을 무렵 이메일이 왔다. 예상과 달리 기록이 있었다.

H의 아들은 2011년 2월 14일 중앙지검에 출입한 것으로 나왔다. 들어간 시간은 오후 5시 15분. 나온 시간은 오후 6시 53분. 대략 1시간 30분 검사실에 머물렀다. 방문한 곳은 1128호실. 한명숙 수사팀

이었다. H의 아들과 전화 통화로 당시 상황을 들었다. 갑자기 검찰에서 불러서 당황했었다. 검사실에는 아버지가 있었다. 아버지는 걱정 말라고 말했다. 무슨 일이 생긴 거냐고 물었다. 아버지는 여기 있는 검사분들 도와주는 거라고 말했다.

검찰의 설명은 다르다. 검찰은 H가 한만호에게 한명숙에게 줬던 돈을 받으면 동업을 하자고 제안했다고 파악했다. 그리고 H가 일산에 있는 건설회사를 인수할 계획이라는 사실을 확인했다. 그런데 이 인수는 아들과 조카가 진행했다. 그래서 아들과 조카를 불러 확인했다는 것이다. 부르긴 불렀지만 부를 만했다는 게 검찰 주장이다. 하지만 아들은 미성년자였다. 단순히 명의를 빌려줬을 가능성이 큰 상황이었다. 굳이 검사실에 불러야 했는지는 모를 일이다. 게다가 아들과 조카를 불러 H의 일을 확인하려 했다면 H가 없는 자리에서 해야 하는 게 상식이다. 일산 건설회사 인수 의혹은 결국 아무런 결론을 내지 못했다. 그런 사건 자체가 있었는지, 수사할 의지가 애당초 있었는지 의심스럽다.

H는 당시 크게 분노했다. 검찰에게 복수를 해야겠다고 생각했다. 방법은 간단했다. 일단 검찰이 시키는 대로 다 하기로 했다. 지금은 검찰이 갑이고 내가 을이지만 조만간 내가 갑이 된다. 검찰이 뭘 하는지를 알게 되고 같이 일을 하게 되면 자신이 갑이 되는 것이다. H가 그때부터 검찰에 협조한 것은 일종의 연기였다는 말이다.

호랑이를 만들다

드디어 H가 검찰에 합류했다. 상습 사기범 김 씨, 마약사범 최 씨, 그리고 검찰에 한만호의 진실을 전달했다고 주장하는 죄수 H가 한 팀이 됐다. 지휘자는 검찰이었다. 이 팀의 목적은 한만호의 법정 증언을 탄핵하는 것. 한만호가 거짓말쟁이라는 것을 입증하면 끝이다. 검찰 입장에서 보면 한만호의 검찰 진술이 거짓말이라고 여기저기 얘기하고 다니던 H의 입을 막는 효과도 있었을 것이다.

팀을 만들었지만 법정 증언까지 시간이 많지 않았다. 집중 연습이 필요했다. 검찰청 특수부 검사실은 조사실이 아니라 훈련장이 됐다. 김과 최는 이미 훈련이 꽤 돼 있는 상태였다고 H는 주장했다. H도 적극적으로 협조했다. 분위기도 좋았다. 먼저 한 명씩 따로 훈련을 받았다. 그리고 두 명씩 짝을 지어, 때로는 세 명이 함께 연습했다. 훈련된 진술을 토대로 대화를 하면서 서로 모순이 있는지 체크했다. H는 이 과정을 '집체교육'이라고 표현했다.

거짓말은 쉽지 않다. 법정에서 거짓말은 더욱 어렵다. 상대 측 변호인이 있기 때문이다. 변호인이 증언을 검증한다. 증언의 디테일을 물어보고 모순된 점을 지적한다. 변호인의 테스트를 통과하려면 모든 디테일을 숙지해야 한다.

집체교육의 구체적인 순서는 이랬다고 한다. 검찰이 PC로 필요한 진술서를 작성해서 보여준다. 김, 최, H 3인은 손으로 진술서를 베껴서 자필 진술서를 만든다. 이 진술서를 가지고 반복 연습을 한다. 연습을 하다가 말이 맞지 않는 부분이 있으면 진술서를 수정한다. 연습이 충분히 무르익으면 영상녹화실에서도 진술을 녹화한다. H는 영상녹화실에서의 녹화를 "헐리우드급 연기"라고 표현했다. 안 그래도 검찰에 복수하기 위해 연기하고 있는 H는 연기 속에 다시 연기를 해야 했다. 액자 속 또 다른 액자 같은 건데 헐리우드급이 아닐 수 없다.

"걔네들(검찰)이 작성해놓은 대로 연습을 했고, 중요한 건 1048호에서 3자가 같이 모였어요. 최○○하고 김○○하고 저. (연습할 때 서로) 말이 틀리니까. 그래서 말을 거기다 같이 맞춰요. 검찰이 PC에다 써주는 대로 베꼈고 그걸 확대하고 재생산해서 만든 것들입니다. 걔네들도 그렇고 저도 그랬어요."

김 씨는 법정 증언을 두 번 했다. 2011년 2월 21일과 3월 23일. 최 씨는 그 사이 3월 7일에 증언했다. 한만호가 2010년 12월 20일 진술을 번복했으니까 훈련 시간은 불과 두 달이 전부였다. 죄수 H의 출정 기록에는 2011년 1월 말부터 약 두 달 동안 한명숙 사건을 수사하던 특수1부에 스무 차례 출정한 기록이 남아 있다. 대부분 증인 최 씨의 출정 기록과 겹친다. 고3이 시험공부 하듯 훈련했다.

김 씨는 당시 출소한 상태였다. 출정 기록을 확보할 수 없었다. 뉴스타파 보도 이후 대검 감찰이 시작됐는데 그 과정에서 김 씨의 검찰 조사 기록이 확인됐다. 1월 말부터 본인이 법정 증언을 할 때까지 10번 검사실을 방문했다. 김 씨는 생활인이다. 검찰 직원이 아니다. 훈련을 한다고, 증언을 한다고 돈이 나오는 것도 아니다. 그런데도 김 씨는 1주일에 한 번 이상 꼬박꼬박 검사실을 방문했다. 훈련에 적극적으로 임했다. 밤 12시를 넘기는 심야 훈련도 마다하지 않았다. 김 씨가 이렇게 열과 성을 다해 검찰에 협조했던 이유는 뭘까. 민주시민의 의무를 다하기 위해서? 죽어가는 정의를 실현하기 위해서? 거짓말을 하는 한만호에 대한 불타는 적개심에? 우리가 모르는 뭔가 다른 대가가 있었나? 이 내용은 뒤에 다시 나온다.

〈죄수와 검사〉 시즌1에 나오는 제보자 X도 감옥에서 수시로 시를 쓰고 그림을 그렸다. 한만호도 '세상의 후미진 곳'에서 '금수회의'를 논했다. 감옥에서 어떤 사람들은 시인이 된다. 생각이 많아져서일 것이다. H도 비슷하다. H는 훈련과 증언의 모든 과정을 "한만호를 죽이기 위한 검찰의 삼인성호 작전"이라는 꽤 문학적인 표현을 사용했다.

삼인성호(三人成虎). 전국시대 위나라 방총이 조나라에 인질로 끌려가게 됐다. 왕을 찾아가 물었다. 지금 어떤 사람이 저잣거리에 호랑이가 나타났다고 하면 믿겠습니까. 믿지 않는다. 두 사람이 말하면 믿겠습니까. 믿지 않는다. 세 사람이 말하면 믿겠습니까. 믿는다. 방총은 자신이 조나라에 가면 세 명보다 많은 사람이 자신을 모함할 것인데 믿지 마시라고 했다. 왕은 알겠다고 대답했다. 이후 방총을 험담하고 모함하는 사람들이 여러 명 나타났다. 결국 왕은 방총을 의심하게 됐다. 방총은 위나라로 돌아가지 못했다.

증삼살인(曾參殺人)이라는 고사성어는 더 직접적이다. 증삼은 공자의 제자이자 효행으로 이름 높은 인물이다. 증삼과 이름이 같은 동명이인이 살인을 저질렀다. 베를 짜는 증삼의 어머니에게 누군가 와서 말했다. 증삼이 사람을 죽였다. 내 아들은 살인을 할 사람이 아니다. 어머니는 베를 계속 짰다. 누군가 와서 두 번째 말했다. 증삼이 사람을 죽였다. 내 아들은 그럴 사람이 아니다. 베를 계속 짰다. 세 번째 누군가 와서 말했다. 어머니는 베를 짜는 것을 멈추고 담을 넘어 도망쳤다.

세 명이 말을 맞추면 없는 호랑이도 만들고 살인죄도 덮어씌울 수 있다. H에 따르면 검찰은 김, 최, H를 연습시켜 차례로 법정에 내보낼 계획이었다. 한 사람씩 나가서 한만호가 법정에서 거짓말하고 있다고 하고 내려오면 된다. 김이 나가서 증언을 한다. 변호인의 반박에 제대로 대응을 하지 못할 수 있다. 그러면 최가 나가서 증언하면 된다. 그래도 모자란 부분이 있으면 H가 마지막으로 나가서 마무리 지으면 된다. H는 마무리 투수였다. 호랑이도 만들고 살인죄도 만드는데 그깟 거짓말쟁이는 세 명이면 충분하고 넘친다.

"얘네들(김과 최)이 증인으로 나가서 한 전 총리 측 증인들이 말하는 것하고 잘 안 맞을 수가 있잖아요. 그러면 그 부분에 대해서 어긋나는 부분은 그다음 사람이 증인 나가서 복구하고, 그다음에 또 복구하고 그런 거예요. 한만호를 죽이기 위한 거죠. 재(한만호)가 어떤 말을 하더라도 (그걸) 번복을 하기 위한 몰이꾼 3명일 뿐입니다."

김과 최의 법정 증언에 H가 반복적으로 등장한다고 말한 적이 있다. "한만호가 뭐라 뭐라 말할 때 H도 함께 들었다, 한만호는 나보다 H와 더 이야기를 많이 했다, 나도 H에게 이런 말을 한 적이 있다…" 김과 최가 법정 증언에서 H를 지목하며 "한만호의 진술 번복을 H가 더 많이 알고 있다"라고 말한 이유도 짐작이 된다. H에게 '마무리'를 맡기려고 했던 건 아닐까. 김과 최가 복선을 깔아두고 9회에 H를 등판시키면 깔끔하게 마무리할 수 있다. H는 이게 검찰의 작전이었다고 말했다.

당시 변호인들도 당연히 이 부분을 의심했다. 문제 제기도 했다. 다만 증거가 없었을 뿐이었다. 한만호 본인도 이상하게 생각했다. 한만호의 변호인이었던 최강욱 변호사의 말이다. 한만호는 검찰이 김과 최에게 모종의 교육을 시킨 것 같다는 의심을 품었다. 자기가 김과 최에게 그렇게 자세한 얘기를 한 적이 없는데 법정에서 너무 술술 이야기를 했기 때문이다. 한만호의 의심은 사실이었을 가능성이 높다.

그 많던 스시는 누가 다 먹었나

편지를 주고받으며 H에게 여러 번 전했다. 당신의 이야기는 충분히 개연성이 있다. 그런데 우리는 개연성만 가지고 보도를 하지 않는다. 증거가 있어야 한다. 손에 잡히고 눈에 보이는 뭔가를 달라. 뭐가 있을지 생각해 봐라. 다음 편지에서 H는 스시와 관련된 에피소드를 이야기해줬다. 이 대목에서 나는 H를 어느 정도 신뢰할 수 있게 됐다.

아들과 관련된 일을 겪고 H는 검찰에 적극적으로 협조(하는 척)했다. 검찰에게 잘 보이기 위해서 H는 검사실에서 종종 회식을 주선했다고 말했다. 죄수가 검사실에서 한턱을 낸다? 시원하게 쏜다? 이게 가능한 일일까.

H의 주장이다. 밖에 있는 직원이나 친지를 시켜서 고급 음식을 검사실로 배달시켰다. 유명한 맛집이나 고가의 호텔 식당에서도 음식을 시켜먹었다. 수육, 족발, 스시에 추가로 담배까지. 증거를 남기려는 의도도 있었다고 한다. 카드 사용 내역은 남게 돼 있으니까. 조카가 사오기도 하고 회사 부하 직원 윤 모 씨가 자주 사왔다. 검사들, 부장들, 최 씨, 김 씨 등 검사실 식구도 많아서 보통 10인분 넘게 사 왔다.

이건 객관적으로 확인이 가능할 것 같았다. 카드로 샀다면 기록이 있을 것이고 외부에서 검찰청에 반입했다면 출입 기록도 남을 가능성이 있다. 안타깝게도 회사 부하 직원이었던 윤 씨는 연락이 닿지 않았다. H의 조카에게 연락해서 물어봤다. 삼촌이 불러서 검찰청에 간 건 생각이 나지만 세세한 건 기억하지 못했다. 벌써 10년 전 일이다. 이해가 간다. 조카를 어렵게 설득해서 2011년 당시 카드 사용 내역과 검찰청 출입 내역을 받아 보자고 했다. 본인만이 할 수 있는 일이었다. 기록이 존재할 가능성은 그리 높지 않다고 생각했다. 시간이 너무 많이 흘렀다.

조카에게 부탁을 하고 시간이 또 흘렀다. 잊어버리고 있었다. 한명숙 사건 취재는 패턴이 매번 똑같다. 부탁하고 청구하고 기다린다. 잊어버린다. 연락이 온다. 다시 시작한다.

꽤 오랜 시간이 흐른 뒤 조카에게 연락이 왔다. 이메일로 보냈으니 확인하라고. 살짝 긴장된 마음으로 이메일을 열어봤다. 기록이 있었다. 조카에게 받은 신용카드 사용 내역과 검찰청 출입 내역을 토대로 그날을 재구성하면 이렇다.

2011년 3월 1일 오후 4시 5분. 서울 지하철 3호선 매봉역 근처 '스시생'이라는 초밥집. 서울중앙지검에서 그리 멀지 않다. 20대 중반의 젊은 남성이 스시 도시락 52만 5천 원어치를 신용카드로 구매했다. 이 남성은 1시간쯤 뒤인 5시 10분 서울중앙지검에 들어갔다. 출입한 곳은 당시 '한명숙 사건'을 수사하고 있던 특수부 1128호였다. 이 남성은 5시 33분 중앙지검을 나왔다. 검찰청에 머문 시간은 23분이었다. 스시 도시락을 놓고 바로 나온 것으로 추정된다.

스시생을 찾아가 봤다. 지금은 활어회를 주로 취급하고 있었다. 이름도 주문진세꼬시로 바뀌었다. 사장님을 만났다. 10년 전에는 스시가 주 메뉴였다고 했다. 지금도 스시생이라는 이름을 버리지는 않았다고 했다. (실제로 스시생이라는 간판도 함께 달려 있었다.) 10년 전에 스시 도시락이 하나에 얼마쯤 했냐고 물었다. 제일 비싼 게 5만 원 정도였다고 했다. H의 조카는 여기서 52만 5천 원을 썼다. 적게 잡아도 도시락 10개는 샀다는 말이 된다. 스시생 사장님은 자기 가게가 꽤 유명한 곳이라고 덧붙였다. 색소폰 연주자 케니 지가 내한했을 때 가게에서 스시를 먹고 갔다고 했다. 가게에는 케니 지 사진이 걸려 있었다.

H는 검사들도 함께 음식을 먹었다고 주장했다. 어처구니가 없어서 내가 물었다. 검사가 그걸 먹어요? H는 대답했다. 잘 먹던데요. 당시 수사팀은 대검찰청을 통해 뉴스타파에 H로부터 접대를 받은 적이 없다고 해명했다. 검찰 입장문에는 굳이 이런 구절이 포함돼 있다. "H가 출정하여 외부 음식을 먹고 싶다고 하여 아들과 조카 등에게 사오라고 한 후 당시 같이 있었던 김○○, 최○○, 음식을 사온 아들, 조카, 다른 참고인 등이 같이 먹은 사실은 있으나 검사와 수사관이 같이 먹은 사실은 전혀 없습니다."

H가 외부 음식 먹고 싶다고 해서 편의를 봐줬다는 건 인정을 한 셈이다. 검찰 좋아졌다. 죄수가 맛있는 거 먹고 싶다고 하면 밖에서 사서 들어오라고 하는 모양이다. 물론 아니다. 검찰은 과거에도 지금도 그렇게 친절한 조직이 아니다. 그래서도 안 된다. 그럼 왜 H에게는 편의를 제공해줬을까. H는 당시 검찰에 적극 협조하고 있었던 때라고 말했다. 검찰도 너무하다. 자신의 업무에 그렇게 적극 협조해 주는 사람에게 밥이라도 사줘야지 도리어 그 사람에게 얻어먹다니 말이다. 벼룩의 간을 빼먹는다는 게 이런 건가. 물론 H는 감옥에 있지

만 재력은 여전한 것으로 추정된다.

검찰은 자기들은 안 먹었다고 했다. 김, 최, 아들, 조카, 다른 참고인 등이 먹었다고 한다. H와 김, 최 등이 한 자리에서 함께 뭔가를 했던 건 맞다는 이야기가 된다. 검찰 입장문은 참 쏠쏠하다. 행간에 많은 걸 담고 있다. 그런데 이날 아들은 없었다. 아들이 있었다면 기록을 남기지 않고 들어왔다는 말이 된다. 조카는 23분 만에 나갔다. 엘리베이터로 올라가고 내려가는 시간을 빼면 남는 시간은 기껏해야 15분이다. 조카 자신도 도시락을 그냥 놔두고 나왔다고 기억했다. 조카가 사온 도시락은 적어도 10인분은 넘을 것으로 추정된다. 다른 참고인들이 몇 명이었는지 모르지만 합해서 10명을 맞추기는 어려워 보인다. 도시락 사왔는데, 그것도 꽤 고급인데, 죄수들만 나눠먹었다? 여긴 대한민국이다. 밥 인심이 그렇게 고약하지 않다. 콩 한 쪽이라도 나눠 먹는 나라, 십시일반의 나라, 동방예의지국 아닌가. 검사들도 구내식당 밥이 질렸을 거다. 물론 H가 아무리 권유해도 검사들은 먹지 않았을 수 있다. 누구 말이 맞는지 확인할 방법은 없다.

이 모든 일이 벌어진 무대는 1128호였다. 당시 1128호에 있던 엄희준 검사에게 여러 번 전화하고 문자를 남겼다. 언제나 대답이 없었다. 카카오톡을 남기면 읽기는 했다. 메시지를 올리면 금세 1이 없어졌다. 그러나 답장은 없다. 특수1부의 부부장이었던 임관혁 검사는 공판에만 관여했지 수사에는 관여하지 않았다고 답했고, 특수1부장이었던 김기동 전 검사는 당시 수사는 법과 원칙에 따라 이루어졌다는 밥 먹으면 배부르다는 식의 답변만 했다.

검찰, 거짓말, 그리고 녹음 파일

삼인성호. 검찰은 호랑이를 잡기 위해 세 개의 화살을 준비했다. 두 개는 과녁에 명중했다. 2011년 2월 21일과 3월 23일, 한명숙 사건 공판에 증인 김 씨가 출석해 증언을 했다. 3월 7일 공판에는 증인 최 씨가 출석했다. 언론은 이들의 증언을 대서특필했다. 한만호가 법정에서 검찰 진술을 번복한 내용이 허위라는 보도를 쏟아냈다. 그런데 H는? 검찰은 준비한 세 번째 화살은 끝내 쏘지 못했다. 자신의 법정 증언이 다가오자, 죄수 H가 폭탄선언을 했기 때문이다. H의 주장이다.

> "제가 최○○, 김○○을 통해서 말했어요. 나 이번에 법원 (증인) 나가면 양심선언 할 거다. 검사 저 새끼가 다 조작했고, 저놈이 조작해서 만들어낸 사건이다. 그리고 검사뿐 아니라 그 지휘 라인 전체가 알고 있었다는 걸 내가 양심선언 할 거다. 그리고서 (검사실) 출석을 거부했습니다."

먼저 움직일 수 없는 기록을 보자. 3월 말부터 4월 사이 H의 출정 기록에는 특수1부 출정 요구를 4차례 거부한 사실이 남아 있다. 기억을 되살려 보자. H는 검찰이 아들을 소환한 사실에 분노하면서 복수를 계획한다. 비록 지금은 자신이 을이지만 협조를 하면서 곧 갑이 되겠다고 다짐했다. 검찰의 계획대로 H는 김○○, 최○○과 증언 훈련을 충실하게 받는다. H의 주장에 따르면 이제 검찰의 치부를 알게 됐으니 갑이 된 셈이다. 갑이 된 H는 증언을 거부했다. 법정 증언은 김 씨와 최 씨 선에서 마무리됐다.

검찰은 H의 폭로가 모두 허위라고 반박했다. 징역 20년 형을 받은 범죄자의 말이니 잘 따져보라고 언론에 충고했다. 행간을 읽어보면 뉴스타파 보도는 사기꾼에 휘둘린 것이니 다른 언론들은 받아쓰지 말라는 뜻이다. 검찰은 김, 최, H를 조사한 건 사실이지만 따로 엄격하게 분리해서 조사했다고 주장했다. 특히 H에 대해서는 "야권 인사가 한만호가 진술을 번복해주면 돈을 돌려주기로 약속했다"라는 식의 황당하고 과장된 주장을 많이 해서 "도저히 신뢰할 수 없는 사람으로 판단되어 증인신청을 하지 않았다"라고 밝혔다.

조사는 했지만 황당한 소리를 많이 해서 증인으로 세우지 않았다는 말이다. H는 검찰이 자신을 법정에 세우려 했지만 본인이 거부했다고 주장하고 있다. 어느 쪽 말이 사실일까. 다시 재판 기록을 확인해 봤다. 뉴스타파가 확보한 법정 기록은 처음에는 공식적인 공판조서밖에 없었다. 여기서는 검찰이 H를 증인으로 세우려고 했는지 여부를 확인할 수 없었다. 그런데 보도 이후 공판 과정을 녹음한 파일을 확보했다. 여기서 뜻밖의 사실을 발견했다.

재판정에서는 검사와 변호사 간의 설전이 자주 벌어진다. 법정 드라마를 보면 판사가 검사와 변호인을 앞으로 불러서 얘기하는 대목이 많이 나온다. 그런 대화는 공판조서에 생략된다. 녹음 파일에는 이 생략된 부분이 포함돼 있었다.

2011년 2월 21일 김○○이 증인으로 출석한 제7차 공판. 김 씨가 나와서 한만호가 법정에서 거짓말하고 있다고 증언한 날이다. 길고 긴 대질신문이 끝나갈 무렵 검사는 판사에게 이렇게 요청한다.

"오늘 법정에서 김○○ 증인과 한만호 증인의 대질 증언 과정에서 자연스럽게 제가 이미 증인으로 신청한 최○○뿐만 아니라 H도 그 자리에 (이야기를) 들었었고 또한 진술 번복 경위에 대해서 상세하게 알고 있다고 하며, 심지어는 한만호 증인도 H가 상당부분 알고 있는 것처럼 증언을 하였습니다. 그렇기 때문에 실체적 진실 규명을 위해서는 H에 대해서도 증인신문을 해서 이야기를 들어보는 것이 어떨까 싶습니다."

검찰의 공식 입장과는 정반대의 이야기다. 검찰은 H를 증인으로 세우고 싶었다. 당시 H를 신뢰할 수 없어 증인 신청을 하지 않았다는 지금 검찰의 주장은 새빨간 거짓말이다. H의 신뢰도를 떨어뜨리기 위해 사실을 왜곡했다. 다만 당시 한명숙 변호인에게는 김과 최뿐만 아니라 H도 검찰 측 증인에 불과했다. 변호인은 H를 증인으로 세우는 데 동의하지 않았다. 재판부가 조정했고 검찰은 유보했다.

검찰은 원래부터 H를 증인에서 배제했다고 주장해왔다. 왜 거짓말을 했을까. 검찰에 질의했다. 며칠 만에 검찰은 딱 두 줄짜리 답변을 보내왔다. 첫째, 법과 원칙에 따라 수사했다. 둘째, 확정판결이 난 사건에 대해 구체적으로 답변하는 것은 부적절하다. 전형적인 동문서답이다. 확정판결이 난 사건에 대해 지금까지 구체적으로 답변한 이유는 뭔지 궁금하다. 선택적 수사에 익숙한 검찰의 선택적 답변일 뿐이다.

7장 김의 정체

지금까지 등장인물을 정리하면 이렇다. 한명숙, 한만호, 검찰. 여기까지는 익숙하다. 한명숙은 이 이야기의 제목이지만 맥거핀일 수도 있다. 한만호는 사망했고 검찰은 공식적인 취재 경로를 통하면 된다. 다음에 중요한 인물들은 죄수 H, 증인 김○○, 증인 최○○이다. H는 어렵게 만났다. 검찰이 모해위증교사를 했다고 폭로했다. 이제 김과 최를 만나야 할 시간이다. 일반적인 상식으로 보면 김과 최는 언론 인터뷰에 응할 리가 없다. 그래도 접촉해 봐야 한다. 반론을 받아야 하는 차원도 있고, 사람이라는 게 어떻게 바뀌었을지 모를 일이다.

검찰 측 증인 김 씨는 한만호의 서울구치소 동료 재소자였다. 상습 사기 전과가 있고 한만호와 만났을 때도 사기죄로 복역하고 있었다. 검찰청을 출근하듯 들락거렸다. 구치소에서는 동료 재소자들이 '검찰 정보원'이라고 평가했다. H는 김 씨와 검찰을 '한 몸'이라고 표현했다. 한명숙 사건 수사팀에도 수십 차례 출정을 갔다. 한만호를 전부터 알던 사이라고 증언했지만 한만호는 말도 안 된다고 반박했다. 법정 증언에서 검찰이 원하는 것과 정확하게 일치하는 증언을 했다. 김 씨에게 사기를 당했다고 주장하는 지인은 '입만 열면 거짓말'을 하는 사람이라고 말했다. 한명숙 재판 증언 전에 출소했지만 이후 또 다른 사기 혐의로 다시 기소됐다.

당황스러운 인터뷰

어렵게 확보한 김 씨의 과거 번호로 연락했다. 한명숙 사건을 다시 취재하고 있는 기자라고 밝혔다. 약간 생각을 하는 듯하더니 바로 끊었다. 내 전화를 차단했다. 다른 전화로 걸어 기자라고 밝히면 또 바로 끊었다. 어쩔 수 없이 카톡을 보내서 H의 주장을 전달했다. 반론을 들어야 한다고 설득했다. 며칠이 지나고 김 씨가 전화를 걸어왔다. 김 씨와의 통화는 11분 6초 동안 진행됐다. 이후로 다시 연락이 되지 않았으니 처음이자 마지막 통화였다.

김 씨는 통화에서 법정 증언과 완전히 다른 맥락의 발언을 했다. 김 씨는 2011년 법정에서 한만호를 구치소에서 처음 만났을 때 한만호와 아는 사이기는 했지만 한만호가 왜 검찰의 조사를 받는지는 몰랐다고 말했다. 구속된 사실도 몰랐다고 했다. 하지만 2020년 뉴스타파와 전화할 때는 말이 달라졌다. 구치소에서 한만호를 만나기 전부터 한명숙에게 돈을 줬다는 걸 알고 있었다고 말했다. 일산에서는 모르는 사람이 없을 정도였다는 거다. 한만호가 백만 달러를 환전할 때 본인에게 부탁하기도 했다고 한다. 그렇게 중요하고 구체적인 말을 왜 법정에서는 하지 않았을까. 맥이 탁 풀렸다. 취재를 할 때 질문을 하면 예상되는 답변은 종류가 그리 많지 않다. A 아니면 B 아니면 C 정도. 그런데 김 씨처럼 X나 Y라고 답하면 더 이상 질문이 불가능하다. 허를 찔렸다고 해야 할까. 놀라운 일이었다.

출소한 이후에도 한명숙 사건 때문에 검찰에 다녀서 치가 떨린다고도 말했다. 치가 떨리는 이유가 한명숙 때문인지 한만호 때문인지 검찰 때문인지는 명확치 않다. 질문할 기회가 없었다. 최 씨와 H 등과는 증언 연습은커녕 같은 자리에 있어 본 적이 없다고 주장했다. 출정 기록에 같은 날 같은 검사실에서 조사를 받았다고 나와 있는 건 어떻게 설명해야 할까. 김 씨는 10여 분간의 짧은 인터뷰 도중 물어보지도 않은 말을 했다. "검찰에서 사실대로 이야기했는데 제가 위증(죄) 받을 일이 뭐가 있어요?" 위증죄를 걱정하지 않는다는 말을 굳이 왜 했을까. 발이 저린 걸까.

뉴스타파 보도 이후 많은 언론이 한명숙 사건을 다시 조명했다. KBS는 적극적으로 보도한 언론 중 하나다. KBS는 김 씨와 인터뷰에 성공했다. 김 씨는 KBS 카메라 앞에서 (얼굴은 모자이크를 했지만) 더 알 수 없는 말을 했다. 김 씨는 법정에서 증언할 때 한만호가 한명숙에게 돈을 언제 어떻게 전달했는지 자세히 들었다고 설명했다. 아파트 근처 갓길에서 어떻게 만나서 캐리어에 담긴 돈을 어떻게 전달했는지 묘사했다. 한만호가 자신에게 '시시콜콜'한 것까지 말해줬다고 덧붙였다. 그런데 KBS와 인터뷰에서 김 씨는 본인의 법정 증언을 다시 뒤집었다. 한만호가 한명숙에게 돈을 직접 준 적은 없다는 것이다. 비서나 측근에게 줬다, 배달 사고가 났을 수도 있다고 한만호에게 들었다는 거다. 검찰의 공소사실과도 다르고 본인의 법정 증언과도 다르다. 그냥 10년 전 일이라 잘 기억이 나지 않는다가 아니라 전혀 다른 말을 했다. 한명숙에게 무척 유리한 증언이다. 그러나 이 말도 액면 그대로 믿기는 당연히 어렵다. 입만 열면 거짓말을 한다는 김 씨에 대한 지인의 평가가 다시 떠오른다.

보안손님

김 씨는 KBS와 인터뷰에서 검찰이 위증을 교사하지 않았다고 주장했다. 물론 검찰이 위증을 교사했고 본인이 위증을 했다고 하면 바로 기소될 수 있는 상황이다. 김 씨의 말을 곧이곧대로 신뢰할 수는 없다. KBS 인터뷰에서 중요한 것은 오히려 다른 말들이었다. 이 '다른 말들'은 본인의 이해관계와 무관한 발언이기 때문에 신뢰도는 더 높다. 검찰을 곤란하게 하는 맥락이었다.

김 씨의 KBS 인터뷰는 다음과 같다. 김 씨는 먼저 "검찰도 잘못 많이 했죠"라고 말했다. 출소 이후 일주일에 세 번꼴로 검찰을 드나들었다. 마음이 바뀌면서 불안정해진 한만호를 안정시키는 데 검찰이 자신을 활용했다. 출입 기록을 남기지 않기 위해 검찰 직원이 매번 마중을 나와 건물 뒷문으로 출입했다. 만나고 싶은 재소자들을 불러서 검사실에서 마음껏 만났다. 하나하나가 폭탄급 발언이다. 검찰은 당시 한만호가 진술을 번복할 수 있다는 낌새를 차렸다. 출입기자나 다른 검사를 통해서 "풍문이 전해졌다"고 검찰 스스로 인정한 바 있다. 이때 검찰이 김 씨를 활용해 한만호의 심기를 달랬다는 게 김 씨의 주장이다. 게다가 출입 등록을 하지 않고 뒷문으로 드나들었다는 거다.

'보안손님'이라는 말이 있다. 2016년 박근혜 정부에서 최순실 게이트가 터졌다. 당시 청와대는 국회 '최순실 게이트 특위'에서 청와대에 보안손님이라는 게 있다고 밝혔다. 안봉근이 비서관으로 있었던 제2부속실에서 보안손님 명단을 작성했다. 대통령의 사생활과 관련해서 보안이 필요한 방문객을 지정하면 경호실에서는 프리패스시키는 방식이었다. 대표적인 보안손님이 최순실이었다. 김 씨의 인터뷰가 사실이면 김 씨는 서울중앙지검 특수1부(한명숙 수사팀)의 보안손님이었다는 말이다. H도 기억하고 있었다. H는 대검 감찰부 조사에서 중앙지검에 비밀 통로가 있다는 말을 김 씨에게 들었다고 했다. 김 씨가 출입 등록 절차 없이 구치소 수용자들이 하차하는 곳을 통해 검사실에 드나들었다는 말을 자신에게 했다는 거다.

김 씨의 인터뷰를 사실로 가정하면 상황은 이렇게 정리된다. 한만호가 증언을 번복하기 전부터 검찰은 김 씨를 비밀 통로로 드나들게 했다는 것. 문제는 복잡해진다. 공판 기록과 비교해보면 검사가 재판정에서도 위증을 교사했다는 말이 된다. 무슨 뜻인지 자세하게 볼 필요가 있다.

김 씨는 2010년 9월 출소했다. 그리고 10월에 구치소에 있는 한만호를 면회했다. 여기서 김 씨가 한만호에게 한 말이 재판에서 논란이 됐다. 김 씨는 이렇게 말했다. "면회하기 이틀 전에 검찰 특수부에 갔다. 검찰이 도와달라고 하더라. 그래서 안 한다고 했다." 재소자의 면회는 모두 녹음된다. 10월이면 한만호가 진술을 번복하기 두 달 전 시점이다. 한만호가 진술 번복을 결심한 것 아닌지 검찰은 의심하고 있었다. 이 시점에 검찰이 김 씨를 불러서 도와달라고 했다는 말이 된다.

검찰이 극구 부인하던 부분이다. 한만호가 진술을 바꾼 뒤에 김 씨의 존재를 발견했다고 수사팀은 주장했다. 검찰은 그 주장을 지금도 유지하고 있다. 12월 20일 한만호의 진술번복 뒤에 한만호의 위증을 조사하던 중 김 씨의 존재를 알게 됐고 이후 김 씨를 검찰에 불러서 조사했다는 게 검찰의 일관된 입장이다. 그런데 김 씨가 진술 번복 두 달 전 한만호를 면회했는데, 그때 한명숙 수사팀이 불러서 갔고 도와달라고 하더라는 말을 한만호에게 한 것이다. 검찰의 입장이 궁색해졌다.

이에 대한 김 씨의 해명은 다소 황당했다. 면회할 때 한만호가 쪽지를 유리창에 대고 읽으라고 해서 읽은 것뿐이라고 주장했다. 한만호는 말도 안 된다고 반박했다. 면회는 녹음이 되지만 녹화는 되지 않는다. 이 역시 확인할 길이 없는 부분이다. 이 부분은 넘어갈 수밖에 없었다. 하지만 김 씨의 실수는 계속됐다.

한명숙 측 변호인은 김 씨에게 검찰이 언제 연락을 했냐고 물었다. 김 씨는 한만호 면회 이후에 연락이 왔다고 증언했다. 그리고 이렇게 말했다. 검찰이 불러서 특수부에 갔다. 여러 번 갔다. 10월인지 11월인지는 모르겠다. 한만호가 법원에서 진술을 뒤집을 거라고 알려줬다. 법정에 나와 있는 신응석 검사와 엄희준 검사를 가리키면서 저 검사들에게 조사를 받았다. 10월 6일 한만호 면회 전은 아니지만 면회 뒤에 검찰에 갔고 그 시점은 한만호가 진술 번복을 하기 전이었다는 새로운 증언이다. 검찰에 불리한 증언이었다.

변호인 다음에 검사가 김 씨를 신문했다. 검사가 길게 물어봤다. “한만호가 증언(12월 20일)하고 난 뒤에 검사실에 온 것이지요? 10월에 검사실에 왔다는 건 잘못 기억한 것이 분명하지요? 우리가 물어본 것은 한만호가 진술을 바꿀 것을 아는지가 아니라 바꾼 것에 대해 아는 게 있는지 물어본 것이지요? 그렇게 물어볼 수도 없는 것이지요?” 김 씨의 대답은 한결같이 짧았다. “예, 예, 예, 예.” 변호인의 질문에 대답할 때와는 전혀 다른 대답이었다.

다시 2020년 KBS 인터뷰로 돌아가자. 이 인터뷰는 2011년 법정에서 검사가 한 질문을 모두 부정하는 내용이다. 한만호의 심기를 달래기 위해 재판 전부터 검찰이 자신을 불러들였다는 것. 게다가 기록을 남기지 않기 위해 뒷문으로 들였다는 것. 자신은 본래 검찰이 관리하고 활용하던 사람이었다는 것. 이 말은 곧 검사가 법정에서 위증을 유도했다는 뜻이 된다. 김 씨의 KBS 인터뷰가 사실이라면 김 씨는 변호인과 이야기할 때 진실을 말한 셈이다. 그래서 검사가 개입했다. 그거 아니죠? 네. 그거 아니죠? 네. 위기의 상황에서 검사가 일종의 애드리브를 친 셈이다. 그 애드리브는 위증교사였을 가능성이 있다.

증언 연습은 사실이었다

2020년 뉴스타파 보도 이후 대검 감찰부(감찰부장 한동수)는 감찰에 착수했다. 감찰의 핵심은 증인에 대한 검사의 모해위증교사가 있었느냐 여부다. 윤석열 검찰총장은 한명숙 사건을 대검 감찰부에서 인권부로 넘겼다. 징계 시효가 지나서 감찰 대상이 아니라 수사 관련 인권침해 사건이라는 논리였다. 한명숙 사건은 검찰의 유력한 특수통들이 관여한 사건이다. 윤 총장 라인이라고 평가받는 검사도 다수 포함돼 있다. 제 식구 감싸기 아니냐는 논란이 벌어졌다. 감찰 방해 논란은 추미애 법무부 장관이 윤석열 총장을 징계할 때 들었던 사유들 중 하나였다.

대검 감찰부는 한명숙 사건을 다시 조사했다. 정치적으로도 법률적으로도 민감한 사건인 탓에 감찰 과정에 보안이 철저했다. 이 사건을 담당한 임은정 검사에게 몇 차례 연락했지만 아무것도 확인해주지 않았다. 2021년 1월 감찰부는 H에 대한 조사를 마무리했다. H는 이 사건에서 위증교사 의혹을 폭로한 사람이자 위증교사의 대상이기도 하다. H의 변호인으로부터 감찰부와 진행한 문답서를 입수해 읽어봤다. 감찰에서 새로운 사실이 드러났다.

'한만호의 번복된 진술을 무너뜨리기 위해 검사가 증인들에게 허위 사실을 훈련시켰다.' H의 폭로였다. 검찰의 입장은 심플했다. H의 주장은 모두 허위라는 것. 김과 최, H를 조사한 것은 사실이지만 엄격하게 분리해서 조사했으며 한만호의 위증 경위를 파악하기 위한 조사였을 뿐이라는 것. 김 씨의 입장도 마찬가지였다. 증언 연습을 한 적이 없다. H와 같은 공간에 있어 본 적도 없다. 이게 지금까지 입장이었다.

하지만 대검 감찰부의 H 문답서에는 이런 대목이 나온다. "엄희준 검사실 관계자들이나 김 씨는 증인신문 연습 사실은 인정했다."(중앙지검 기록 2314면) 통상적인 조사를 넘어서 검사와 증인이 법정 증언을 연습했다는 뜻으로 해석할 수 있다. 감찰부가 정리한 한명숙 수사팀 조사 일정과 비교하면 좀 더 명확해진다. 한만호의 진술 번복 뒤 김과 최의 증언을 앞두고 엄희준 검사실은 분주했다. 매일매일 한만호의 동료 재소자들을 소환한다. H는 21번, 최는 18번, 김은 10번. 김은 재소자가 아니라 일반인이었다. 김은 비밀 통로를 애용했다는 의혹이 있기 때문에 횟수가 더 늘어날 수 있다. 특이한 건 최의 경우 본인의 증언이 끝나고 나서도 검사실에 들락거렸다는 점이다. 다른 증인들과 입을 맞추기 위한 것은 아닌지 의심스럽다. 김과 최, H가 같은 날 검사실에 불려간 것도 8번에 이른다. 밤 11시를 넘겨서 조사를 한 날도 7번이다. 피의자도 아니고 단순 목격자, 참고인에 해당하는 사람들을 이렇게 강도 높게 조사한 이유는 무엇일까.

이 같은 이례적인 증인 조사 일정이 사실로 확인된 이상 수사팀과 김 씨도 증언 연습을 했다는 걸 완전히 부인하기는 어려웠을 것으로 추정된다. H는 당시 상황을 이렇게 기억했다. "수사팀은 엄청나게 서둘렀고 급했다. 검사도 수사관도 제대로 분간도 해석도 판단도 못하는 것 같았다. 수사팀이 급조한 내용을 앵무새처럼 답변하게 했다." 검사실이 매우 바빴던 것만은 부인할 수 없는 사실이다.

감찰부 문답서에 따르면 수사팀이 증언 연습을 인정했다고 나온다. 하지만 단서도 달려 있다. "증언 연습 시 답변 내용을 바꾸라고 하지 않았고, 간단명료하게 하라거나, 없는 얘기를 더 보태지 말라고 했다."(중앙지검 기록 2314쪽) 연습은 했지만 거짓말을 연습한 게 아니라는 뜻이다. H는 반박했다. 목적어가 빠졌다는 거다. '수사팀이 사전에 급조한 내용을' 간단명료하게 하라고 했으며, '수사팀이 사전에 급조한 내용에서' 더 보태지 말라고 했다고 주장했다.

검찰에 물었다. 한명숙 사건을 취재하면서 밟게 된 또 하나의 루틴이다. 수사팀 검사에게 전화한다. 안 받는다. 문자를 보낸다. 대답하지 않는다. 가끔 대검에 문의하라는 답변이 온다. 대검 공보관실에 묻

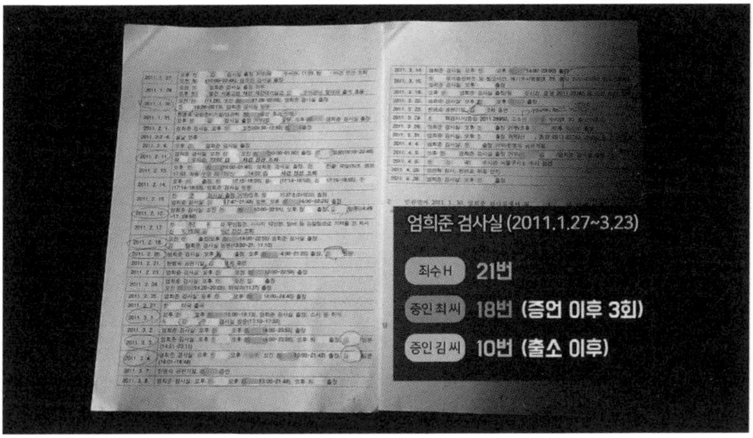

대검 감찰부가 정리한 한명숙 수사팀 조사 일정. 한만호의 진술 번복 이후 검사실에는 김 씨, 최 씨, H 등 동료 재소자들이 매일같이 불려왔다.

는다. 며칠을 기다린다. 사실무근이라는 대답이 돌아온다. 그런데 이번에는 조금 달랐다. 질의서를 보내고 며칠 만에 전화가 왔다. 해당 팀에서 답변이 왔다고 했다. 이메일로 보내달라고 했다. 공보관실에서는 조금 곤란해하며 이야기했다. "답변을 하지 않을 계획"이라는 답변이 왔다고 했다.

'연습을 했다.' 상식적으로 따지면 검사는 증인에게 사실대로 잘 얘기하라고 하면 그만이다. 검찰의 기소 내용에 부합하게 증언을 연습하는 건 반칙이다. 헌법재판소도 검찰의 이런 행위를 공권력 남용이자 위헌으로 판결했다(헌법재판소 2001. 8. 30. 선고 99헌마496 전원재판부). H의 변호인인 신장식 변호사는 반복적인 증언 연습 행위가 공개재판주의와 적법 절차를 위반하고, 피고인이 공정한 재판을 받을 권리를 침해한 것이라고 말했다.

사라진 동영상

김과 최, H가 증언 연습을 했다는 건 이제 서로 인정하는 부분이다. 무엇을 연습했느냐가 그다음 쟁점이다. 증인들에게 그들이 모르는 무언가를 검사가 가르쳤는지, 아니면 검찰이 밝혔듯이 간략하게 하라고만 했는지, 그게 중요하다. 간단한 문제다. 김과 최, H를 검사실에서 수십 차례 조사했다고 하는데, 그 기록을 보면 되는 일이다. 검찰 조사 기록과 법정 증언을 비교하면 끝이다. 그런데 대한민국 검찰은 기록을 남기지 않는다. 한만호의 경우도 검찰은 73번을 불렀다. 그중 진술조서가 있는 건 5번이다. 68번은 뭘 했는지 아무도 모른다. 그 시간에 검사, 수사관과 함께 시나리오를 가다듬고 증언을 연습했다고 한만호는 비망록에 적었다. 물론 검찰은 아니라고 했다. 기록이 없으니 의심은 가지만 확정지을 수 없다. 검찰이 기록을 남기지 않는 이유를 알 것 같다. 미드나 영드 같은 걸 보면 경찰이 (그쪽은 수사권이 대부분 경찰에게 있으니까) 피의자나 참고인을 조사할 때 항상 녹음을 한다. 우리도 어떤 제도적 장치를 만들 때가 됐다. 언제까지 이런 소모적인 논란을 계속 봐야 하나.

재판 과정에서도 이 부분은 쟁점 중 하나였다. 한명숙 변호인도 증인 김 씨나 최 씨의 검찰 조사 기록을 보고 싶었다. 제출된 건 2010년 12월 27일 작성된 두 쪽짜리 김 씨 진술서 달랑 하나였다. 변호인단은 조서가 됐든 녹화 영상이 됐든 제출해 달라고 요청했다. 그런데 검찰 측 입장이 좀 오락가락했다. 면담만 했고 진술서나 녹화된 영상은 없다, 영상이 녹화됐다고 하는 건 변호인의 추측에 불과하다고 했다가, 김 씨만 녹화를 했고 최나 H는 녹화하지 않았다고 말을 바꿨다. 반면 H는 진술서를 작성해 날인을 했고, '충분한 훈련'을 거친 뒤에 영상 녹화를 해서 관련 서류에 날인까지 했다고 주장했다. 녹화를 하기는 한 것일까, 했다면 왜 제출하지 않는 것일까, 뭔가 보여주기 싫은 부분이 있다는 뜻 아닐까. 결국 재판부의 증거 개시 결정으로 검찰은 자료를 제출했다. 역시 2010년 12월 27일 녹화된 김 씨 조사 영상 달랑 하나였다. 김과 최, H를 조사한 횟수는 적어도 49번에 이른다.

2020년 대검 감찰부도 한명숙 수사팀에 이 영상을 제출하라고 요청했다. 그런데 없다는 답변이 돌아왔다고 한다. 삭제된 것인지 분실한 것인지는 확인할 수 없었다. 검찰보존사무규칙 제8조에는 유기징역이나 금고 이상이 확정된 사건기록은 영구 혹은 준영구 보관해야 한다고 돼 있다. 준영구는 최소 70년이다. 없어진 건지 주기 싫은 건지 모를 일이다.

대검 감찰부는 한명숙 변호인단에 메모를 보내 공식적으로 요청했다. "검찰에 있어야 하는 기록인데 없다, 혹시 영상이 있으면 제출해 달라." 10년 전 사건이다. 말이 변호인단이지 없어진 지 오래다. 변호인단에 있었던 변호사들이 서로 수소문해 겨우 자료를 찾았다. 감찰부에 제출했다. 운이 좋지 않았다면 세상에서 영영 사라질 뻔한 영상이다.

우리 증인이 달라졌어요

인간의 기억이 어떤 메커니즘을 갖는지는 과학 영역에서도 아직 완벽하게 규명하지 못하고 있다. 전혀 생각나지 않던 일이 갑자기 생각나기도 한다. 기억하고 있는 것이 진짜 기억인지 만들어진 기억인지 분명치 않은 것들도 많다. 내가 5살 때 물에 빠져 죽을 뻔한 기억은 내 기억일까, 나중에 남들한테 들어서 만들어진 기억일까. 통상적으로 기억은 시간이 지날수록 희미해진다. 구체성이 떨어지고 두루뭉술하게 된다. 첫사랑의 여인은 점점 여신으로 신격화될 뿐 눈이나 코가 어떻게 생겼는지 이제는 기억하지 못한다. 그런데 정반대의 케이스가 여기 있다.

우여곡절 끝에 검찰이 촬영한 김 씨 조사 영상의 녹취록을 입수했다. 2010년 12월 27일 엄희준 검사실에서 녹화했다. 시간은 30분 정도. 12월 20일 한만호가 진술을 번복했으니 딱 일주일 뒤에 진행된 조사다. 김 씨는 2011년 2월 21일과 3월 23일 법정에서 증언한다. 증언하기 두 달 전에 녹화된 영상이다. 검찰 조사 때 진술과 법정 증언을 비교하면 재미있는 부분들이 발견된다.

김 씨의 기억은 두 달 사이 매우 구체적으로 변화한다. 유보적이고 자신 없던 말투도 단정적이고 자신감이 넘치게 변했다. 엉성하고 모호했던 진술이 세부적이고 정확해졌다. 예를 들어 한만호와 구치감에서 처음 만났을 때와 관련된 진술을 비교해보자. 김은 검찰 조사에서 한만호를 어디서 처음 봤는지조차 기억을 못 했다. 하지만 법정에서 김 씨의 기억은 많이 발전했다. 날짜뿐만 아니라 구체적인 대사까지 기억했다.

〈2010. 12. 27. 검찰 조사〉

—**검사:** 한만호 사장님을 구치소에서 만나게 될 당시의 그 상황을

좀 이야기해 주시겠습니까?

—**김○○**: 처음에는 구치감에서 만났는지 접견장에서 만났는지 잘 기억이 안 나요. 그게 하루 차이거든요. 그것만 잘 기억이 안 나고.

〈2011. 2. 21. **법정 증언**〉

—**변호인**: 증인은 구치소나 검찰청에서 한만호를 처음 만난 게 언제쯤으로 기억하세요?

—**김○○**: 4월 1일이요. 처음 만난 건 구치감에서 만난 거죠. 제가 당시 기억나는 게 4월 1일 날이란 게 정확하게 기억나요. 사장님한테 4월달 첫날부터 반가운 사람 만나서 좋네, 이렇게 얘기했는데….

돈을 준 사람이 한명숙이라는 말을 언제 들었는지도 김 씨 진술에서 중요한 대목 중 하나다. 김 씨는 법정 증언에서 한만호가 자신을 매우 반가워했고 원래 알던 사이여서 당일 한명숙이라는 중요한 이야기를 털어놨다고 일관되게 진술했다. 그런데 증언 두 달 전 검찰 조사에서는 달랐다.

〈2010. 12. 27. **검찰 조사**〉

—**김○○**: (첫날) 아무래도 뇌물 준 것 때문에 내가 조사를 받을 것 같다. 이렇게 얘기를 하셨었어요, 처음에는.

—**검사**: 그때 누구한테 뇌물준 걸 조사받을 것 같다, 그런 얘기 하던가요?

—**김**○○: 처음에는 얘기는 안 했어요.

—**검사**: 그러면 우리 김○○ 사장님께서는 나중에 정치인이 누구라는 걸 알게 됐습니까?

—**김**○○: 2, 3일 후에 전 국무총리라고 이렇게 얘기하더라고요. 한명숙 총리라고 얘기를 하더라고요, 저한테 직접.

〈2011. 2. 21. 법정 증언〉

—**검사**: (한만호가 뇌물을 준) 정치인이 누군지 첫날 이야기했었습니까?

—**김**○○: 네, 첫날 오후 저녁부터 들었습니다.

—**검사**: 첫날 오후 1시 무렵에 1시 반 무렵에 대화 나눌 때는 그냥 정치인에게 뇌물 줬다 이렇게 이야기했는데 검사실에서 조사받고 나서 구치소 돌아가기 전에 기결수 방에서 만났을 때는 이제 그 정치인이 누구다 이렇게 이야기했단 말이죠?

—**김**○○: 네.

—**검사**: 그 정치인이 누구라던가요?

—**김**○○: 한명숙 총리라고 그랬습니다.

김 씨가 2020년 뉴스타파와 한 전화 통화, 그리고 KBS와 한 인터뷰를 종합하면 더 복잡해진다. 검찰 조사 때는 한명숙이라는 이름을 2~3일 뒤에 들었다고 했다. 법정에서는 처음 만난 날 들었다고 했다. 뉴스타파와 통화에서는 구치감에서 만나기 전부터 원래 알고 있었다고 했다. KBS 인터뷰에서는 한만호가 한명숙에게 직접 줬다고는 안 했다고 했다. 도대체 어떤 말이 사실일까. 어떤 것이 김 씨의 진짜 기

한만호로부터 한명숙에게 돈을 준 것을 언제 들었는지에 대한 증인 김 씨의 진술은 수시로 바뀐다. 왼쪽 위로부터 시계 방향으로 검찰 조사, 법정 증언, KBS 인터뷰, 뉴스타파 통화 순서다.

억일까. 알 수 없다. 이 네 명이 각각 다른 사람이라면 이해하기 오히려 쉬울 지경이다.

가장 핵심적인 변화(발전)가 있다. 한명숙 사건의 핵심은 한만호가 한명숙에게 9억을 어떻게 전달했느냐이다. 가장 중요한 공소사실이고 재판의 골격이다. 김 씨는 이 부분에서 지나치게 과격한 발전 양상을 보인다. 검찰 조사에서 몰랐던 부분을 법정 증언 때는 아주 자세히 알게 된 것이다.

〈2010. 12. 27. 검찰 조사〉

—**검사:** (한만호가 한명숙에게) 돈을 얼마를 어떻게 줬다던가요?

—**김○○**: 제가 기억하는 건요, 순서는 잘 몰라요. 순서는 잘 모르는데 한 번은 차에 가지고 가서 한명숙 총리 아파트 근처 주차장에서 차에서 꺼내서 뒷좌석에, 한명숙 총리 차 뒷좌석에 가방을 실어줬고. 이런 가방, 백 같은 가방에 실어주셨고. 한 번은 애들 유학자금. 아들이라고 그런 것 같아요.

〈2011. 2. 21. 법정 증언〉

—**김○○**: 아파트 근처에서 차로 한만호 사장님이 저한테 표현을 그대로 말씀드릴게요. 차로, 돈 주는 사람이 차 문 열고 실어주고 자기가 문을 닫았다고 저한테 얘기해주시더라고요. 첫 번째는. 그게 3월인가 4월 정도에 있었고. 그다음에 그러고 얼마 지나지 않아 한만호 사장님이 준 게 아니고 요청을 해서 준 지 얼마 안 됐는데 또 달라고 그랬다고 하더라고요. 그래서 다시 3억을 집으로인가 갖다 줬다고 그러더라고요. 그러고 나서 여름에 제가 수영장 문 닫을 때쯤에 8월 달 정도 됐을 거예요. 그때쯤 또 집에 갖다 줬다고 그러더라고요. 그래서 세 차례 3억, 3억, 3억 갖다 줬다고 얘기를 하시더라고요.

두 달 전 순서도 잘 모른다던 사람이 법정에서는 몇 월에 얼마, 다음은 몇 월에 얼마, 이렇게 구체적으로 증언을 한다. 김 씨가 스스로 기억을 되살린 걸까. 사소한 디테일이지만 검찰에서는 '아파트 근처 주차장'이라고 했다가 법정에서는 '아파트 근처'로 수정된다. 검찰의 수사 결과 한명숙에게 처음 돈을 전달한 곳은 '아파트 근처 한적한 도로'였다. 김 씨의 말은 검찰의 수사 결과와 정확하게 일치하는 방향으로 바뀐 셈이다.

혹시 언론에서 보도하는 내용을 보고 김 씨가 기억을 되살린 것은 아닐까. 법정에서 변호인도 비슷한 생각을 했나 보다. 김 씨에게 평소에 신문을 보냐고 물었다. 김 씨는 감옥에서 지겹게 봐서 안 본다고 했다. 뉴스에 관련 사건이 나와도 돌려버린다고 대답했다.

2010년 12월 27일(검찰 조사)과 2011년 2월 21일(법정 증언) 사이 김 씨는 검사실에서 연습만 한 것은 아니었다. KBS 〈시사직격〉 보도에 따르면 김 씨는 교통사고를 내서 경찰조사를 받고 있었다. 음주운전이 의심되는 차량에 일부러 사고를 낸 혐의였다. 사건을 수사하는 경찰에 전화가 두 번 이상 걸려왔다. 서울중앙지검의 한명숙 수사팀이었다. 경찰은 기소 의견으로 김 씨 사건을 검찰에 송치했다. 검찰은 무혐의 처리했다. 법정 증언을 앞둔 김 씨의 사건을 검찰이 무마해줬다는 의혹이다.

8장 진실의 유효기간

두 명의 최 씨

잊힌 인물이 있다. 삼인성호라고 했다. 김 씨와 H, 그리고 최 씨가 그 삼인이다. 김 씨와 H는 우여곡절 끝에 취재가 됐다. 그런데 최 씨는? 취재 초기부터 수소문했지만 찾을 수 없었다. 과거 전화번호는 주인이 바뀌었다. 최 씨가 살던 집들을 가봤다. 다른 사람들이 살고 있었다. 최 씨의 이후 행적을 아는 사람이 없었다. 주변에서 마약사범의 주거지를 찾는 건 쉽지 않은 일이라고들 조언했다. 그나마 의미 있는 행적을 발견할 수는 있었다. 한명숙 1심 재판 2년 뒤인 2013년 최 씨가 감옥에서 검사를 팔아 브로커 짓을 하다 추가 기소된 사건이 있었다. 검찰에 영향력을 행사할 수 있다며 동료 죄수를 속였다. 그 과정에서 1700만 원을 받아 챙겼다. 김 씨도 마찬가지지만 최 씨도 감옥에서 검사와 죄수를 거간하는 브로커 역할을 꾸준히 하고 있었다.

뉴스타파 보도 이후 많은 언론사가 경쟁적으로 김과 최, H를 찾아다녔다. 그중 KBS가 최 씨를 찾아냈다. KBS는 전혀 다른 사건으로 우연히 최 씨의 가족을 취재하다 최 씨의 행방을 알게 됐다고 한다. 최 씨는 한명숙 사건 이후 출소했다 다시 감옥에 들어갔다. 찾기 어려운 이유가 있었다.

놀라운 건 최 씨도 2020년 자신이 법정에서 한 증언은 검찰이 만들어낸 거라고 법무부에 진정을 냈다는 사실이다. 검찰이 자신에게 위증교사를 했다는 주장이다. H와 똑같은 주장이다. 시점은 뉴스타파 보도 한 달 전쯤이다. H와 교감이 있었을까. H는 최 씨와 수년 동안 연락을 하지 않았다고 했다.

지금까지 한 번도 이야기하지 않은 다른 최 씨(이하 최2)도 있다. 최2는 한만호가 서울구치소로 이감 왔을 때 사소 일을 하던 죄수였다. 사소는 구치소에서 배식이나 청소, 우편물 수발을 담당한다. 한만호가 진술을 번복하기 두 달 전인 2010년 10월 출소했다. 그해 12월 절도 현행범으로 다시 체포돼 성동구치소에 구속수감 됐다.

검찰은 12월 28일 성동구치소에서 최2를 조사했다. 김 씨를 조사하고 녹화했던 다음 날이다. 최2는 검찰 앞에서 5장의 진술서를 작성했다. 검찰은 이 진술서를 재판부에 제출했다. 최2는 진술서에서 한만호가 유독 김 씨와 친하게 지냈다고 썼다. 한만호와 김 씨가 대화를 나누는 걸 자주 목격했고 그 내용도 들었다고 했다. 한만호가 검찰에서 사실을 말해놓고 뒤집겠다고 하니까 김 씨가 그래도 돈을 준 건 사실 아니냐고 물었고 한만호는 그건 맞다고 말했다. 자신도 한만호에게 돈을 준 건 맞냐고 물었더니 맞다고 말했다. 한명숙이 선거에서 떨어지고 나서 한만호가 "아이 씨발 내가 누구 때문에 여기 와 있는데 어떻게 얼굴 한 번 안 비추냐"라고 한명숙을 원망하는 말을 했다 등등. 김 씨의 법정 증언, 즉 검찰의 주장과 정확하게 일치하는 내용이었다. 최2는 법정 증언을 하지는 않았다.

뉴스타파 보도 이후 최2도 폭로에 동참했다. H의 변호인과 만난 자리였다. 최2는 자신이 쓴 진술서는 사실이 아니라고 주장했다. 검찰이 어떻게 쓸 것인지 알려주고 교정해 줬다고 했다. 사실 최2는 사소 일을 하면서 드문드문 구치소 내 소문을 들었을 뿐 한명숙 사건에 대해서 아는 사실이 거의 없었다. 법정 증인으로 나가지 않은 건 위증에 대한 두려움 때문이었다고 최2는 주장했다.

당시 검찰은 마음이 바쁘긴 바빴던 모양이다. 검찰에게 죄수 즉 재소자들은 활용하기 무척 편리한 존재들이다. 재소자 중 검찰 무서워하지 않는 사람이 없다. 검찰이 어떤 힘을 가지고 있는지 가장 절실하게 알고 있는 사람들이다. 검찰이 시킨다면 양잿물도 마셔야 하는 판이다. 그러나 하이 리턴에는 반드시 하이 리스크가 따른다. 재소자들은 이해관계에 따라서 어떻게 바뀔지 모르는 믿지 못할 존재이기도 하다. 독사과가 될 가능성이 크다는 말이다. 그런데도 당시 한명숙 수사팀은 재소자들에게 매달렸다. 달리 기댈 곳이 많지 않았다는 뜻일 수 있다.

김, 최, H, 최2. 등장인물 4명 중 H, 최 씨에 이어 최2도 검찰이 진술을 조작했다고 주장했다. 3대 1이다. 남은 1인 김 씨는 말할 때마다 진술이 바뀌는 사람이다. 물론 이 사건은 스포츠 게임이 아니다. 3대 1이라고 승부가 갈리는 건 아니다. 게다가 이 4명은 모두 재소자이거나 재소자였다. 검찰과 이해관계가 복잡하게 얽혀 있을 가능성이 크다. 그러나 4명 중 3명이 뭔가 문제가 있다고 말하는 상황은 결코 상식적이지 않다. 이들의 주장을 바탕으로 감찰이 사실 관계를 얼마나 어떻게 길어 올리느냐가 문제였다. 감찰이 어떻게 마무리 됐는지는 뒤에 자세히 서술한다.

공소시효

2020년 처음 연락이 닿았을 때 H는 고발장을 준비하고 있다고 말했다. 뉴스타파에 이야기하기 전부터 한명숙 사건에 문제 제기를 하고 있었다. 오래된 이야기였다.

2013년 H를 알게 된 양승봉 변호사를 만나봤다. 양승봉은 2013년 서울시 간첩조작 사건에서 피해자였던 유우성을 변호하고 있었다. 유우성은 구치소에서 H와 만나 가까이 지내고 있었다. 양승봉은 유우성에게서 H를 소개받았다. 이후 H의 사건 일부를 담당하기도 했다. 양승봉은 2013년 H를 처음 만났을 때도 한명숙 사건에서 검찰 수사에 문제가 많았다는 얘기를 들었다고 말했다. 뉴스타파가 보도한 내용과 같은 내용이었다고 한다.

당시 양승봉은 의아하게 생각했다. 그때도 H는 여러 건의 고소에 시달리고 있었다. 검사와 척질 이유가 없는 사람이었다. 오히려 검찰에 잘 보여야 하는 처지였다. 그런데 H는 한명숙 사건 진실 규명에 적극적이었다. 결국 2017년 12월 H는 변호사 양승봉을 통해 청와대에 진정서를 접수했다. 진정서에는 검찰이 아들을 볼모로 압박을 해 어쩔 수 없이 증언 조작에 협조했다는 내용이 들어가 있었다.

진정서는 청와대에서 대검찰청으로 이첩됐다. 2018년 3월 서울중앙지검으로 송부됐다. 중앙지검은 2018년 7월 공람종결 처분했다. 공람종결은 더 이상 조사를 진행하지 않고 사건을 종결하는 것을 말한다. 검찰은 범죄로 볼 만한 구체적인 자료가 없었기 때문이라고 설명했다.

뉴스타파 보도 이후 2020년 6월 22일 H는 당시 검찰 수사팀과 지휘 라인 전체를 대상으로 하는 감찰 요청 및 수사 의뢰서를 대검 감찰부에 제출했다. '고발'을 하지 않고 '감찰'을 의뢰한 속사정이 있었다. 고발을 할 경우 경찰이나 검찰청에 해야 한다. 경찰에 고발하면 검찰이 사건을 일방적으로 가져갈 가능성이 크다. 검찰에 고발하면 일선 수사팀에 배정될 가능성이 높다. 검사가 검사를 수사해야 하는 상황이다. 믿음직스럽지 못하다. 공수처도 선택지 중 하나였지만 출범도 제대로 못 한 상황에서 이 사건을 다룰 수 있을지 의심스럽다. 최종 선택은 대검 감찰부에 감찰을 요청하는 것이었다. 대검 감찰부도 검찰 조직이긴 하지만 사정이 조금 다르다. 감찰부장은 검사 출신이 아니다. 고발을 하면서 이런 것도 고려해야 하는 게 서글픈 일이다.

수사 의뢰 대상은 검사만 13명이다. 아래부터 올라가면 먼저 수사팀 엄희준, 신응석 검사. 특수1부 부부장이었던 임관혁, 주영환 검사. 특수2부 부부장 조재연 검사. 특수1부 부장 김기동, 이동열 검사. 특수2부 부장 권오성, 최윤수 검사. 중앙지검 3차장 윤갑근 검사. 중앙지검장 노환균, 한상대 검사. 검찰총장 김준규 검사. 여기에 당시 수사팀에 있었던 검찰 수사관 두 명과 경찰 한 명이 포함돼 있다. 재소자였던 김 씨, 최 씨도 당연히 들어가 있다. 이들에게 적용해야 한다고 주장한 혐의는 직무유기, 직권남용, 모해위증, 모해위증교사, 모해위증 방조, 협박, 강요 등이다.

감찰의뢰 당시 상당수 혐의는 공소시효 완성이 된 상황이었다. 특히 핵심 혐의라고 할 수 있는 검사들의 직무유기, 직권남용의 공소시효는 5년과 7년으로 한참 지났다. 모해위증과 모해위증교사는 공소시효가 10년이다. 김 씨가 마지막으로 증언을 한 것은 2011년 3월 23일이다. 공소시효는 2021년 3월 22일에 완성된다. 시간이 많지 않은 상황이었다.

마지막 편지

2010년 검찰이 수사에 착수해 2018년 한만호가 위증죄로 복역을 마치고 출소하면서 최종적으로 마무리된 이른바 한명숙 사건. 이 길고 긴 대하드라마의 주인공은 누구일까. 사건을 희극으로 본다면 검찰일 것이다. 양심과 도덕이라는 가면을 쓴 정치지도자(한명숙)의 이중성을 폭로하고 숨겨진 부패를 단죄했으며, 그 정의 실현의 과정을 방해한 자(한만호)까지 처단했으니 주인공으로 자격이 충분하다. 반면 비극일 경우 주인공은 한명숙이다. 전임 정권을 향한 정치 보복에 칼잡이로 나선 검찰의 먹잇감이 된 정치 거물. 검찰의 무리한 수사로 선거에서 낙선하고 검찰의 진술 조작과 위증교사로 법정에서도 결국 패배해 정치 생명마저 끊겼다.

하지만 내가 취재하면서 내린 결론은 이 거대한 연극은 희극도 비극도 아니라는 점이다. 오히려 부조리극에 가깝다. 수사 과정과 재판 과정에서 도무지 알 수 없는 일들이 연속됐다는 점에서 그렇다. 검찰은 한만호를 왜 73번이나 불러 조사를 했을까. 한만호의 부자연스러운 진술을 검찰은 정말 믿었을까. 한만호의 진술 번복 뒤 재소자들을 불러 증언 연습까지 시킨 검사실 풍경은 블랙코미디에 해당한다.

이 부조리극에서 아무도 신경 쓰지 않는 '하찮은 조연'은 한만호였다. 검찰은 진술을 번복한 한만호를 가만 두지 않았다. 민주당 쪽에서도 한만호를 책임질 수 없었다. 모든 것은 한만호의 책임이었다. 이 과정에서 부모는 세상을 떠났고, 가족은 뿔뿔이 흩어졌다. 평범한 사업가였던 한만호는 모든 것을 잃었다. 당연한 결과였을지 모르지만 재기에도 실패했다. 스트레스와 과음으로 결국 목숨을 잃었다. 이 세상은 한만호에게 한 평짜리 묘지 하나 허락하지 않았다.

2016년 한만호는 위증죄로 유죄 판결을 받고 법정구속 됐다. 원주교도소에 배정됐다. 당시 한만호와 함께 복역했던 동료 재소자를 만나봤다. 동료 재소자는 한만호의 건강이 매우 좋지 않았다고 기억했다. 재판에 대한 스트레스로 밥도 제대로 먹지 못하고 잠도 잘 자지 못했다. 끼니마다 약을 한 주먹씩 먹었다. 각혈까지 했다. 동료 재소자들이 옆에서 자려고 하지 않았다. 정신이 들면 뭔가를 계속 썼다. 매일매일 자기 전에. 이 기록은 현재 남아있지 않다.

한만호는 항상 후회했다. 왜 처음부터 사실대로 진술하지 않았나 후회했다. 검찰의 회유로 거짓 진술을 했지만 재판정에서 한명숙의 얼굴을 보고는 거짓말을 할 수 없었다고 말했다. 하지만 이미 지난 일이었다. 그 와중에도 한만호는 재기의 꿈을 불태웠다. "썩어빠진 대한민국, 돈을 벌어서 이 한을 풀어야겠다"라고 수없이 되뇌었다. "성공해야 한다, 성공해야 한다, 성공해야 한다. 성공하면 나한테 이렇게 막 하지 못한다." 재기의 꿈은 그저 꿈이었다.

한만호는 원주교소도에 있던 2017년 2월 한명숙에게 편지를 한 통보낸다. 한명숙은 대법원에서 형이 확정된 뒤 의정부교도소에 있었다. 7장. 빽빽하게 한 자 한 자 눌러쓴 정성스러운 편지였다. 편지는 이렇게 시작했다.

"원주교도소에서 죄인 한만호 서신 올립니다. 쏟아지는 죄책감 자책감으로 감히 서신 올리기가 두렵고 민망함에 염치없게도 기나긴 시간의 망설임 끝에 꼭 한 번만큼은 서신이라도 올려야만 될 것 같아서 용기를 내었습니다."

한명숙이 대법원 선고 이후 수감되는 모습을 TV에서 보면서 아버지가 분노했고 결국 그 분노를 이기지 못하고 숨졌다고 한만호는 편지에서 전했다. 모든 일이 결국 '너 때문'이라는 비웃음에 변명도 하지 못하고 있다고 자책했다. 자신이 위증죄로 다시 구속될 때 법정에서 한 최후진술도 써 놓았다.

"최후진술 시 그리 진술하였습니다. 제게 형벌을 주신다면 어떠한 형벌이라도 달게 받겠습니다. 그러나 검찰의 공소사실에 대한 형벌이 아니라 일생을 명예로운 정치인으로 살아오신 분을 모함하여, 인생 말년을 수감 생활로 마무리하게 한 파렴치한 범죄의 형벌로 여기고 반성하며 살아가겠다 하였습니다."

한명숙은 답장을 쓰지 않았다. 한만호는 출소하면 찾아뵙겠다고 했지만 그 말은 현실이 되지 못했다. 한만호는 2018년 출소해 그해 겨울 사망했다.

허망한 정치적 해석

영화 〈범죄도시〉에서 주인공 괴물 형사 마석도(마동석 연기)는 범죄자를 조사하다 말을 듣지 않으면 이렇게 말한다. "진실의 방으로!" 범죄자는 오토바이 헬멧을 쓰고 방으로 들어간다. 그 방은 CCTV 사각지대다. 마 형사는 여기서 범죄자를 마음껏 두들겨 팬다. 건들거리던 범죄자는 순한 양이 되어 진실의 방에서 나온다. 그리고 자신의 범죄 사실을 순순히 분다. 좋아하는 영화다. 엄청난 카타르시스가 있다. 마 형사는 범죄자 하나 처리 못 하게 하는 '엿 같은' 규정에 얽매이지 않고 마음껏 정의를 실현하는 일종의 슈퍼히어로다.

그런데 영화에는 전제가 있다. 마 형사가 진실의 방으로 이끄는 범죄자는 진짜 범죄자여야 한다는 것. 진짜 나쁜 놈이어야 한다는 것. 그런데 현실에서는 그게 진짜 범죄자인지 나쁜 놈인지 알기 어려운 경우가 더 많다. 물론 범죄자라 하더라도 적법한 절차에 따라 수사받을 권리가 있다. 근대 인류가 '무죄추정의 원칙'에 합의한 이유는 명확하다. 따라서 영화는 영화일 뿐이다. 영화가 아닌 현실에 '진실의 방'이라는 게 있다면 처벌 대상이다. 국가 폭력이고 공권력 남용일 뿐이다.

현실에서 처벌받지 않는 '진실의 방'이 하나 있기는 하다. 검사실이다. 영화 속 진실의 방처럼 검사실에도 CCTV가 없다. 무슨 일이 벌어지는지 아무도 알 수 없다. 무슨 일이 벌어져도 처벌받지 않는다. 한만호는 73번에 걸쳐 검사실에서 조사를 받았다. 68번은 조서도 없다. 김 씨도 최 씨도 H도 마찬가지였다. 대한민국 검사실은 법이라는 CCTV의 사각지대에 놓여 있다. 진실의 방이 아니라 검찰의 방이고 검사의 방이다.

검사들은 항변할지 모른다. 그럼 나쁜 놈들은 어떻게 잡느냐고. 마형사처럼 진실의 방이 필요한 것 아니냐고. 독일의 사회학자 위르겐 하버마스가 한국에서 강연했을 때 누군가 질문했다. 남북통일을 위해서 우리는 그럼 어떻게 해야 하냐고. 하버마스는 질문자를 가만히 쳐다보다가 대답했다. 그건 당신들이 풀어야 할 문제라고. 나쁜 놈들을 어떻게 잡느냐고? 우리한테 물어보면 안 되는 일이다. 진실의 방, 검사의 방 없이 나쁜 놈들을 잡는 방법을 만드는 게 당신들의 일이다.

수사권 독점, 영장청구권 독점, 기소권 독점. 모두 나쁜 놈들을 잡기 위해 검찰에 부여한 독점적 권한이다. 그런데 검찰은 이 권한만 키우고 나쁜 놈들을 '선택'하기 시작했다. 선택적 수사, 선택적 기소, 무소불위의 검찰권. 검사는 나쁜 놈들을 잡는 것이 아니라 선택한다. 검찰개혁의 핵심은 선택권을 제한하는 것이다. 나쁜 놈들을 잡기 위해서라고 해도 나쁜 짓을 하면 안 된다는 건 인류가 합의하고 발전시켜온 법치주의의 핵심이다.

2010년 한명숙 사건이 터지고 당시 야당(대통합민주신당)은 검찰의 정치 보복, 표적 수사라고 목소리를 높였다. 2020년 뉴스타파 보도 이후 지금 야당(국민의힘) 역시 정치 보복, 검찰 길들이기, 한풀이라고 외치고 있다. 정치적인 휘발성이 워낙 높은 사건이어서 본질보다는 정치 공방에 초점이 모이게 돼 있다. 나는 정치적 공방에 크게 관심 없다. 어느 쪽 말이 맞는지는 사실 관계로 결정된다.

에필로그

그리고 아무도 책임지지 않았다

저주 받을 조사

2020년 뉴스타파 보도 이후 대검 감찰이 시작됐다. 정식 수사가 아니라 감찰이 진행된 이유와 과정은 앞에서 언급했다. 조사 주체를 놓고 추미애 장관과 윤석열 총장이 충돌했다. 우여곡절 끝에 대검 감찰부가 감찰을 시작했지만 역시나 지지부진했다. 조사에 필요한 적정한 인력은 배치되지 않았다. 수사권도 없는 검사 한 명이 모든 것을 담당했다.

당연한 일이었다. 한명숙이 문제가 아니었다. 정치도 중요하지 않았다. 당장 검찰이 죽고 사는 문제였기 때문이다. 위증교사가 법적으로 확인된다면 검찰이 받게 될 타격은 상상하기 어려운 상황이었다. 검찰청에서 가장 악취가 심한 하수구를 여는 일이었다. 이 하수구에는 검찰이라는 신성가족 중에서도 가장 핵심적인 엘리트 특수통들의 발자국이 가득할 가능성이 컸다. 담당 검사 임은정은 자신이 맡은 일을 '검찰에서 저주 받을 조사'라고 페이스북에 썼다.

한명숙 사건은 2010년 12월 20일 기점으로 나뉜다. 이날은 한만호가 법정에서 검찰 진술을 뒤집은 날이다. 검찰 입장에서 보면 12월 20일 이전에는 돈을 줬다는 한만호의 진술을 토대로 한명숙의 불법 정치자금 수수를 입증해야 하는 사건이었다. 12월 20일 이후에는 한만호가 법정에서 거짓말을 하고 있다는 점을 증명해야 하는 사건으로 바뀌었다. 현재 시점에서 보면 12월 20일 이전은 '한명숙 전 총리 불법정치자금 수수 사건'이고, 12월 20일 이후는 '검사 모해위증교사 사건'이다. 둘은 연결되어 있기도 하지만, 각각의 사건이기도 하다. 우리가 관심을 가지고 취재해 보도한 것도, 대검 감찰부가 들여다 본 것도 후자다.

모해위증이 성립해야 모해위증교사도 성립한다. 증인 최 씨의 모해위증 공소시효는 2021년 3월 6일이었고, 김 씨는 3월 22일이었다. 이들을 모해위증으로 기소하면 교사범의 공소시효는 멈춘다. 검사를 기소할 가능성이 열리는 셈이다. 찬바람이 가시지 않았던 2021년 2월 말 서초동 검찰청에는 전운이 감돌았다.

첫번째 관문은 최 씨의 공소시효가 완성되는 3월 6일이었다. 늦어도 2월 말에는 기소 여부를 결정해야 했다. 2월 22일 법무부는 임은정 검사에게 수사권을 부여했다. 대검 감찰부 내부에서 기소를 두고 논의가 진행됐다. 한동수 감찰부장과 임은정 담당 검사는 기소해야 한다는 의견이었다. 허정수 감찰3과장은 반대했다. 임은정은 사건을 수사로 전환하겠다는 보고서를 법무부에 제출했다. 공소장 초안도 대검에 올렸다.

흥미로운 지점은 한동수와 임은정이다. 한동수 감찰부장은 판사출신이다. 법조비리의 완결판이라고 할 수 있는 2006년 김홍수 게이트 이후 2008년부터 감찰부장은 외부 공모를 통해 선발했다. 한동수는 2019년 당시 조국 법무부장관의 제청으로 감찰부장에 임명됐다. 임은정 검사는 평소 SNS나 언론을 통해 검찰 개혁을 강하게 주장해온 인물이다. 검찰 내부에서는 비주류, 정확하게 말하면 왕따로 평가 받는다. 검찰 왕따 두 명, 한동수와 임은정이 검찰청 하수구를 열겠다고 덤볐던 셈이다.

검찰 수뇌부는 한동수와 임은정을 바라만 보고 있지 않았다. 2021년 3월 2일 윤석열 검찰총장은 '한명숙 재판 모해위증 사건'의 주임검사를 허정수 감찰3과장으로 지정했다. 2020년 6월부터 감찰이 시작됐는데 공소시효 나흘을 남기고 담당 검사를 갈아치웠다. 기소하지 말라는 뜻과 다르지 않았다. 윤석열은 3월 3일 총장직에서 사임했다. 윤석열은 임기 마지막 지시로 검사 모해위증교사 의혹을 덮었다. 3월 5일 허정수 감찰3과장은 사건을 불기소 종결처리했다. '합리적인 의사 결정'으로 내린 결론이라고 기자들에게 설명했다.

최 씨에 대한 공소시효 3월 6일은 그렇게 지나갔다. 두 번째 관문은 3월 22일 김 씨의 공소시효였다. 3월 17일 박범계 법무부장관은 수사지휘권을 발동했다. 대검 부장단 회의를 열어 다시 결정하라고 지시했다. 조남관 검찰총장 직무대행은 대검 부장단에 고검장들을 포함해서 회의를 열겠다고 했다. 대검 부장단은 친 정부 성향의 인사들이 많다는 이유였다고들 해석했다. 대검은 3월 19일 회의를 열었다. 13시간 30분에 걸친 마라톤 회의였다. 불기소가 결정됐다. 3월 22일 공소시효도 지나갔다. 법무부-대검 합동 감찰은 남아 있지만 한명숙 사건에서 검사가 위증을 교사했다는 의혹에 대해 사법적인 책임을 물을 수 있는 방법은 사라졌다.

검사는 언제나 안전하다

2013년 이른바 '서울시 공무원 간첩 사건'이 터진다. 탈북자 출신 유우성 씨가 구속 기소됐다. 재판 과정에서 검찰이 제출한 유우성의 국경 출입 기록이 조작됐다는 사실이 밝혀졌다. 뉴스타파 최승호 피디가 보도한 특종이었다. 유우성은 무죄를 선고 받았다. 이후 간첩 사건은 간첩 '조작' 사건으로 바뀌었다.

2019년 검찰 과거사위원회는 간첩 조작 사건을 조사했다. 검찰이 위조된 증거를 제대로 검증하지 않고 의도적으로 방치한 정황이 드러났다. 검찰총장의 사과를 권고했다. 유우성과 동생 유가려는 사건 초기부터 검사들에게 사건이 조작됐다고 호소했지만 검찰은 묵살했다. 유우성은 국정원 수사관과 검사 2명을 고소했다. 간첩 사건을 수사했던 검찰이 이번에는 간첩 조작 사건을 수사했다. 2020년 검찰은 국정원 직원 2명을 기소했다. 검사 2명(이시원, 이문성 검사)에게는 증거 불충분으로 불기소 처분을 내렸다. 너무나도 익숙한 '제 식구 감싸기' 논란이 잠깐 불거졌다. 시간이 지나고, 논란은 잊혀졌다.

모든 형사 사건은 돌고 돌아 검찰에게 도착할 수밖에 없다. 검사는 사건을 들여다보고 기소를 결정한다. 기소는 검사에게 부여된 독점적 권한이다. 재정신청 등의 보조적인 견제 장치가 있지만 기소에 대한 재량권도 전적으로 검사에게 있다. 검사는 검사에게 관대할 수밖에 없다. 검사가 관련된 사건에서 검찰은 필요 이상으로 신중해진다.

검사실 캐비닛에는 일반인에게 들이대는 잣대와 다른 특수한 잣대가 준비돼 있다. 똑같이 업자에게 룸살롱에서 접대를 받아도 검사에게 적용되는 계산법은 다르다. 똑같이 성매매를 해도 검사가 관련돼 있으면 더 엄밀한 증거가 요구된다. 필요한 증거의 기준이 다르기 때문에 검사가 검사를 수사할 때는 거의 언제나 증거가 불충분하다.

2019년부터 2021년까지 보도된 〈죄수와 검사〉 시리즈에 등장했던 인물들은 어떻게 됐을까. 시즌1에 나왔던 박수종과 유준원은 구속됐다. 박수종은 검사 출신 전관 변호사로 불멸의 신성가족 일원이다. 유준원은 신성가족의 보호를 받으며 승승장구했던 금융시장의 실력자다. 딱 여기까지다. 수십 명의 검사들이 박수종과 왜 그렇게 자주 통화했는지, 왜 그렇게 중요한 국면에 통화가 이뤄졌는지 아무도 조사하지 않았다. 박수종과 유준원의 사건을 덮은 검사들은 아무도 조사 받지 않았다. 죄수들에게 불법적인 편의를 제공했던 검사들 역시 아무도 처벌 받지 않았다. 검사와 죄수가 형량을 거래하고 형집행정지를 약속했다는 의혹은 누구도 들여다 보지 않았다. 검사가 죄수에게 진술을 강요하고 선거에 개입하고 위증을 교사했다는 의혹도 결국 덮이고 말았다. (이 책 3부에 등장했던 김영일 검사의 경우 금융사기 피해자들이 고소해 수사가 진행 중이다. 물론 검찰이 이 사건에 의지가 있는지는 의문스럽다.)

검사에 대한 시민의 공소장

2021년 1월 21일 고위공직자범죄수사처(공수처)가 공식 출범했다. 참여연대가 공수처를 공론화한 지 25년만이다. 대한민국 정부 수립 이후 처음으로 검찰의 기소 독점 체제에 균열이 생기는 순간이었다. 하지만 검찰이 쌓아올린 성벽에 비하면 이 균열은 너무나 미미하다. 공수처가 검찰의 기득권을 의미있는 수준으로 해체할 수 있을지 그리 낙관할 수 없는 상황이다. 검찰의 조직적이고 치밀한 저항과 강력한 백래시는 예상보다 빨리 나타날 것이다.

이 책의 부제는 '죄수들이 쓴 공소장'이다. 주어를 '죄수'라는 상징적인 존재로 한정했지만 넓게 보면 '힘없고 평범한 시민'이라고 하는 게 의미에 더 부합한다. 공소의 대상은 검찰이다. 특정한 사건을 담당했던 개별 검사를 지칭할 수도 있지만 기득권을 지키려는 권력으로서의 검찰 시스템을 포함한다. 소(訴)에 대한 심판은 재판정이 아니라 시민 법정에서 진행될 것이다.

〈죄수와 검사〉 4부의 마지막에는 한명숙 사건 일지가 나온다. 일지는 검찰이 검사의 모해위증교사 의혹에 대해 불기소를 결정하고 공소시효가 지나는 것으로 마무리된다. 기대했던 바는 아니지만 예상했던 바다. 이 책의 사건 일지는 여기서 마무리되지만 현실의 사건 일지는 앞으로 우리가 채워 나가야 한다. 우리의 공소장은 현재 진행형이다.

한명숙 사건 일지

— **2008년**

3. 26.	한신건영 부도

— **2009년**

5. 23.	노무현 전 대통령 서거
5. 29.	노무현 전 대통령 영결식. 한명숙 공동장의위원장 조사 낭독
6. 15.	한만호 한신건영 사장 구속

— **2010년**

3. 9.	한만호 통영교도소로 이감
3. 31.	한만호 서울구치소로 이감
4. 1.	한만호 서울중앙지검 특수1부 첫 소환, 한만호 – 김 씨 첫 대면
4. 2.	한만호 – 남○○ 특수1부 조사실에서 면담
4. 3.	한만호, 한명숙에게 9억 제공 진술 시작
4. 4.	한만호 1차 검찰 진술조서 작성
4. 8.	동아일보 1면 '한명숙 새로운 혐의' 보도
4. 9.	곽영욱 5만 달러 수수 사건 한명숙 무죄 선고
4. 21.	한명숙 서울시장 출마 공식 선언
5. 11.	한만호 5차(최종) 검찰 진술조서 작성
6. 2.	한명숙 서울시장 선거 낙선
7. 21.	한명숙 정치자금법위반 불구속 기소
9. 23.	증인 김 씨 출소
10. 6.	증인 김 씨 한만호 면회

12. 20. 한명숙 2차 공판, 한만호 진술 번복

12. 27. 엄희준 검사, 증인 김 씨 검찰청 조사 및 녹화

12. 28. 검찰, 최○○(최2) 성동구치소에서 조사 및 진술서 작성

— 2011년

2. 14. H 아들, 조카 특수1부 소환

2. 21. 증인 김 씨 법정 증언,
검찰, H를 증인 요청

3. 1. H 조카, 스시 52만 원어치 들고 특수1부 방문

3. 7. 증인 최 씨 법정 증언

3. 23. 증인 김 씨 2차 법정 증언

3. 28. H, 특수1부 출정 거부

6. 9. 검찰, 한만호 감방 압수수색, 비망록 압수

6.13. 한만호 출소

7. 7. 검찰, 한만호 위증 혐의 기소

10. 31. 한명숙 1심 무죄 선고

— 2013년

2. 25. 박근혜 대통령 취임

9. 16. 한명숙 2심 유죄 선고(징역 2년, 추징금 8.8억)

— 2015년

5. 6. 법원행정처, '상고법원 위한 대 국회 전략' 작성
한명숙 사건 언급

7. 20. 법원행정처, '상고법원 추진을 위한 BH 설득 전략' 작성
한명숙 사건 언급

8. 6. 양승태 대법원장 박근혜 대통령 독대

8. 20. 한명숙 대법원 유죄 확정

8. 24. 한명숙 서울구치소 수감

— **2016년**

5. 19. 한만호 위증 혐의 1심 유죄(징역 3년, 법정구속)

— **2017년**

8. 23. 한명숙 만기 출소

— **2018년**

겨울 한만호 사망

— **2020년**

5. 6. 뉴스타파 한명숙 사건 보도

6월 초 대검 감찰부 감찰 착수

— **2021년**

3. 5. 검찰, 모해위증 불기소 결정

3. 17. 박범계 법무부장관, 수사지휘권 발동

3. 19. 검찰, 대검 부장단-고검장 회의 뒤 다시 불기소 결정

3. 22. 한명숙 사건 중 검사 모해위증교사 의혹 공소시효 완성

죄수들이 쓴 공소장

죄수와 검사

초판1쇄 펴낸 날 · 2021년 4월 30일
초판2쇄 펴낸 날 · 2021년 6월 10일

지은이 · 심인보, 김경래
편집 · 조연우

펴낸이 · 김중배
펴낸곳 · 도서출판 뉴스타파
출판등록 · 2020년 8월 24일 제2020-000128호
주소 · (04625) 서울시 중구 퇴계로 212-13
전화 · 02-6956-3665 / 팩스 · 02-2038-0978
홈페이지 · withnewstapa.org

ISBN 979-11-974123-0-1 03330
책값은 뒤표지에 있습니다.